방구석 심리학 실험실

방구석 심리학 실험실

초판 1쇄 발행 2021년 8월 25일

지은이 마이클 A. 브릿 / **옮긴이** 류초롱

펴낸이 조기흠
편집이사 이홍 / **책임편집** 최진 / **기획편집** 이수동
마케팅 정재훈, 박태규, 김선영, 홍태형, 배태욱 / **디자인** 책과이음 / **제작** 박성우, 김정우

펴낸곳 한빛비즈(주) / **주소** 서울시 서대문구 연희로2길 62 4층
전화 02-325-5506 / **팩스** 02-326-1566
등록 2008년 1월 14일 제 25100-2017-000062호

ISBN 979-11-5784-532-3 13180

이 책에 대한 의견이나 오탈자 및 잘못된 내용에 대한 수정 정보는 한빛비즈의 홈페이지나
이메일(hanbitbiz@hanbit.co.kr)로 알려주십시오. 잘못된 책은 구입하신 서점에서 교환해드립니다.
책값은 뒤표지에 표시되어 있습니다.

⌂ hanbitbiz.com 🅵 facebook.com/hanbitbiz 🅽 post.naver.com/hanbit_biz
▶ youtube.com/한빛비즈 🅸 instagram.com/hanbitbiz

지금 하지 않으면 할 수 없는 일이 있습니다.
책으로 펴내고 싶은 아이디어나 원고를 메일(hanbitbiz@hanbit.co.kr)로 보내주세요.
한빛비즈는 여러분의 소중한 경험과 지식을 기다리고 있습니다.

집에서도 할 수 있는 50가지 초간단 심리실험

방구석 심리학 실험실

PSYCH

마이클 A. 브릿 지음 | 류초롱 옮김

EXPERIMENTS

한빛비즈
Hanbit Biz, Inc.

믿기 어렵겠지만 우리는 살아가면서 꽤 자주 실험을 한다. 굳이 그것을 실험이라고 부르지 않고 전형적인 실험 형식과도 좀 다르지만, 어떤 일이 '왜' 일어났는지 알아내려고 할 때마다 우리도 나름의 실험을 하는 것이다.

예를 들어 배가 갑자기 아프다. 그래서 어제 먹은 음식 가운데 무엇 때문에 탈이 났는지 알아내기로 한다. 왠지 마음에 걸리는 것, 평소에 잘 먹지 않았던 음식을 찾아본다. 문제가 되는 음식을 찾아냈다고 생각하면(최소한 가설이라도 생겼다) 오늘은 그 한 가지를 빼고 평소처럼 나머지 음식으로 식사를 한다. 이런 식으로 반복해서 다양한 가능성을 제거해나간다. 이런 측면에서 보면 우리는 모두 과학자다!

우리와 전통적인 '과학자'의 차이는 우리가 생활 속에서 하는 실험이 과학적으로 볼 때 약간 '어수선하다'는 점밖에 없다. 통제

집단이나 공정한 관찰자가 없고, 변수를 명확하게 정의하거나 측정하지 않으며, 아무 통계도 돌리지 않는다. 과학자들은 단 한 가지 목적을 위해 이 모든 수단을 동원한다. 그들은 더 주의 깊게 관찰함으로써 '왜'에 대한 질문에 좀 더 확신을 갖고 답할 수 있기를 바란다.

이 책에서 묘사하는 실험을 다 해보지 못해도 여러분은 인간 행동에 대해 많은 것을 배우게 될 것이다. 그러나 실제로 실험을 해보면 재미도 있고 배우는 것도 더 많다.

이 책에는 심리학 실험의 역사에 남을 위대한 인물의 이름이 거의 모두 나온다. 파블로프, 스키너, 로르샤흐, 페스팅거, 피아제, 콜버그, 애쉬는 물론, 좀 더 최근에 활동한 셀리그먼, 로프터스, 치알디니, 짐바르도까지 말이다. 배럿, 이스트윅, 딜, 와이즈먼, 애리얼리 같은 심리학자들이 수행한 최신 연구도 일부 접하게 될 것이다.

심리학 연구는 아주 활발하며 절대로 '상아탑' 안에서만 이루어지지 않는다. 심리학 연구는 웹사이트(호기심 효과를 보라)나 레스토랑(팁을 더 많이 받는 법에 대한 항목을 보라), 법정(거짓 기억과 새로운 거짓말 탐지 검사 항목을 보라), 광고(빨간색에 얼마나 영향을 받는지 알면 놀랄 것이다)는 물론 스마트폰(왜 스마트폰에 중독되는지, 그것으로 사진을 찍거나 찍지 않는 것이 실제 경험을 저해하는지) 위에서도 일어나고 있다.

심리학자들이 요즘 무엇을 하는지 알게 되면 놀랄 것이다. 하지만 이미 말했듯이 여기에서 설명한 실험을 단 하나도 해보지 않더라도, 실험이란 게 굉장히 흥미롭다는 사실을 알게 될 것이라고 생각한다.

실험할 때의 당신은 셜록 홈스와 같다. 단서를 찾아 모든 증거를 조사하고(이 경우에는 인간 행동의 '이유'에 대한 단서) 무슨 일이 일어나는지 보기 위해 무언가를 시도해본다. 이게 바로 과학자나 호기심 가득한 이들이 하는 일 아닐까? 무슨 일이 일어날지 시도해보는 것 말이다.

그러니 여러분이 이 책에서 다만 몇 가지 실험이라도 시도해보고 어떤 결과가 도출되는지 확인해본다면 더 바랄 나위가 없을 것이다.

차 례

심리학 실험이란
무엇일까

침 흘리는 개, 혼란스러워하는 고양이, 미신을 믿는 비둘기, 통찰력 넘치는 고릴라, 공격적인 아이, 겁쟁이 어른……. 기발한 심리학 연구의 목록은 끝이 없다. 인간에 대한 연구는 다채롭고 신기하며, 재기 넘치고 당황스러우며, 때로는 보고 있기 힘들 때도 있다. 빌헬름 분트 Wilhelm Wundt (1879년까지 거슬러 올라가는 심리학의 '창시자')가 참여자들에게 메트로놈의 똑딱 소리를 들으며 자기 경험을 반추하라고 부탁한 이후 우리는 오랜 길을 걸어오며 많은 것을 알게 되었다.

오늘날 우리에게는 정교한 성격검사법과 우리가 생각할 때 뇌 속의 '블랙박스'가 어떻게 움직이는지 들여다보기 위한 MRI(자기공명영상법)가 있다. 그러나 어떤 연구가, 가령 B. F. 스키너B. F. Skinner의 비둘기 연구처럼 '오래된' 것이라고 해서 그것이 철이 지나버렸다거나 틀렸다는 의미는 아니다. 그런 연구도 여전히 쓸모가 있다. 게다가 이제 MRI로 뇌를 찍을 수 있다고 해서 우리가 그 의미를 반드시 이해하고 있는 것도 아니다.

지그문트 프로이트Sigmund Freud의 작업을 되돌아보면 우리는 그중 일부가 얼마나 어리석었는지 생각해보게 된다. 그러나 지금부터 100년이 지난 뒤에 우리가 지금 하는 실험을 되돌아보면 아마도 똑같이 생각할 것이다.

왜 심리학 실험이 중요한가

이 책에서 우리는 심리학 역사에서 가장 유명한 연구와 조금 덜 알려진 연구를 살펴볼 것이다. 설령 여기에서 설명한 연구를 하나도 따라 해보지 않더라도 재미있을 것이다. 가장 이상한 연구, 가장 놀라운 연구, 가장 기발한 연구, 가장 중대한 연구 사례를 몇 가지 살펴보자(이 중 몇 가지는 이 책에서 다시 만들어낼 것이다).

이상한 연구

실험자를 도우러 갔더니 당신이 할 일이 남자화장실 한 칸에 앉아 다른 남자들이 소변기 앞에 서서 소변보는 모습을 동영상으로 찍는 것이라고 듣는다면? 농담이 아니다. 1970년대 R. 데니스 미들미스트R. Dennis Middlemist와 동료들이 이 연구를 실제로 수행했다. 이상해 보이지만, 연구진은 우리가 소변을 볼 때 누군가가 곁에 있으면 어떤 영향을 받는지 알아보려 했다. 결과는 별로 놀랍지 않다. 누가 가까이 있으면 '배뇨 시작'까지 시간이 좀 더 오래 걸린다. 이것을 '개인 공간 침범'으로 부를 수도 있겠다. 이 이상한 연구는 부끄러운 방광 증후군shy bladder syndrome으로 고통받는 사람들에게 많은 도움을 주고 있다.

놀라운 연구

많은 사람이 세상의 종말을 두려워한다. 때로는 구체적인 종말 날짜를 대기도 한다(세상이 끝난다던 2012년 12월 12일을 기억하는가?). 실제 종말이 오지 않았을 때 이런 이야기를 아주 강력하게 믿던 사람들의 마음에 무슨 일이 일어날까? 과연 이 사실을 어떻게 받아들일까?

레온 페스팅거Leon Festinger와 동료들은 이 마지막 날 무슨 일이 벌어질지 알아내기 위해 실제로 '종말론' 컬트집단에 가입하기로 했다. 이 놀라운 연구는 '인지부조화cognitive dissonance'라는 개념에

대해 많은 것을 알려주었다. 이 책에서 보게 되겠지만, 인지부조
화는 우리 삶 속에서 거의 매일 작동하고 있다.

기발한 연구

성경 속 이야기에서 영감을 받았다고 주장할 만한 연구가 많
지는 않다. 그런데 존 M. 달리John M. Darley와 C. 대니얼 배슨C. Daniel
Batson이 바로 그 일을 해냈다. 이들은 선한 사마리아인의 우화를
가져와서 심리학 연구로 바꾸었다.

이 우화는 도움이 명백히 필요한 상황에 처해 있는 남자의 곁
을 지나간 몇 사람을 묘사한다. 많은 이들이 도움을 주지 않았고
한 사람만 도왔다. 그래서 달리는 참가자(모두 신학대 학생이었다)
들에게 이 우화에 대해 간단히 설교를 하도록 만들었다.

그런데 이를 어쩌나. 설교를 하려면 캠퍼스를 가로질러 한 건
물로 가야 했다. 달리와 배슨은 그 길목에 도움이 필요한 척하는
한 사람을 배치해두었다. 이 기발한 연구 덕분에 우리는 누군가를
돕는 행동이 나타나거나 나타나지 않는 상황이 어떤 것인지, 도움
이 필요할 때 어떻게 행동해야 하는지에 대해 많은 것을 알게 되
었다.

중대한 연구

우리는 대개 우리 기억이 정확하다고 믿는다. 우리에게 '섬광

기억flashbulb memories'이 있다고, 내 두 눈으로 직접 봤기 때문에 어떤 사건이 일어났는지 정확히 기억한다고 생각한다.

심리학자 엘리자베스 로프터스Elizabeth Loftus는 우리의 기억이 얼마나 부정확하고 쉽게 변할 수 있는지 보여주었다. 로프터스는 참가자들에게 녹화한 자동차 사고 장면을 보여주고 나중에 무엇을 보았는지 질문했다. 질문 속 단어를 간단히 바꾼 것만으로 사람들은 거기에 없던 사물이나 일어난 적 없는 일을 보았다고 믿게 되었다. 이 중대한 연구는 배심원들이 증거를 검토하고 결론을 내리는 오늘날의 법정에서 많은 영향력을 미치고 있다(그러나 아마 심리학자들이 원하는 만큼은 아닐 것이다).

개념 재현

우리는 많은 참가자들이 누군가에게 치명적 수준의 전기충격을 실제로 주고 있다고 믿었던 오래전 연구(스탠리 밀그램Stanley Milgram)를 재현하지는 않을 것이다. 참가자들을 가짜 감옥에 가두고 '죄수'와 '교도관' 역할을 부여(필립 짐바르도Philip Zimbardo)하지도 않을 것이다. 개에게 약한 전기충격을 주거나(마틴 셀리그먼Martin Seligman), 스스로 정신병동에 들어가지도(데이빗 로젠한David Rosenhan), 쥐를 미로에서 뛰게 하거나 비둘기의 행동을 조형하지도(스키너) 않을 것이다.

방구석 심리학 실험실

그래도 우리는 여전히 '개념 재현conceptual replication'을 통해 동조의 힘과 사회적 역할, 낙인 효과, 조형과 무기력에 대해 배울 수 있다. 즉, 원래 실험과는 다르지만 여전히 그 현상이 존재함을 보여주는 작은 실험을 통해 이 중요한 개념을 알아볼 수 있다.

우리가 이 개념들을 살펴볼 때 사용할 독창적 방식은 다음과 같다.

- **인지부조화:** 주변의 컬트 신자들을 따라다니는 대신 온라인 쇼핑 시 발생하는 부조화를 살펴볼 것이다.
- **사회적 역할:** 짐바르도처럼 가짜 감옥을 만드는 대신 교실 집단 토론 시간에 사회적 역할이 어떤 영향을 미치는지 볼 것이다.
- **학습된 무기력:** 셀리그먼처럼 개에게 작은 전기충격을 주는 대신 참가자에게 일부 진짜 어려운 문제가 포함된 애너그램anagram(순서를 바꾸어놓은 철자를 보고 원래 단어를 맞히는 게임—옮긴이)을 풀게 함으로써 무기력함의 효과를 조사할 것이다.
- **로르샤흐 그림 검사:** 다양한 잉크 반점을 보여주고 그 해석이 정신분열증을 나타내는지 보는 대신에, 참가자들에게 그림을 보여주고 그림을 해석한 사람들의 이름을 독특하게 설정함으로써 이런 잉크 반점에 객관적으로 점수를 매기는 일의 어려움을 살펴볼 것이다.
- **거짓말 탐지:** 집에 거짓말 탐지기가 있는 사람은 없겠지만 재미

있는 '스토리텔링' 방식으로 거짓말을 알아낼 가능성은 살펴볼 수 있을 것이다.

- **행동수정:** '스키너 상자'와 실험용 비둘기를 갖고 있는 독자도 별로 없을 것이다. 하지만 피아노 건반을 이용하면 행동수정의 개념을 경험할 수 있다(두고 보라).

참가자 존중

우선 이 책에서 묘사한 재현 실험이 재미있어야겠지만 한 가지 알아두어야 할 점이 있다. 심리학자들은 연구에 참여하기로 동의한 사람들에 대한 배려와 존중 문제에서는 아주 철저하다. 예를 들어 대학교마다 그 학교 심리학자들이 수행하려는 모든 연구 과제의 제안서를 검토하는 임상연구심사위원회IRB가 있다. IRB는 연구 실험 전후에 다음을 필수로 요구한다.

- **사전동의서:** 참가자에게 그 연구에 참여할지 말지 결정하는 데 참고할 수 있도록 충분한 정보를 제공해야 한다.
- **철회의 자유:** 누군가를 강요하거나 속이거나 강압하여 심리학 연구에 참여하게 해서는 안 된다. 많은 대학에서 심리학 개론 수업을 듣는 학생들에게 심리학 연구에 참여해보길 요구하지만, 만 18세가 안 되었거나 그저 실험 참여가 싫은 사람은 다른

과제(관심 분야에 관한 짧은 보고서 작성 등)를 해도 된다.

- **사후설명과 후속조치:** 실험을 마치고 나면 모든 참가자에게 그 실험이 정확히 어떤 목적이었으며 실험 결과를 알고 싶다면 어떻게 해야 하는지, 자신이 참여한 실험에 관해 질문이나 신경 쓰이는 게 있을 때 누구에게 연락해야 하는지 알려주어야 한다. 어떤 실험에서는 참가자들이 최대한 자연스럽게 행동해서 실험 목적을 정확히 달성할 수 있도록, 실험이 끝나기 전까지 참가자들을 약간 속이거나 중요한 정보를 빠뜨리고 넘어가기도 한다. 그러나 일단 실험을 마친 뒤에는 모든 것을 설명해야 한다.

실험은 윤리적인가?

인간 행동을 조사하는 연구자들은 매우 중요한 무언가를 알게 될 가능성과 참가자에게 피해를 입힐 가능성을 늘 비교해야만 한다. IRB는 실험제안서를 읽을 때 바로 이 '윤리적 딜레마'를 꼭 평가한다.

위험

참가자가 잠재적으로 피해를 입을 가능성에 어떤 것이 있을까? 신체적 피해 외에 혹시라도 실험을 하는 동안 과도한 스트레스에 시달리진 않을까? 실험을 마친 후 자기 자신에게 실망감을 느끼며 그 자리를 떠날 수도 있을까? 불안감은? 슬픔은?

이상적으로는 참가자들이 인간을 이해하는 작업에 기여했다는 긍정적인 감정을 느끼며 연구를 마치면 좋을 것이다. 그러나 어떤 연구라 하더라도 참가자는 연구자(바로 당신)가 예상하지 못한 감정을 느낄 수 있다.

어떤 상황은 분명히 걱정해야 할 필요가 있다. 가령 아동학대 연구에서는 주로 과거에 관한 질문을 던지게 되지만 당사자들이 떠올리고 싶지 않을지도 모른다.

다른 상황은 더 미묘하다. 당신이 기억력에 관심이 있어서 사람들에게 단어 목록을 외우게 했다고 치자. 별문제 없을 것 같다는 생각이 들 것이다. 그러나 어떤 피험자들이 과제를 잘 수행하지 못했고 나이가 좀 들었다면, 알츠하이머에 걸린 자신의 부모를 떠올리며 혹시 같은 증세가 시작되고 있는 것은 아닌지 걱정하게 될지 모른다. 이런 문제 탓에 나중에라도 걱정거리나 신경 쓰이는 일이 생길 참가자를 위해 사후설명과 후속조치를 위한 연락처를 늘 제공하는 것이다.

이득

이 실험이 인류에게 어떤 이득을 줄까? 전형적으로 IRB는 참가자에게 미칠 위험을 최소화했는지에 집중한다. 그러나 어떤 위험은 연구자들이 신약을 시험할 때 어떤 용량이 가장 적절할지, 또는 어떤 부작용이 생길지 잘 모르는 경우처럼 피할 수 없다. 이럴 때 IRB 위원들은 스스로 '이런 위험을 감수할 만큼 아주 중요한 무언가를 알게 될까?' 하고 질문해야 한다. 이것은 매우 중요하고도 어려운 질문이다.

심리학 실험과 윤리적 딜레마들

이번에는 명확한 또는 덜 명확한 윤리적 딜레마가 있는 실험의 몇 가지 사례를 살펴보자.

밀그램의 권위에 대한 연구

사람들은 과연 다른 이에게 심각한 피해를 줄 것을 알면서도 권위 있는 인물의 말을 따를까? 당신도 아마 스탠리 밀그램이 수행한 실험에 대해 들어봤을 것이다. 이 실험에서 '선생님' 역할을 맡은 참가자들은 '학습자'가 틀린 답을 했을 때 학습자에게 전기충격을 주었다. 이 실험은 우리가 권위적인 인물의 말이라면 다른 사람에게 해가 되는 일도 할 수 있다는, 인간 본성에 관한 불편한 소식을 전해주었다. 권력에 대한 맹목적 복종이 언제 어떻게 줄어들 수 있는지도 알려주었다.

밀그램의 실험에서 실제로 전기충격을 받은 사람은 물론 없었다. 학습자들이 고통에 내지른 비명은 연기를 녹음한 뒤 틀어준 것이었다. 그래도 이 실험은 많은 참가자를 (좋게 말해) 겁먹게 했고, 미국심리학회 윤리강령을 만들게 한 실험 중 하나가 되었다. 이 실험은 1960년대 초반에 수행되었고, 실험 결과가 중요하기는 하지만 참가자에게 심리적 타격을 입힐 가능성 때문에 다시는 재현할 수 없다고 여겨졌다.

그러나 심리학자 제리 버거Jerry Burger는 참가자의 위험부담을 상당히 줄이면서 실험을 재현할 수 있는 독창적인 방법을 생각해냈다. 버거는 밀그램의 실험을 꼼꼼히 살펴본 뒤 '학습자'에게 150볼트의 전기충격을 준 '선생님' 가운데 79퍼센트가 450볼트('전기충격기'에 'XXX' 표시가 붙어 있던 볼트 크기)까지 강도를 높였다는 사실을 발견했다. 그러니까 150볼트가 일종의 전환점이었다. 그 정도까지 갈 사람은 끝까지 간다는 뜻이다. 그러니 이 실험을 반복하되 150볼트 지점에서 멈추면 어떻게 될까? 더 갈 이유가 없지 않은가?

버거의 실험을 검토한 IRB 위원들도 이 생각에 동의했다. 그렇게 해서 유명한 밀그램 실험이 2009년에 재현되었다. 버거는 밀그램보다 참가자들에게 훨씬 상세한 사후설명을 제공했고, 참가자들은 스트레스를 훨씬 덜 느꼈다.

그러나 불행히도 인간의 본성은 밀그램의 시대에 비해 많이 변하지는 않은 것으로 나타났다. 버거 역시 참가자들의 3분의 2 정도가 권위적 인물이 시킨 대로 행동하면서 150볼트의 충격을 주는 결과를 얻었다. 권위에 대한 맹목적 복종은 여전히 우리 안에 존재하는 게 분명하다.

좌절감과 창의력

좌절감이 사람들을 더욱 창의적으로 만들까? 당신도 좌절감을 느낄 만한 상황에서 어떤 문제에 대해 창의적 해결책을 찾은 경험이 있을지 모른다. 따라서 '좌절감이 (어떻게) 창의력을 향상시키는가'는 합리적인 질문이다. 그리고 이에 답하기 위해서는 일부 참가자를 좌절시켜야만 한다. 흠……. 사람들을 어떻게 좌절시킬 수 있을까?

1. 결코 끝마칠 수 없는 과제를 준다.
2. 실험과제를 잘해내지 못했다고 거짓 정보를 준다(실제로는 남들과 비슷하게 해냈어도).
3. 학생들에게 강의 일정표가 분실되어 출석 확인을 처음부터 전부 다시 해야 한다고 말한다(내가 다닌 대학교에서 실제 나왔던 말).

우리 임무는 피험자들에게 너무 심한 스트레스를 주지 않으면서도, 우리가 관심 있는 것(이 경우에는 창의력)을 알아낼 수는 있을 만큼 좌절감을 줄 방법을 찾는 것이다. '창의력은 어떻게 작동할까' 챕터를 보면 연구자들이 고안해낸 방법을 배울 수 있다.

가상의 공포와 싸우기

가상현실VR 기기를 공포증 치료에 이용할 수 있을까? 당신에게 고소공포증이 있는데(우리는 대개 그렇고, 여기에는 이유가 있다) 새로 맡은 일 때문에 높은 장소에 자주 가야 해서 이것을 극복하고 싶다. 이런 공포증을 치료하는 방법 중 하나가 '홍수 기법'이다. 이 경우 치료사가 당신을 실제로 높은 빌딩에 데려가서 옥상 난간 가까이 서 있으라고 주문할 것이다. 물론 아마 상당한 시간 동안 겁이 나겠지만 결국은 두려움이 잦아들 것이다. 과거의 많은 연구는 이미 이 기법이 효과가 있음을 증명한다.

오늘날 우리에게는 VR 기기가 있다. 그렇다면 합리적인 질문은 이것이다. 내담자에게 이 기기를 씌우고 가상 빌딩의 난간에 서 있게 하는 것도 똑같은 효과가 있을까? 이런 방법도 공포증 치료에 도움이 될까?

이 실험은 꽤 단순할 것 같다. VR 기기를 구하고, VR 프로그래밍 전문가를 고용해 '빌딩 난간' 시뮬레이션을 만들고, 새로운 치료법을 시도해볼 고소공포증 환자를 찾는다고 홍보하고, 이 기기를 쓰고서 고소공포증을 성공적으로 극복하는 사람이 나오는지 보는 것이다. 이 방법은 떨어질 수도 있는 실제 건물의 가장자리에 서 있는 것보다는 안전해 보인다. 그렇지만 많은 사람이 VR 기기를 쓴 뒤 어지러움을 느끼고 말 그대로 구토를 하기도 한다. 이런 가능성을 모를 수도 있는 참가자들을 어떻게 보호할 것인가?

긍정적 게시글과 긍정성

페이스북에서 긍정적인 게시글을 보면 당신도 자신에 관해 더 긍정적인 게시글을 올릴 가능성이 높을까? 당신도 2012년에 연구자들이 페이스북에서 어떤 사람들에게는 뉴스피드에 대부분 긍정적인 게시글을 보여주고 다른 이들에게는 부정적인 게시글을 보여준 실험에 관해 들어봤을지 모른다. 연구자들은 긍정적인 게시글을 읽은 사람이 더 긍정적인 감정을 느껴서 그 자신도 긍정적인 게시글을 쓸지 알아보고자 했다.

결과적으로 이러한 뉴스피드 조작은 강력한 효과를 만들어내지 못했다. 그런데 이 실험은 윤리적이었을까? 실험이 그다지 해를 끼치지 않았다고 생각할지 모르겠다. 그러나 약간 우울한 사람들이 우울한 게시글을 많이 보게 되었다면? 이 때문에 더 우울해질 수도 있었을까? 이 실험을 사전에 검토한 윤리위원회가 있었다면 사전동의를 요구했을 것이다. 페이스북 측은 당신이 페이스북의 이용약관에 동의했을 때 이러한 종류의 조작에 동의한 것이라고 주장할지 모르겠다. 반대로 당신은 어떤 인터넷 사이트를 방문할 때 이용약관을 실제로 읽는 사람은 현실적으로 극히 적다고 반박할지 모른다. 어느 쪽이 옳을까?

다분히 '과학스러운' 용어들

심리학과 학생이나 교사들은 내가 심리학의 연구방법론 수업에서 배우는 많은 용어 사용을 피해왔다는 사실을 눈치챘을 것이다. 독립변수와 종속변수, 조작적 정의, 통제변인 따위나 통계분석을 읽는 방법과 관련된 용어 말이다. 그건 심리학을 전공하지 않는 학교 밖 독자들도 이 책을 즐기길 바랐기 때문이다. 그러나 이 책에서 묘사하는 모든 실험으로도 실제 실험을 수행하고, 데이터를 분석하고, 요약 보고서를 쓸 수 있다. 독립변인(실험자가 조작하는 것)과 종속변인(측정하는 것) 모두 알아보기 어렵지 않을 것이다.

여기 실린 연구의 데이터 대다수는 '리커트 척도Likert scales'로 부르는 형태를 띤다. 이 방식은 참가자들이 1에서 5나 7, 10까지의 척도 위 숫자 하나에 동그라미를 치는 것이다. 리커트 척도를 쓰고 연구에 참가자 집단이 둘 있다면, 알맞은 통계적 검사는 집단 간 t-테스트(이 책에 집단 내 설계 실험은 없다)가 될 것이다. 어떤 연구에는 세 집단이 포함되고, 이 경우에는 개체 간 변량분석between-subjects ANOVA이 필요하다. 참가자에게서 얻은 반응이 예/아니요 형태라면 카이스퀘어 검정chi-square test이 필요하다. 꼭 통계적 검증이 필요하지는 않지만 대부분은 간단히 평균을 계산해서 막대그래프로 결과를 나타낼 수 있다.

이 책에 나온 연구 중 생각할 수 있는 가외변인extraneous variables(종속변인에 영향을 줄 수 있지만 연구에서 조작하거나 통제하지 않은 것—옮긴이) 모두를 제거한 것은 없으므로, 데이터를 분석했을 때 통계적으로 유의미한 결과를 얻을지 알 수 없는 게 당연하다. 어떤 연구든 유의미한 결과를 보장하지 못한다(보장해서도 안 된다). 분석을 했는데 유의미한 결과가 나오지 않았다면 가외변인이 영향을 미쳤을지 모른다. 어쩌면 원래 연구가 잘못되었고 당신이 기대한 효과가 실제로는 존재하지 않는다는 사실을 발견한 것일지도 모른다. 이 경우에는 당신의 실험을 논문으로 출판할 수도 있을 것이다!

이제 배경지식은 이만하면 됐다. 준비가 되었다면 이제부터 본격적으로 실험해보자!

혼자 해볼 수 있는 고전적 조건형성

우리는 결국 개와 크게 다르지 않을지 모른다

- 심리 개념 **고전적 조건형성**
- 연구명 **소화샘의 작동**
- 원조 과학자/연구자 **이반 파블로프** Ivan P. Pavlov (1897/1902)

지그문트 프로이트를 뺀다면 이반 파블로프는 심리학에서 가장 잘 알려진 인물이다. 파블로프의 유명한 침 흘리는 개들에 대해 못 들어본 사람이 있을까? 많은 사람이 파블로프가 한 실험을 개에게만 적용할 수 있다고 생각하지만 그렇지 않다. 고전적 조건형성은 인간에게도 일어난다. 우리는 이 실험에서 참가자들이 전에는 아무 영향도 받지 않던 자극에 조건반사하게 만들 수 있을지 볼 것이다.

먼저 파블로프의 작업을 좀 더 살펴보자. 파블로프는 심리학자가 아니었다. 원래 생리학자로서 소화 과정이 주요 관심사였다. 개를 이용한 연구는 침 분비 반사를 보기 위해 설계했다. 우리 입에 음식을 넣으면 소화 과정의 일환으로 침이 자연적으로 나오는데, 파블로프는 이 과정을 더 완전히 이해하고 싶어 했다.

파블로프의 연구는 대개 자동으로 발생하는 신체 반응에 초점을 맞추었고, 이런 반응이 어떻게 학습되는지 보여주었다. 이것은 보상을 통해 학습된 행동과는 다르다. 예를 들어 당신의 개가 당신에게 왔을 때 간식을 주어서 훈련하면 이제 개가 알아서 당신에게 다가올지 모른다. 심리학자들은 어떤 보상에 대한 반응으로서 발생한 학습을 '조작적 조건형성operant conditioning'이라고 부른다.

원래 실험

파블로프 연구의 모든 부분을 머릿속에 잘 집어넣을 수 있도록 그가 무엇을 했는지 간단히 다시 훑어보자. 먼저 파블로프는 개의 뺨 속에 작은 튜브(실험실 튜브와 비슷한 사이즈)를 심는 수술을 했다. 튜브로 개의 침을 모으고 측정하기 위해서였다. 그리고 개들을 테이블 위에 올려놓고 다른 곳으로 가지 못하도록 줄을 채워놓았다. 마지막으로 개들에게 고기로 만든 가루를 보여주었다(흔히 생각하듯 고기 덩어리를 준 게 아니다). 인터넷에서 간단히 '파블로프의 개 실험'(또는 'pavlov dog setup')이라고 검색해보면 세팅된 실험 이미지를 찾을 수 있다.

파블로프는 개들이 앞에 놓인 고기 가루에 반응해 침을 흘리리라 확신했다. 그러나 파블로프의 조수가 고기 가루를 들고 연구실 계단을 올라오는 소리만 듣고도 침을 흘릴 거라고는 예상하지 못했다. 이 사실을 발견한 파블로프는 다른 상황으로도 침 분비를 일으킬 수 있는지 알아보기로 했다.

파블로프는 개들을 테이블 위에 올려놓고 줄로 묶었다. 그리고 메트로놈을 작동시켰다. 우리는 흔히 종을 흔드는 파블로프를 떠올리지만, 처음에는 종을 사용하지 않았다. 그는 개들이 이전에는 한 번도 들어보지 못했을 소리

(중성 자극neutral stimulus)를 원했기 때문에 메트로놈을 사용했다. 파블로프가 살던 시대의 메트로놈은 작동시키면 추가 천천히 좌우로 흔들리면서 딸깍 소리를 냈다.

처음에 개들은 아마 메트로놈을 신기하게 바라보다가 고개를 돌려버렸을 것이다. 파블로프는 개들에게 고기 가루가 담긴 접시를 내어주기 직전에 메트로놈을 작동시켰다. 이렇게 짝을 짓는 작

업을 여러 번 수행했다. 그러고는 그냥 메트로놈만 켜고 지켜보았다. 당연히 침이 튜브 속으로 떨어지기 시작했다. 개들이 2가지를 연관 짓게 된 것이다. 개들은 무언가 배웠다. 그것도 예측 가능하며 과학적으로 관찰 가능한 방식으로. 파블로프의 연구 결과를 보고 많은 사람들이 흥분했는데, 당연히 그럴 만했다.

실험해보자!

고전적 조건형성('파블로프식 조건형성'이라고도 불린다)을 확인하는 전형적인 방법은 누군가에게 우비나 큰 비닐봉지를 뒤집어 쓰게 하는 것이다. 선생님이 단어 목록을 학생에게 읽어준다. 목록에서 특정 '키워드'(예를 들면 '의자')가 나올 때마다 선생님이 학생에게 분무기로 물을 뿌린다. 물론 학생은 물을 맞고 움찔한다. 이 과정을 반복하면, 학생은 선생님이 이제 그 단어 뒤에 물을 뿌리지 않기로 한 뒤에도 '의자'라는 단어를 듣고 움찔하게 된다. 이게 끝이다.

이 예에서 '의자'라는 단어는 처음에는 중립적인 자극이었다. 그러나 이 단어와 물(무조건 자극)을 반복적으로 짝지으면 '의자'라는 단어에 반사적으로 움찔하게 되어 있다. 단어 '의자'가 이제 조건화(또는 훈련된) 자극이 되었고, 여기에 반응해 움찔거리는 것이 조건화된 반응이다. 짜잔! 파블로프가 나타났다.

파블로프의 아이디어를 실험해볼 다른 흥미로운 방법이 있다. 필요한 준비물은 다음과 같다.

- 주사위 2개
- 주사위 컵
- 응원 나팔: 아주 소리가 크고 듣기 싫은 것
- 당신과 참가자들이 앉을 수 있는 테이블
- 큰 소리가 나도 상관없는 장소

이 실험을 하려면 두 집단이 필요하다. A 집단과 B 집단이라고 부르자.

실험 방법

A 집단

- **1단계:** 참가자들이 테이블에 앉은 뒤 주사위를 컵에 넣고 나팔을 준비한다.
- **2단계:** A 집단 참가자들에게 주사위를 굴려서 주사위 합이 짝수면 나팔을 불 것이라고 말해준다. 숫자가 홀수라면 불지 않는다. 나팔 소리가 참가자들이 움찔할 만큼 확실히 커야 한다.
- **3단계:** 주사위 컵을 흔들어 주사위를 굴린 뒤 기준에 맞으면 나팔 소리를 낸다.

- **4단계:** 이 과정을 10여 회 반복한다.

B 집단

- **1단계:** 다시 한 번 참가자들을 테이블에 앉힌 뒤 준비물을 세팅한다.
- **2단계:** B 집단에는 주사위 합이 6보다 작을 때에만 나팔을 분다고 말해준다.
- **3단계:** 주사위를 컵에 넣고 흔든 뒤 테이블 위에 굴려서 기준에 맞으면 나팔 소리를 낸다.
- **4단계:** 10여 회 반복한다.

실험 결과

지금 한 일은 당신이 주사위를 흔들 때 참가자들이 움찔하도록 조건화하는 작업이다. 처음에는 주사위를 흔드는 것이 중성 자극이다. 즉, 처음에 컵을 몇 번 흔들었을 때는 참가자에게서 아무 반응도 끌어내지 못했을 것이다. 그렇지만 A 집단에서는 주사위를 던질 때마다 대부분 나팔을 불게 될 것이고, 참가자들은 주사위를 흔들 때 움찔하도록 조건화될 것이다. B 집단은 아마 컵을 흔드는 모습이나 소리에 움찔하지 않을 텐데, 그것과 나팔 소리의 연결 관계가 아주 약하기 때문이다. 어떻게 보면 컵을 흔드는 것이 파블로프의 조수가 계단을 올라오는 상황과 비슷하다.

관찰력이 좋다면 일상생활에서 파블로프의 원칙이 작동하는 걸 볼 수 있을 것이다. 당신이나 당신이 아는 사람 중에서 병원에 가는 것을, 심지어 병문안 가는 것조차 불편하게 생각하는 사람이 있지 않은가? 그렇다면 병원의 모습, 소리, 냄새가 불안감과 연결되었기 때문이다. 일상생활 속 파블로프식 조건형성의 고전적인 예시가 바로 치과의사가 내는 드릴 소리다. 처음에는 중립적이지만, 치과 치료를 더 많이 받고 (때로는 고통스러운) 드릴 경험이 늘어날수록 그 무시무시한 드릴을 보기만 해도 움찔하게 될 것이다.

02

예상보다 돈을
많이 쓰게 되는 이유

이 구성에 이 가격, 믿어지십니까?

- 심리 개념 **앵커링 효과**
- 연구명 **일관된 우연: 일정한 선호가 없는 일정한 수요곡선**
- 원조 과학자/연구진 **댄 애리얼리**Dan Ariely 외(2003)

이 연구의 제목에 겁이 좀 나겠지만, 아마 당신도 마트나 온라인에서 쇼핑을 할 때마다 이 연구자들이 찾아낸 효과에 영향을 받고 있을 것이다.

혹시 모바일 애플리케이션을 구매해본 적 있는가? 아이튠즈든 구글플레이든 대부분의 앱은 아예 무료이거나 단돈 1~2달러에 불과하다. 그러다가 5.99달러짜리 앱을 마주치면? 아마 비싸다고 생각할 것이다. 하지만 생각해보자. 음료수와 햄버거 하나에 6달러라면 그 정도 돈은 얼마든지 쓸 것이다. 바로 그거다. 당신이 싸거나 비싸다고 생각하는 것은 늘 머릿속에 넣고 다니는 어떤 객관적인 기준이 아니다. 무언가를 싸거나 비싸다고 생각하는 것은 종종 방금 듣거나 본 물건의 가격이 얼마인지와 관련이 있다.

이래서 광고에서는 어떤 물건이 '이만한 가격'은 할 거라고 말한 다음에 다시 그보다 조금 낮지만 아직은 높은 가격을 제시한다. TV에서 최신 다이어트 제품 광고를 본다고 치자. 광고주는 이 제품을 3백 달러에 팔고 싶다. 당신은 아마 이런 제품의 가격에 관한 어떤 사전정보도 없겠지만, 광고에서는 "이런 제품에 6백 달러는 줘야 한다고 생각하시죠"라고 운을 띄운 다음, "다른 곳에서는 5백 달러에 팔고 있어요"라고 말한다. 그리고 마침내 3백 달러라는 가격을 제시하면 당신은 그게 아주 좋은 가격이라고 생각할 것이다.

다른 예를 보자. 차를 사러 가면 딜러가 예산이 어느 정도냐고 물을 것이다. 당신이 1만 5천 달러 이하의 차를 찾고 있다고 해보자. 딜러는 그보다 훨씬 비싼, 2만 5천 달러 정도 되는 차를 먼저 보여주기 시작할 것이다. 딜러는 당신에게 심리적으로 높은 '앵커anchor', 즉 기준점을 만들어두려는 것이다. 이 기준점은 앞으로 다른 모든 차를 볼 때 당신이 사용할 마음속 가격이 된다. 다음 단계는 아까 본 비싼 차보다는 약간 싸지만 여전히 당신의 예산보다는 비싼 차를 보여주는 것이다. 그러면 당신은 1만 8천 달러짜리 차도 굉장히 좋은 가격이라고 생각하게 됐을 것이다.

당신은 방금 앵커링 효과에 당했다.

원래 실험

이 기법으로 사람들을 조종하기가 얼마나 쉬운지 알면 아마 놀랄 것이다. 댄 애리얼리와 그의 동료들은 사람들이 어떤 제품에 지불하고자 하는 금액을 그 제품과는 아무 연관이 없는 앵커 숫자들을 이용해 조종할 수 있었다. 먼저 사람들이 많이 접해보지 않았을 무선 터치패드, 키보드, 벨기에 초콜릿 상자 같은 물건을 고른다. 당신은 이런 것들이 보통 얼마나 하는지 알고 있는가? 아마 넓은 범위의 가격대가 떠오를 것이다. 10달러에서 1백 달러 사이? 사실 애리얼리는 평균 70달러 정도의 물건을 골랐다.

이제 당신에게 최대한 높은 가격을 받아내려면 어떻게 해야 할까? 애리얼리도 앵커링 조작을 이용했지만 TV 광고에서처럼 '유사 제품'의 가격을 말하지는 않았다. 그 대신 그저 사람들에게 이물건들에 자기 주민등록번호의 마지막 두 자릿수만큼의 금액을 지불할 생각이 있는지 물어보았다. 그러고 나서 지불할 수 있는 최대 금액이 얼마인지 다시 물어봤다.

결과는 어땠을까? 주민등록번호의 마지막 두 자리 숫자가 작은(중간값 이하) 참가자들은 낮은 금액을 써냈고, 주민등록번호 숫자가 큰(중간값 이상) 참가자들은 높은 금액을 썼다! 그저 주민등록번호를 떠올리게 하는 것만으로도, 그 번호가 당연히 물건과는 아무 관련이 없는데도, 지불하고자 하는 가격 범위에 영향을 주었다. 예를 들어 주민등록번호가 높은 숫자로 끝나는 참가자들은 무선 키보드에 평균 57달러를 낼 수 있다고 답했다. 이와 달리 번호가 낮은 사람들은 16달러밖에 낼 수 없다고 답했다!

실험해보자!

당신도 이 효과를 재미있게 이용해볼 수 있다. 필요한 것은 다음과 같다.

- 친구들 몇 명
- 메모지(참가자 수만큼)
- 사람들이 익숙하지 않을 물건 5가지의 사진

실험 방법

- **1단계:** 학교 과제를 위해서, 혹은 당신이 사려고 생각하는 물건을 친구들이 어떻게 생각하는지 알고 싶어서 연구를 진행한다고 말한다.
- **2단계:** 메모지를 집어서 카드 왼쪽에 낮은 숫자(20 이하) 또는

높은 숫자(80~100 사이)를 적는다.

- **3단계:** 실험을 진행하기 전에 참가자에게 숫자를 적은 메모지를 하나씩 나누어 준다. (만약 여러 명이 동시에 진행한다면 다른 사람에게 숫자를 보여주지 말라고 한다.) 그 숫자가 뭔지 궁금해하면, 나중에 참가자들의 답을 볼 때 익명으로 하기 위해서 무작위 '참가번호'를 부여한 것이라고 말한다.

- **4단계:** 참가자들에게 물건 몇 가지를 보여줄 텐데, 메모지 오른쪽에 물건의 이름을 쓰고 그 물건을 사기 위해 지불할 수 있는 '최고 금액'을 써달라고 말한다.

- **5단계:** 물건 사진을 한 번에 하나씩 보여준다. 원래 연구자들이 썼던 무선 키보드나 고급 초콜릿, 희귀한 와인 같은 것을 사용해도 괜찮다. 각 물건에 대해 더 자세히 알고 싶어 하면 사진에 보이는 것만 참고해서 결정해야 한다고 말해준다.

- **6단계:** 최대 2분 동안 물건의 사진을 보고 메모지 오른쪽에 답을 쓰도록 한다.

실험 결과

마지막 물건을 보여주고 나면 실험은 끝이다. 메모지를 모아서 방금 모은 정보를 보자. 장담컨대 낮은 '참가번호'를 받은 사람들이 높은 숫자를 받은 사람들보다 조금 더 낮은 금액을 써냈을 것이다. 만약 이 실험을 한데 모여서 했다면 참가자들끼리 메모지를 돌려보고 서로 결과를 확인하게 할 수도 있다. 흥미로운 대화가 나올 것이다.

이 실험의 의미

'앵커링 조작'은 당신이 원래 지불하려던 것보다 더 비싼 물건을 구입하게 만든다. 늘 그렇듯 '결정은 소비자가' 하는 것이다. 이에 대항할 유일한 방법은 구매 전에 먼저 조사를 하는 것이다. 특히 차를 사러 가기 전에 주의하자. 온라인이나 브로슈어를 통해 다양한 자동차 구입 정보를 살펴보고 당신이 관심 있는 차가 얼마 정도일지 알아내자. 이런 자료에서 당신이 관심 있는 차가 보통 1만 7천 달러 정도라고 나오면 이 숫자를 기준점 삼아 다른 차들을 비교한다. 자동차 딜러의 말이나 광고문구에 휩쓸려 기준점을 바꾸어선 안 된다.

모바일 앱을 구매할 때라면 다른 앱 가격이 거의 무료라고 해서 3.99달러가 반드시 높은 가격은 아니란 점을 기억하자. 마음속으로 한 걸음 물러나 그 가격에 무엇을 얻을 수 있는지 살펴보자.

온라인쇼핑을 할 때에는 웹사이트 맨 앞에 당신이 구매하리라 기대하지 않는 아주 값비싼 물건들을 일부러 올려놓는다는 사실을 기억하자. 이것들은 그저 높은 기준점을 설정하기 위해 제시된 것이다. 판매자는 당신이 스크롤을 내려 처음의 비싼 물건보다 약간 더 싼, 그러나 아마 당신이 원래 쓰려 했던 것보다는 높은 가격의 제품을 찾아낼 거라는 사실을 알고 있다.

지리학이 아니라
심리학입니다

공포가 뇌의 측정능력을 떨어뜨릴 수 있다

- 심리 개념 **지각**
- 연구명 **높이 지각에서 고도와 두려움의 역할**
- 원조 과학자/연구자 **제닌 K. 스테파누치**Jeanine K. Stefanucci,
  데니스 R. 프로피트 Dennis R. Proffitt (2010)

지각

많은 사람이 고소공포증을 호소한다. 진화적으로는 이것이 좋은 현상이라고 볼 수 있다. 대개는 높은 곳을 무서워하는 사람들만 살아남았기 때문이다. 그런데 당신이 생각한 어떤 것과의 거리감(그리고 그에 따른 두려움)이 질문을 받은 시점에 당신이 어디에 서 있었는지에 따라 달라진다는 것도 알고 있는가? 이 견해를 둘러싼 연구들을 '진화된 위치지각evolved navigation' 이론이라고 부른다. 예를 들어 당신이 건물 아래에 서서 지붕을 올려다본다고 치자. 다음엔 건물 꼭대기에 올라가서 땅을 내려다본다고 생각해보자. 이 두 위치에서 건물의 높이를 다르게 가늠하게 될까?

원래 실험

연구자 제닌 스테파누치와 데니스 프로피트는 약간 수정하면 혼자서도 해볼 수 있는 실험을 진행했다.

스테파누치와 프로피트는 이렇게 했다. 두 사람은 근무하는 대학의 캠퍼스 건물 중 밖에 발코니가 있어서 사람들이 나가 설 수 있는 곳을 골랐다. 발코니 높이는 약 8미터였다. 참가자 중 일부는 발코니 끝(추락 방지를 위한 난간이 있었다)에 서서 땅을 내려다보았다. 그들은 땅 위에 떨어져 있는 납작한 원형 판을 보고 난간 윗부분부터 원판까지의 거리가 얼마나 될지 알아맞혀야 했다. 다른 참가자들도 똑같은 과제를 했지만, 땅 위에 서서 난간 위쪽에 걸쳐놓은 원판을 보며 거리를 가늠했다. 그러므로 모든 참가자와 원판까지의 물리적 거리는 매번 정확히 똑같았다. 참가자들의 시점이 거리 추정치에 어떤 영향을 주었을까?

당신도 예상했겠지만 높은 곳에서 땅을 내려다보면 약간 겁이 난다. 발코니 위에 선 참가자들은 땅까지의 거리를 땅에 서서 위를 올려볼 때보다 훨씬 높게 추측했다. 밑을 내려다본 참가자들은 그 거리를 약 12.5미터로 추측했고 발코니를 올려다본 참가자들은 9.5미터쯤 떨어져 있다고 생각했다.

그러니 우리가 현실을 있는 그대로 보고 있는 건지 궁금한 적이 있었다면, 답은 '그렇지 않다'이다. 우리의 지각조차 말 그대로 우리 입장立場에 따라 달라지니 말이다.

실험해보자!

친구들이 서 있을 수 있는 높은 장소를 찾아서 그들에게 발부터 땅까지 몇 미터나 떨어져 있는지 물어보는 방식으로 직접 이 연구를 해볼 수 있다. 다른 친구들에게는 땅 위에서 (혹시 전에 거기 올라가봤다면 발이 닿았던 위치까지) 올려다보라고 한다. 그 지점이 얼마나 높을지 물어본다. 아마 내려다본 친구들이 올려다본 친구들보다 더 높다고 생각할 것이다.

그런데 이 연구자들은 이보다 더 안전하게 시험해볼 수 있는 다른 지각 영역도 찾아냈다. 사람들은 어떤 곳까지 가는 데 신체적인 노력이 많이 필요할 것 같으면 그 거리도 더 멀게 추정하는 것으로 드러났다. 그러니까 야외에서 (바위가 많고 작은 언덕이 있는) 험한 지형을 바라볼 때면 평지를 볼 때보다 그 너머까지 더 멀 것이라고 생각한다. 두 거리가 실은 똑같다 할지라도 말이다. 이 실험은 직접 해보기 훨씬 쉽고 친구들을 높은 건물 위에 올라가게 할 필요가 없다. 필요한 것은 다음과 같다.

- 친구들 2~4명
- 커다란 주차장(또는 넓은 평지)
- 책을 가득 넣은 무거운 배낭

실험 방법
- **1단계:** 주차장 한쪽 끝에 서서 친구에게 주차장 반대편까지 몇 미터 정도 될지 물어본다. 참가자들이 서로의 답을 듣지 못하게 한다.
- **2단계:** 두 번째 친구에게 똑같은 질문을 하는데, 그전에 어깨에 배낭을 짊어지게 한다.

두 번째 친구에게 무거운 배낭을 짊어지게 하면 주차장 반대편까지의 거리가 훨씬 멀다고 생각할까?

실험 결과

스테파누치와 프로피트가 옳다면 짐이 무거워질 때 참가자들이 목표 지점을 실제보다 더 멀게 생각하게 될 것이다. 그러므로 무거운 배낭을 짊어진 참가자들이 아마 더 큰 추정치를 말할 것이다.

이 연구를 통해서 몸과 마음이 서로 분리된 독립체인지에 관한 논의를 시작해볼 수도 있다. 그렇지 않다. 이 연구가 보여주듯, 우리 몸의 감각은 정말로 우리가 생각하는 방식에 영향을 미친다.

긴 거리를 걸어가야 하거나 마라톤을 뛰어야 한다면, 당신이 지치거나 앞에 언덕이 보일 때 목표 지점을 실제보다 멀리 느끼고 있을지 모른다는 점을 기억해도 좋을 것이다.

당신의 기억력은
생각보다 좋다

저걸 다 어떻게 기억하지?

● 심리 개념 **암기법**
● 연구명 **기억: 실험심리학에 대한 기여**
● 원조 과학자/연구자 **헤르만 에빙하우스**Hermann Ebbinghaus(1885)

강의실에 앉아 쏟아져 나오는 지식들을 보며 혼자 '이걸 어떻게 다 외워?' 하는 생각을 몇 번이나 해보 았는가? 단기기억에는 아주 적은 양의 정보를 아주 짧은 시간만 담아놓을 수 있다. 그 정보를 계속 중얼거리면 며칠 은 가겠지만. 그러니 당신이 기억 가능한 용량에 별로 자신이 없 는 것도 이해할 만하다. 하지만 이것은 그저 당신의 기억력을 최 대로 발휘하지 않아서 생기는 문제일지도 모른다. 이 실험을 보면 당신이 스스로 기대한 것보다 얼마나 더 많이 기억할 수 있는지 알고 놀라게 될 것이다. 실은 당신이 모르는 간단한 '기억 요령'이 좀 있다.

원래 실험

수천 년 전에 그리스인들이 이미 기억 전략에 사로잡혀 있었지만, 기억에 대한 최초의 주의 깊은 연구는 1800년대 중반 헤르만 에빙하우스가 실시한 것들이다. 재미있게도 그는 모든 실험에서 자기 자신을 피험자로 삼았다. 에빙하우스는 아주 꼼꼼한 사람이었고 접근방식은 매우 직접적이었다. 그는 책상에 앉아서 수많은 단어를 하나씩 차례차례 본 뒤에 기억나는 단어를 최대한 많이 적어 내려갔다. 일단 단어를 보자마자 바로, 그리고 다음 날에, 또 그다음 날, 또 그다음 날에 계속.

'cat'나 'bat' 같은 일상적인 단어 목록은 그저 익숙하단 이유로 쉽게 외워질 것이기에 이용하지 않았다. 그 대신에 자신이 '무의미 음절'이라고 이름 붙인, 일정한 패턴이 있는 철자 3개짜리 단어로 이 문제를 해결했다. 모든 단어는 자음으로 시작했다. 다음 철자는 모음이고, 마지막 철자는 또 다른 자음이었다. 이런 방식으로 그는 'baj'나 'juf' 같은 단어를 만들어냈다.

덧붙여 에빙하우스는 훌륭한 과학적 마인드를 지닌 사람답게

이 낯선 단어들을 각기 똑같은 시간만큼 보아야 한다는 사실을 깨달았다. 그 시절에 음악가들은 일정한 똑딱 소리로 박자를 맞춰주는 태엽 메트로놈을 사용했고, 에빙하우스 역시 메트로놈을 이용하여 어떤 한 단어를 다른 것보다 절대 더 오래 보지 않았다.

처음에는 꽤 많은 단어를 정확하게 적을 수 있었다. 그러나 대략 엿새 정도가 지나면 어떤 단어도 기억해낼 수 없었다. 이 작업을 통해서 에빙하우스는 기억의 '망각 곡선forgetting curve' 이론을 생각해냈고, 이 이론은 우리의 단기기억이 얼마나 쉽게 사라지는지 이해하는 데 도움을 주었다.

조지 밀러George Miller는 1950년대에 에빙하우스의 연구를 되살려냈다. 밀러는 '기억 범위memory span', 즉 어떤 항목을 듣고 난 직후 머릿속에 저장 가능한 최대한의 개수에 초점을 맞추었다. 예를 들어 내가 당신에게 지금 알파벳 3개를 아무거나 읽어주면 당신은 그것을 금세 반복해서 다시 내게 말해줄 수 있을 것이다. 그런데 내가 여기에 몇 글자를 더 추가하면 어떨까? 당신의 자신감이 없어지며 실수를 저지르기 시작할까?

밀러는 단기기억에서는 인간의 기억력이 글자 단 7개 정도만 기억할 수 있음을 알아냈다. 의미 없는 글자 10개 정도면 거의 아무도 정확히 따라 말할 수 없었다.

누군가에게 한 글자에서 열 글자 정도를 읽어주고 다시 말해보라고 시키는 것만으로도 에빙하우스와 밀러의 연구를 손쉽게 재현할 수 있다. 일곱 글자 정도부터 실수를 저지르기 시작할 것이다. 그러나 이보다 좀 더 재미난 실험을 해보자.

밀러 이후의 연구자들은 이 일곱 글자 '한계'를 이겨낼 방법을 찾아냈다. 기억해야 할 것들에서 '패턴'을 찾아내면 7개 이상을 기억할 수 있다. 몇 가지 예를 보자. 다음 숫자 10개를 바로 외워 말할 수 있을까?

7294682534

숫자들이 아주 랜덤한 편이어서 7개 이상 외우기가 어려울 것이다. 이 숫자들은 어떤가?

248163264128

이 숫자들의 나열은 기억하기 별로 힘들지 않다는 걸 알아차렸을지 모른다. 처음 세 숫자들이 짝수다. 그러나 저 숫자에는 더 깊은 구조가 숨어 있다. 왼쪽에서 오른쪽으로 가면서 숫자가 2배씩 커진다. 이걸 알고 나면 이제 고개를 들고도 12개 숫자를 모두 말해낼 수 있으리라고 장담한다.

이 사실을 염두에 두고 실험을 재현해보자. 필요한 것은 다음과 같다.

- 친구들 2~4명
- 펜
- 메모지
- 스톱워치

실험 방법

- **1단계:** 메모지에 숫자 248163264128을 적는다.
- **2단계:** 메모지를 친구(들)에게 주고 숫자를 15초간 본 뒤 돌려달라고 말한다.
- **3단계:** 본 숫자를 기억나는 만큼 다시 말해달라고 한다. 한 사람씩 진행한다. 모든 사람이 말한 것을 받아 적는다.
- **4단계:** 이제 똑같은 숫자를 다른 친구(들)에게 주는데, 메모지를 주기 전에 숫자에 패턴이 있다고 알려준다. (이 힌트만으로도 왼쪽에서 오른쪽으로 가며 숫자가 2배씩 커지는 것을 알아차리는 데 충분할 것이다.)
- **5단계:** 메모지를 15초 동안 보여주고 돌려받는다.

- **6단계:** 두 번째 집단에 속한 친구들에게 숫자를 다시 말해달라고 하고 답을 받아 적는다.

실험 결과

이 실험에서 첫 번째 집단에 속한 사람들은 아마 많아야 숫자 7개 정도를 기억하고, 처음과 마지막에 나타난 숫자 위주로 맞힐 것이다. 들은 것 중 처음과 마지막 항목을 잘 기억하는 이 경향성을 초두효과primacy effect와 최신효과recency effect라고 부른다. 두 번째 집단은 아마 숫자를 전부 또는 대부분 맞혔을 것이다(패턴을 알아차릴 수 있었다면).

이 실험의 의미

이 실험이 재미있는 '방구석 마술'이 될진 몰라도 대체 우리 삶에 무슨 의미가 있나 생각할지 모른다. 이 실험이 우리에게 알려주는 것은 무작위 정보처럼 보이는 것에서도 패턴을 찾아내거나 만들어내면 그 정보를 기억하기 쉬워진다는 점이다.

당신은 어쩌면 이미 이 사실을 활용하고 있을 것이다. 예를 들어 누군가의 전화번호가 8228로 끝난다고 치면 9437로 끝나는 전화번호보다 외우기가 쉽다. 숫자 8228에는 쉽게 파악할 수 있는 패턴이 있고 약간 라임도 맞는 데 비해 9437에서는 패턴을 찾기가 어렵다. 그러나 거기에서 '패턴을 만들어'낸다면? 9437을 잘라서 94와 37로 만들어보자. 94세까지 산 노인을 알고 있는가? 37살에 결혼한 친구는? 94나 43, 37, 943, 437 같은 숫자가 들어간 주소에서 산 적은? 잠깐 시간을 들여 숫자를 이리저리 뜯어보고 거기에서 익숙한 정보를 연상해낼 수 있다면 당신의 기억 능력에 놀라게 될 것이다.

목격의
재구성

당신의 기억력은 생각만큼 좋지 않다

- 심리 개념 **목격 증언**
- 연구명 **교통사고의 재구성: 언어와 기억 간 상호작용의 사례**
- 원조 과학자/연구자 **엘리자베스 F. 로프터스**Elizabeth F. Loftus,
  존 C. 파머 John C. Palmer (1974)

기억

우리는 대부분 자기 기억력이 좋다고 생각한다. 누군가가 (또는 당신이) "XYZ가 일어났을 때 내가 정확히 어디 있었는지 알고 있어"라고 말하는 것을 본 적 있는가?

우리는 삶에서 일어난 모든 일을 기억하지 못한다는 걸 알지만, 선명한 기억이 있는 일에 관해서는 우리의 뇌가 그것을 실제 일어난 그대로 정확하게 저장해두었을 것이라고 생각한다. 사실은 전혀 그렇지 않다. 우리의 자신감과는 달리 우리 기억이 실제로 일어난 일의 조각을 '일어났을 법한' 일의 조각들과 함께 구성하고 있는 경우가 잦다. 우리는 일어난 일에 비추어 마음속에 이야기를 구성하는데, 이것을 입 밖으로 얘기할 때 자기 자신과 다른 사람들에게 말이 될 만한 구조로 만든다. 다른 말로 하면 당신의 '기억 이야기'는 실제 있었을지 모르는 모든 조각이 아니라 일부 조각으로만 만들어진다.

원래 실험

엘리자베스 로프터스 박사는 1970년대 초부터 목격자 기억을 연구 중이다. 이런 연구는 사건 목격자들의 진술을 참고하는 판사와 변호사들에게 큰 영향을 주고 있다.

로프터스 박사가 우리 기억의 허술함에 관해 일깨워준 가장 설득력 있는 연구 중 하나에서는 참가자들에게 짧은 교통사고 영상을 보여주고 사고가 났을 때 영상 속 차량이 얼마나 빨리 달린 것 같은지 질문했다. 지금까지는 아주 간단해 보일 것이다.

실험에서 달랐던 것은 차의 속도를 묘사하기 위해 사용한 '단어'였다. 한 집단에서는 참가자들에게 한 차가 다른 차에 '충돌'할 때 속도가 어땠는지를 묻고, 다른 참가자들에게는 두 차가 '접촉'할 때 차들의 속도를 추정해달라고 말했다.

차들이 서로 '충돌'했다고 들은 참가자들은 속도가 시속 145킬로미터 정도였다고 생각하고, '접촉'했다고 들은 사람들은 시속 110킬로미터 정도였다고 생각한 것이 별로 놀랍지 않을지도 모른다.

다른 연구에서 로프터스 박사는 참가자들에게 '깨진 유리'를 본 기억이 있느냐고 물었는데, 실제 동영상에는 깨진 유리가 나오지 않았다. 그런데도 많은 참가자들이 정말 깨진 유리를 보았노라고 답했다.

이 연구들은 우리가 본 것에 대한 지각(자동차의 속도)과 우리가 본 것에 대한 기억(깨진 유리)이 조작될 수 있음을 보여준다. 그래도 우리는 여전히 무슨 일이 일어났는지 안다고 생각할 테지만.

이제 우리가 기본적인 아이디어를 재현할 수 있을지 보자.

실험해보자!

주의: 이 연구를 하려면 사람들에게 교통사고 동영상을 보여주어야 한다. 어떤 참가자들은 실제로 교통사고를 겪었거나 교통사고에서 다치거나 사망한 누군가를 알고 있을지 모른다. 그런 경우, 단순한 교통사고 장면을 보는 것만으로도 불편한 기억이 떠오를 수 있다. 언제나처럼, 참여하고 싶지 않아 한다면 참가자들의 의사를 존중해주자.

실험을 재현하기 위해서 필요한 것은 다음과 같다.

- 자동차 사고 영상
- 영상을 볼 참가자들
- 질문 1~2개가 인쇄된 설문지 2장: 한 장에는 '차량이 접촉했을 때' 속도를 추정하라는 질문을 적고, 다른 종이에는 똑같은 질문이지만 '접촉'만 '충돌'로 바꾸어놓는다.

단순한 교통사고를 담은 짧은 영상이면 충분하다. 유튜브에서 '교통사고' 같은 단어만 검색해보아도 그런 비디오를 많이 찾을 수 있다. 하지만 짧은 사고영상을 찾는 건 쉽지 않고, 그렇다고 보기 불편한 영상을 사용하고 싶지도 않을 것이다. 중요한 기준은 단순한 사고여야 하고, 끔찍한 장면이 나오지 않아야 한다는 것이다. 다음 영상을 써도 좋다.

실험 방법

- **1단계:** 참가자들에게 영상에서 보게 될 자동차 두 대의 속도를 추측해야 한다고 말한다.
- **2단계:** 설문지를 나누어 준다. 두 질문은 앞에서 설명한 대로 '충돌' 또는 '접촉'이라는 단어를 빼고는 똑같다.

- **3단계:** 영상을 보여준다.
- **4단계:** 다른 사람과 상의하지 못하게 한다.
- **5단계:** 설문지의 질문에 답해달라고 한다.
- **6단계:** 추가로, 앞서 제공한 유튜브 동영상 링크에서는 정지 표지판이 보이지 않는다. 참가자들에게 정지 표지판을 보았는지 질문할 수도 있다. '예' '아니요' '잘 모르겠다' 중 하나로 답하게 한다.

실험 결과

로프터스 박사와 비슷한 결과를 얻을 가능성이 높다. '충돌'이라는 단어로 묘사한 질문지를 받은 참가자들이 속도를 더 높게 추측했을 것이다.

참가자들에게 실험 결과에 대해 말해주어도 괜찮다. 여전히 실험 전만큼 자기 기억에 자신이 있을까?

이 실험의 의미

왜 이 현상을 알아야 할까? 살면서 언젠가는 법정에 서야 할 일이 생길 것이다. 판사들은 거의 다 자기 기억이 꽤 좋다고 믿을 것이고, 목격자들이 자신이 본 것을 이야기할 때 보이는 자신감에 영향을 받기 쉽다. 이 실험은 당신이 판사가 되어야 할 때 주변 사람들에게 우리 기억이 실은 얼마나 허술한지 이해시키고, 가장 강력한 증거에 집중하도록 도와줄 수도 있을 것이다. 목격자가 얼마나 확신하는지는 너무 믿지 말자.

문턱을 넘으면
까먹기 일쑤

내가 이 방에 왜 왔더라?

- 심리 개념 **부호화와 망각**
- 연구명 **문턱을 넘으면 잊는다: 상황 모델과 경험해본 공간**
- 원조 과학자/연구자 **가브리엘 A. 라드반스키**Gabriel A. Radvansky,
  데이비드 E. 코프랜드 David E. Copeland (2006)

당신도 어쩌면 이런 경험이 있을 것이다. 어떤 방에서 무언가를 하다가, 또는 화장실에서 이를 닦다가 어디 가서 무언가를 가져와야겠다고 생각한다. 그래서 하던 일을 멈추고 다른 방에 갔는데 아뿔싸! 정작 그 방에 들어가니 왜 왔는지 기억이 안 나네.

이런 일을 겪어도 걱정하진 말자. 당신만 그러는 게 아니다. 많고 많은 사람이 비슷한 일을 겪어봤을 뿐 아니라 과학자들도 왜 이런 일이 발생하는지에 관해 여러 연구를 수행해왔다.

여기서 기억 연구자들이 '부호화 encoding'라고 부르는 것과 우리가 '망각 forgetting'이라고 부르는 것을 살펴볼 필요가 있다. 부호화는 머리에 정보를 저장하는 과정을 말한다. 정보가 우리 눈을 통해 들어왔는가? 아니면 귀를 통해? 우리가 처음 정보를 보거나 들은 장소는 어디였는가? 몇 시쯤이었는가? 정보를 기억하기 위해 얼마나 많은 시간을 들였는가? 이 모든 것이 정보를 얼마나 잘 기억하고 이후 몇 분에서 며칠, 심지어 몇 년간 기억하게 되는지와 관련이 있다.

'문턱 넘기' 현상은 그저 한 방에서 다른 방으로 건너가는 단순한 사건이 어떻게 망각을 불러올 수 있는지 살펴본다. 이것을 기억의 '사건 모델 event model'이라고 부르는데 사실 그리 복잡하지는 않다. 한번 살펴보자.

원래 실험

문턱 넘기가 사람의 기억에 미치는 효과에 관한 연구를 하고 싶다고 상상해보자. 당연히 피험자들을 걷게 해야 하므로 문이 달린 방이 여러 개 필요할 것이다. 당신에게 공간이 많다면 이것을 '현실세계'에서 해볼 수도 있겠지만, 컴퓨터 기술을 이용해 가상세계에서 걷게 만들면 어떨까? 과학자들은 가상세계가 현실세계보다 나은 한 가지 장점을 아주 좋아한다. 환경통제 말이다.

예를 들어 현실세계에서 참가자들에게 건물의 한쪽 끝에서 다른 곳까지 지나가게 하면, 참가자들이 중간에 누군가를 만나고, 심지어 이야기를 나누게 된다든가, 길을 가는 동안 생각지 못한 사건을 보게 될 가능성을 통제할 수 없을지 모른다. 통제하지 못한 이런 사건은 모두 기억력에 영향을 미칠 수 있다.

반면 컴퓨터에 가상세계를 만들어내 방과 문이 있는 환경에 참가자들을 집어넣고 마우스나 터치패드를 이용해 방 사이를 '걸어 다니게' 하면, 그들이 걷는 동안 일어날 일을 완전히 통제할 수 있다. '걷기'가 가상적인 일이 되긴 하지만 최소한 초기 연구에서는 통제 요소가 굉장히 중요하다. 게다가 대개 연구자들이란 컴퓨터 덕후이다.

라드반스키와 동료들은 인기 있는 비디오게임 〈하프라이프Half-Life〉를 만드는 데 사용한 것과 똑같은 게임 엔진을 이용해 방과 문이 있는 가상세계를 만들기로 했다. 라드반스키가 만들어낸 '세상'은 (때로는 제작비만 수백만 달러가 드는) 요즘의 인기 게임 상당수와 비교하면 너무 단순하지만, 우리에게는 참가자들이 '걸어 다닐' 방 몇 개면 충분하다.

하지만 이 현상에서 중요한 다른 부분, 한 방에서 다른 방으로 갈 때 기억해야 할 것은 어떨까? 현실세계라면 휴대전화나 어떤 책을 찾으러, 아니면 고양이에게 밥을 주러 한 방에서 다른 방으로 이동할 것이다. 이 개념을 가상세계에서 어떻게 재현해낼까? 라드반스키는 참가자들에게 한 방에서 다른 방으로 갈 때 '들고 가야' 할 물체를 주었다. 대개 기하학 도형처럼 아주 단순한 물건들이었다. 세모나 네모 따위 말이다. 참가자들은 방 안의 테이블에 가서 물체 하나를 골랐다. 그러면 그 물체는 마치 어깨에 멘 가방에 집어넣은 것처럼 시야에서 사라졌다. 그 후에 입구로 가서 방문을 열고 다른 가상의 방으로 들어갔다. 새로운 방에 도착하면 아까 나온 방에서 무엇을 골랐는지 답했다. 다른 참가자들도 물체 하나를 고르고 가상세계에서 똑같은 거리만큼 이동했는데, 문을 열고 나가는 과정만 없었다.

무슨 일이 일어났을까? 물체를 고르고 다른 방으로 가서 아까 무엇을 집었는지 답한 사람들은 가상세계에서 같은 거리를 걸었지만 문을 열지는 않은 사람들보다 답하는 데 시간이 더 오래 걸리고 정답률도 낮았다.

이 실험은 라드반스키가 우리 기억에 '사건' 요소가 있다고 주장하는 이유를 보여준다. 우리가 하나의 물리적 공간에 있으면 거기에서 우리가 무엇을 하고 있는지 기억할 수 있다. 하지만 어떤 사건이 발생하면, 그러니까 다른 방으로 들어가면, 우리 뇌가 이전 장소에서 우리가 한 행동과 생각을 부분적으로 '비우는' 것처럼 보인다. 아마도 새 장소에서 일어날 일을 처리하기 위해 기억 속에 약간의 '공간'을 만들어내는 것 같다.

실험해보자!

자, 이제 이걸 어떻게 재현해볼까. 특히 당신이 라드반스키 같은 컴퓨터 게임 프로그래머가 아니라면? 그냥 옛날 방식으로 해도 괜찮다. 필요한 것은 다음과 같다.

- 이번에는 두 집단 실험설계를 쓸 것이다. 각 집단에 10명이 있으면 좋을 테니 총 20명의 참가자가 필요하다.
- 방문이 달린 방 몇 개가 있는 공간. 당신 집 거실과 서재, 침실을 실험공간으로 쓸 수도 있을 것이다. (다른 방해요소는 최소한으로 줄여보자. TV를 켜놓지 말고 참가자들과 이야기를 나눌 수 있는 다른 사람들도 오지 못하게 한다.)
- 긴 복도나 문이 달려 있지 않은 방 몇 개가 있는 공간
- 등에 멘 가방에 넣을 수 있는 작은 물체 4개. (무거운 것은 안 된다. 예를 들어 빈 우유팩, 자동차 열쇠, 작은 수첩, 알람시계 같은 것이 좋다.)
- 참가자들이 고를 물건을 올려둘 테이블 4개
- 물건들을 숨겨놓을 뚜껑이 없는 큰 상자 4개
- 배낭이나 큰 가방
- 스톱워치
- 자료를 기재할 종이를 끼운 클립보드

실험 방법

이제 두 실험조건을 살펴보자.

A 집단: 방문 열고 가기

- **1단계:** 각 방 테이블 위 상자 속에 물체를 하나씩 보이지 않게 넣어놓는다.

- **2단계:** 참가자가 첫 번째 방의 구석에서 출발하게 한다. 참가자에게 가방을 준다. 테이블에 가서 상자 안에 있는 물체를 집어 가방 안에 넣으라고 말한다. 그 뒤 입구에 가서 방문을 열고 다음 방으로 들어가게 한다.

- **3단계:** 당신이 혼자 이 실험을 수행 중이라면 참가자가 다른 방으로 이동할 때 뒤에서 따라가야 한다. 클립보드를 꺼내 참가자의 답을 적을 준비를 한다. 스톱워치도 준비한다. 참가자가 다른 방에 들어가는 대로 "가방에 무얼 넣어두었나요?"라고 질문한다. 질문을 마치자마자 스톱워치를 시작한다. 참가자가 질문에 대답하면 (맞든 틀리든) 스톱워치를 종료한다. 종이에 다음을 적는다.

1. 참가자 번호(1부터 참여한 숫자만큼)
2. 당신이 있는 방 번호('1번 방' '2번 방' 등)
3. 참가자가 가방에 있다고 답한 것

4. 참가자가 답을 할 때까지 걸린 정확한 시간(100분의 1초까지)

- **4단계:** 가방에서 물건을 꺼내서 바닥에 놓는다. 참가자에게 다음 방에 가서 테이블 위의 물건을 가져오라고 말한다.

B 집단: 문 안 열고 걷기

이 방식도 이전 방식과 거의 똑같다. 참가자들이 어떤 문도 지나지 않는다는 점만 다르다. 한 테이블에서 다음 방까지 직선으로 (거의 똑같은 거리만큼) 걷는 것이 제일 이상적이다. 이게 불가능해서 참가자들이 복도에서 몇 번 코너를 돌아야 하더라도 아마 라드반스키와 거의 똑같은 결과를 얻을 것이다.

- **1단계:** 복도에 테이블 4개를 대략 같은 거리만큼 서로 떨어뜨려 놓는다. 각 테이블에 상자를 놓고 그 안에 보이지 않도록 물체 하나를 넣는다.
- **2단계:** 참가자를 복도 끝에서 출발시킨다. 가방을 준다. 첫 번째 테이블에 가서 상자 안의 물건을 들어 가방에 넣으라고 말한다. 다음 테이블까지 똑바로 걷게 한다.
- **3단계:** 클립보드를 꺼내 참가자의 답을 적을 준비를 한다. 스톱워치도 준비한다. 참가자가 다음 탁자에 도착하는 대로 "가방에 무얼 넣어두었나요?"라고 질문한다. 질문을 마치자마자 스

톱워치를 시작한다. 참가자가 질문에 대답하면 (맞든 틀리든) 스톱워치를 종료한다. 종이에 다음을 적는다.

1. 참가자 번호(1부터 참여한 숫자만큼)
2. 당신이 있는 테이블 번호('1번 테이블' '2번 테이블' 등)
3. 참가자가 가방에 있다고 답한 것
4. 참가자가 답을 할 때까지 걸린 정확한 시간(100분의 1초까지)

- **4단계:** 가방에서 물건을 꺼내서 바닥에 놓는다. 참가자에게 다음 테이블에서 물건을 가져오라고 말한다.

실험 결과

참가자들이 자기 가방에 든 물건을 매번 정확히 기억해낼 수도 있지만, 방금 문을 지나왔다면 대답하는 시간이 조금 오래 걸릴 게 확실하다. 복도 집단 참가자들은 너무 뻔한 질문을 자꾸 물어봐서 이상하다는 표정으로 당신을 바라보겠지만, 그들의 자료는 '방문 열기' 참가자들과 비교할 때 이용할 것이다.

과학자들은 일상생활에서 일어나는 일들을 재현하고 설명할 수 있길 갈망하는데, 이 연구가 바로 그렇게 하고 있다. 지금 무엇을 했는지 참가자들에게 설명해주면 분명히 상당수가 고개를 끄덕이며 "아, 나도 그런 적 있어요"라고 답할 것이다. 기억의 사건 모델을 약간 설명해주면 아마 흥미롭게 여기겠지만, 과학자들이 그들의 일상 경험을 뒷받침해준 것만으로도 깊은 인상을 주기에 충분하다.

이 연구가 주는 실용적인 조언은 이렇다. 무언가를 하러 방을 나서서 다른 방으로 갈 때, 그 방을 떠나기 전에 적어도 한두 번은 다른 방에 가는 이유를 되뇌면 효과가 있다. 그러면 정보가 단기 기억에 좀 더 오랫동안 남아서 방을 떠날 때 당신의 뇌가 그 내용을 '비우는' 것을 막아주고, 도대체 '왜!' 여기 왔는지 기억날 가능성이 높아질 것이다.

강력하기 그지없는 장소기억법

와, 내가 이걸 다 기억했다고?

- 심리 개념 기억: 장소기억법
- 연구명 장소법의 반복 사용이 간섭을 일으키는가?
- 원조 과학자/연구자 로사나 드 베니Rossana De Beni, 체사레 코놀디Cesare Cornoldi (1988)

우리는 대개 자신이 실제로 얼마나 많은 것을 기억 할 수 있는지 잘 모른다. 보통 사람들은 쓸 줄 모르는 기억 전략(암기법)이 많이 있는데, 놀랍게도 이런 전략을 이용하면 긴 사물 목록도 금세 암기할 수 있다.

그리스인들 덕분에 처음으로 유명해진 '장소'기억법은 시각 기법으로서, 마음속에 어떤 집의 내부를 그리고 그 구석구석에 사물이 있는 모습을 상상해내는 것이다. 이런 물건 또는 집 안의 여러

'구석'이 당신의 '장소'가 된다.

예를 들어 주방을 떠올려보자. 주방에 있는 물건이 당신의 '장소' 중 하나가 된다. 주방을 왼쪽에서 오른쪽으로 훑으면 찬장, 싱크대, 오븐, 냉장고 등을 보게 될 것이다. 또는 집 안을 걸어 다닌다고 생각하면서 특정한 위치나 가구마다 당신이 기억하고 싶은 대상을 연결할 수도 있다. 나중에 그 대상을 기억하고 싶을 때, 그냥 다시 집을 '거닐면' 집 안의 가구나 위치에서 당신이 만들어냈던 연상들이 기억을 되살려줄 것이다.

이번 예시에서는 마트에서 장을 볼 목록을 사용하겠지만, 만약 당신이 학생이라면 시험공부를 할 때 이 기법을 사용해봐도 좋다.

원래 실험

장소기억법은 수천 년 전 그리스인들이 처음 개발해냈지만, 드 베니와 코놀디가 수행한 훌륭한 실험을 출발점으로 삼는 것도 좋다. 두 사람은 고등학생 한 집단을 대상으로 장소기억법을 알려주고, 읽어야 할 긴 지문 하나를 제시했다. 학생들에게 장소기억법을 이용해 지문의 핵심 내용을 기억하도록 한 것이다. 다른 학생들도 같은 지문을 받았지만 장소기억법 훈련은 받지 않았다. 그들에게도 지문 내용을 최대한 많이 기억해야 한다고 말했지만, 보통 사람들이 사용하는 반복 훈련만 했다. 두 집단의 학생들은 지문을 읽고 공부하기를 마친 뒤 곧장 시험을 치렀다. 1주일 뒤에도 같은 지문에 대해 시험을 보았다. 당연하게도 장소기억법을 사용한 집단이 단순 반복 집단보다 훨씬 많은 것을 기억해냈다.

실험해보자!

이 기억법을 몇몇 친구들에게 실험해보자. 먼저 친구들이 기억하게 할 사물 목록이 필요하다. 마트에 가서 물건을 사야 한다고 생각해보자. 최대한 아이디어를 내서 10개짜리 목록을 만들자. 원하는 어떤 상품이든 괜찮지만 나는 이것들을 골랐다.

1. 빵
2. 우유
3. 땅콩버터
4. 브로콜리
5. 시리얼
6. 냉동피자
7. 달걀
8. 고양이용(또는 강아지용) 사료
9. 두루마리 휴지
10. 당근

이밖에 더 필요한 것은 다음과 같다.

- 참가자 두 집단
- 10개짜리 쇼핑 목록

- 결과를 적을 종이
- 스톱워치
- 연필이나 펜

실험 방법

A 집단: 장소기억법 집단

- **1단계:** A 집단 참가자들에게 마트에서 살 수 있는 물건 10가지를 기억해야 한다고 말해준다. 목록을 볼 시간을 5분 줄 것이다. 스톱워치로 5분을 맞춰놓지만 아직 시작하지는 않는다.
- **2단계:** 장소기억법을 설명해준다. 설명을 마치면 '장소' 10개를 고르게 한다. 자기 집의 방이 될 수도 있고, 학교나 직장에 가는 길에 나오는 장소일 수도 있다. 참가자가 집을 떠올린다면 당신과 함께 현관에서 출발해 집 안을 '걸어' 다니는 것처럼 소리를 내어 말하게 한다. 집 안을 걷는 길을 따라 한 군데에 하나씩 장 볼 물건을 적게 한다. 다음은 참가자들이 고르게 될 장소의 예시 몇 가지다(당신이 제안할 수도 있다).

1. 주차장.
2. 보일러나 에어컨 실외기가 놓인 지하실의 어떤 장소. 그냥 '지하실 한구석'처럼 모호하지 않고 정확한 위치여야 한다.
3. 1층으로 올라가는 계단.

4. 계단 위 방에 놓인 어떤 물건. 예를 들어 주방이라면 가스레인지나 냉장고가 좋은 '장소'다.

5. 다음 방으로 간다. 거기에는 뭐가 있나? TV? 식탁이 있나? 아니면 소파? 방마다 한 가지 물건 이상을 사용해도 된다.

6. 2층으로 올라가는 계단.

7. 계단을 올라가면 바로 나오는 방. 그 방이 화장실이라면 변기나 욕조를 고른다.

8. 다음 방은 아마 침대, 옷장, 창문이 있는 침실이거나 책상과 조명등이 있는 서재일 것이다.

9. 다음 방으로 간다……. 이제 무슨 말인지 알았을 것이다.

각 참가자의 집에서 특별한 장소 10군데를 찾을 때까지 계속한다. 방이 많지 않은 집이라면 한 방에서 몇 가지 물건을 이용해도 된다. 주방이라면 냉장고, 가스레인지, 전자레인지, 싱크대, 찬장을 쓸 수 있다. 거실에도 마찬가지로 소파, 테이블, 창문, 큰 의자, TV 따위가 있을 것이다. 이런 물건들도 기억을 걸어놓는 장소로 기능할 수 있다.

- **3단계:** 이제 재미있는 부분이다. 장소기억법의 효과는 그 사람의 상상력에 많은 영향을 받는다. 이 단계에서는 상상력을 발휘해야 한다. 이제 참가자들이 해야 할 작업은 자기 집의 한 장

소와 쇼핑 목록에 든 물건 하나를 연결하기 위한 이미지를 머릿속에 만들어내는 것이다. 이런 이미지를 만들기 위해 당신의 도움이 필요할지 모른다. 앞서 말한 목록과 장소를 연결 짓는 몇 가지 아이디어를 보자.

1. 빵-주차장: 보통은 차 두 대가 주차되어 있을 자리에 커다란 빵 두 덩어리가 대신 주차되어 있는 모습을 떠올려보자.

2. 우유-보일러: 보일러가 우유로 가득 차 있다고 상상한다. 아예 우유가 보일러 바깥으로 넘쳐흐른다고 상상하면 더 도움이 될 것이다.

3. 땅콩버터-1층으로 가는 계단: 계단마다 땅콩버터를 끈끈하게 발라놓았다고 상상한다.

4. 브로콜리-가스레인지: 가스레인지 위에서 끓는 냄비에 브로콜리가 가득 차 있는 모습이나 오븐 문짝이 열려서 잔뜩 탄 브로콜리가 터져 나온 모습을 그려본다.

5. 시리얼-TV: TV가 켜져 있고 거기에서 시리얼 광고가 나오는 걸 상상할 수도 있겠지만, 그건 별로 이상하지 않다……. 실은 이미지가 이상할수록 더 좋다. 시리얼 그릇이 TV 위에 엎어져 있고 눅눅해진 시리얼과 우유가 TV 앞으로 흘러내리는 모습을 상상할 수도 있다.

6. 냉동피자-식탁: 식탁 자리마다 접시가 있고 그 접시 위에

피자가 한 조각씩 담겨 있는 쉬운 그림을 만들 수도 있다. 아니면 좀 더 이상하게 갈 수도 있다. 직사각형 식탁 대신 피자 조각처럼 세모난 모양의 식탁 위에 엄청나게 큰 피자 한 조각이 올라간 모습은 어떤가?

7. 달걀-2층으로 가는 계단: 계단이 깨진 달걀로 덮여 있는 모습을 떠올려보자.

8. 고양이(또는 개) 사료-계단 위의 화장실: 고양이 사료로 가득 찬 욕조를 상상해보자.

9. 두루마리 휴지-침실: 휴지로 침대시트나 이불을 만든 장면을 상상해보자.

10. 당근-서재: 당근으로 책상 다리를 만든 모습을 상상해본다.

- **4단계:** 장소기억법을 이해한 참가자들이 5분 동안 이 방법을 이용해 목록에 나온 것들을 기억하게 한다. 스톱워치를 시작하고 시간을 준다.

- **5단계:** 5분이 지나면 A 집단 참가자들에게 빈 종이를 주고 생각나는 물건을 최대한 많이 적도록 한다.

B 집단: 비교집단

- **1단계:** A 집단에 준 것과 같은 쇼핑 목록을 주고, 5분 동안 목록을 보고 외우라고 말해준다. '시작'이라고 말하고 스톱워치를

작동시킨다. 물론 장소기억법을 가르치지 않을 테지만, 나중에 나름대로 어떤 전략을 만들어냈음을 알게 될지 모른다. 아주 잘 알려진 전략은, 목록에 나온 물건의 첫 글자를 따서 다른 단어를 만들어내는 것이다. 어떤 물건을 떠올리든, 물건들의 앞글자로 쉽게 다른 단어를 만들 수 있는 것들은 피하도록 한다.

- **2단계:** 5분이 지나고 나면 B 집단 참가자들에게 빈 종이를 주고 생각나는 물건을 최대한 많이 적도록 한다.

실험 결과

당신이 보려는 것(과학자들이 사용하는 용어로는 '종속변인')은 참가자가 목록에서 정확하게 기억해낸 단어 개수다. 장소기억법 집단은 쇼핑 목록 중 전부 또는 거의 다를 기억하지만 비교집단은 겨우 5개 정도만 기억했을 가능성이 높다. 초두효과와 최신효과 때문에('당신의 기억력은 생각보다 좋다' 항목을 보라) 비교집단은 아마도 목록 앞부분에서 두어 개, 끝에서 몇 개를 기억할 것이다. 누구나 한 번에 많은 정보를 접하게 되면 그런 일이 일어난다. 대체로 처음 몇 가지와 끝부분 몇 가지를 기억한다.

한편 장소기억법 집단에 속한 사람들은 자신들이 얼마나 많이 기억해냈는지 보며 크게 놀랄 것이다. 처음으로 암기법을 익히고 나면 보통 이런 반응이 나온다. 이 연구를 한 단계 더 끌고 나갈 수도 있다. 1주일을 기다린 뒤 참가자들에게 돌아가서 기억할 수 있는 쇼핑 목록을 최대한 많이 적으라고 하자. 아마도 장소기억법 참가자들이 전부 또는 대부분 기억하는 것을 보고 모두 놀랄 것이다.

이 실험의 의미

당신의 기억력은 당신 생각보다 훨씬 좋아질 수 있다. 학교나 직장에서 장소기억법을 쓰고 싶을 수도 있다. 많은 사람이 수업시간에 배운 것을 노트에 적어가면서 기억해내려고 애쓴다. 이것도 좋은 방법이 될 수 있지만, 학생들은 대개 그런 정의를 머릿속에서 그저 계속 중얼거리고 있을 뿐이다. 이것은 그 정보가 무엇에도 '박히지' 않기 때문에 별로 효과적인 방법이 아니다.

그러나 장소기억법은 일상생활에서 익숙한 장소와 기이한 장면을 활용한다. 새로운 정보가 오래된 정보에 '박히고', 쉽게 떠오를 만큼 (시각적으로) 기이한 형태로 저장된다. 다음번에 기억해야 할 쇼핑 목록이 있거나 수업에서 중요한 개념을 배우게 되면 이 방법을 사용해보자.

08

노동자의 생산성을 높이는 법

힘들여 일하다 또는 일하기 힘들다

- 심리 개념 **동기/목표 설정**
- 연구명 **벌목꾼의 교육 여부와 목표 설정 시 참여도의 효과**
- 원조 과학자/연구자 **개리 P. 래섬**Gary P. Latham, **개리 A. 유클**Gary A. Yukl(1975)

　　자신과 타인의 동기를 끌어올리는 것은 심리학자들이 마주한 가장 어려운 과제 중 하나이다. 인터넷에는 이른바 동기부여 영상들이 아주 많고, 그것들은 실제 영감을 준다. 그 영상들이 아침에 자리에서 일어날 때 열정적으로 일을 시작하고 싶은 기분을 만들어주기도 한다. 그러나 효과는 대개 오래가지 못한다. 영상을 보는 것은 재미있지만 일상생활에는 큰 영향을 주지 않는다.

산업·조직심리학 분야에서 일하는 심리학자들은 기업 관리자들과 협력하면서 직원들의 동기를 높여줄 방법을 찾아왔다. 그러나 관리자들은 직원들이 단순히 의욕이 넘치거나 기분 좋게 일하는 것 이상을 원한다. 그들은 직원들이 어떤 제품을 더 많이 생산하거나(제조업에 종사할 경우) 더 빨리 만들고 판매를 늘리길 바란다. 당신이 (의류나 전자기기 판매 같은) 소매업에 종사한다면, 회사는 당신이 우수한 영업사원이 되거나 이달보다 다음 달 실적이 더 오르길 바란다. 직원들의 사기가 오르길 바라는 다른 산업으로 자동차 판매, 부동산, 보험업, 헬스클럽 등이 있다.

그렇다고 이런 산업에 종사하는 직원들에게 동기부여 비디오를 한 번 보여준다고 다음 달 영업실적을 올릴 만큼 높은 동기 상태가 유지되지는 않을 것이다. 그래서 심리학자들이 개발한 가장 효율적인 전략은 무엇일까? 바로 목표 설정이다. 여러 가지 상황에서 진행한 수많은 실험에서 결과는 거의 항상 똑같이 나왔다. 목표가 있는 사람들은 정확히 그 목표를 이루지는 못하더라도, 목표가 없는 사람들보다는 늘 좋은 성적을 낸다.

비교적 직접적인 실험을 통해 이것을 확인할 수 있다.

원래 실험

목표 설정이 얼마나 효과를 낼 수 있는지를 잘 보여준 가장 유명한 실험은 개리 래섬과 개리 유클이 1975년에 수행한 것이다. 두 사람은 특수한 문제를 풀려고 했다. 나무를 베는 작업자들의 생산성을 올리는 방법(간단히 말해, 나무를 더 많이 베게 하는 법) 말이다.

두 사람은 벌목꾼(당시에는 '나무꾼'이라고 불렸다) 한 무리를 모아 세 집단으로 나누었다. 8주간의 실험에서, 이 나무꾼 중 일부에게는 생산성을 끌어올리기 위해 '높지만 달성 가능한' 목표를 세우게 했다. 다른 이들에게는 그들의 감독관이 대신해서 높지만 달성 가능한 목표를 설정해주었다. 세 번째 집단은 아무 목표도 세우지 않고 앞으로 8주 동안 '최선을 다하라'고만 했다.

오늘날 우리에게는 그리 놀랍지 않지만, 목표를 스스로 세운 나무꾼들이 가장 많은 나무를 베었다. 감독관과 함께 목표를 세운 이들은 이보다 약간 덜 베었고(자기 목표를 스스로 정하는 편이 대개 제일 좋다는 것을 보여준다), 특별한 목표를 세우기보다 그냥 '최선을 다하라'는 말만 들은 집단은 생산성에서 별다른 상승폭을 보여주지 않았다. 이 연구는 오늘날 거의 모든 산업에서 사용되는 목표 설정 방법에 큰 영향을 주었다.

실험해보자!

당신이 직접 나무를 베거나 또는 친구들에게 시키고 싶진 않을 테니 약간 다르게 접근해보자. 이런 상황에서 심리학자들은 아주 유용한 작은 과제, 애너그램 풀기를 이용한다. 혹시 가물가물하다면, 애너그램이란 철자를 재배치해서 다른 단어를 만들어낼 수 있는 단어를 말한다. '동쪽'을 뜻하는 단어 'east'가 좋은 예이다. 이 철자들을 이용해서 'eats(음식)' 'seat(좌석)' 'teas(차)'를 만들어낼 수 있다.

인터넷에서 애너그램 목록을 얼마든지 찾을 수 있다. 너무 짧아서 풀기 쉬운 단어는 피하고 싶을 테지만[가령, 'its(그것의)'는 'sit(앉다)'로 쉽게 변형된다] 'trainer(트레이너)'로 변형할 수 있는 'terrain(지형)'처럼 긴 단어도 별로일 것이다. 'trainer'라는 단어를 떠올리는 데 오랜 시간이 걸리는 참가자들도 있을 텐데, 어떤 경우든 너무 어려운 애너그램을 사용할 필요는 없다. 이 실험에서 알아보려는 것은 특정 시간에 얼마나 많이 풀어내는지 보는 것이니까 누군가를 (너무) 좌절시킬 필요는 없다.

가장 먼저 애너그램 문제 20개가 필요하다. 철자 수가 같은 단어 20개를 고른다. 네 철자 단어면 되겠지만, 피험자 모두가 거의 모든 문제를 풀어낸다면 다섯 철자 단어를 시도해도 괜찮다. 아래는 사용해볼 만한 철자 4개 단어의 예시이다(물론 한국에서 영어에 능숙하지 않은 참가자 집단을 대상으로 재현할 때는 영어 애너그램 문제를 이용하기 어려울 것이다. 이 경우 스도쿠sudoku 문제를 이용해보길 제안한다—옮긴이).

- salt(소금)-last(마지막)
- peat(토탄)-tape(테이프)
- sour(시큼한)-ours(우리 것)
- ream(속이다)-mare(암탕나귀)
- mace(사기꾼)-came(왔다)
- ring(반지)-grin(웃다)
- near(가까운)-earn(벌다)
- tray(쟁반)-arty(예술가인 체하는)
- note(노트)-tone(톤)
- veto(거부권)-vote(투표)

위 목록의 몇 단어는 쉽고 몇 단어는 더 어려운데, 바로 이렇게 도전해볼 만한 과제가 좋다. 일단 단어 20개를 고르고 나면 실제 실험에 부르려고 하는 사람들과 비슷한 누군가에게 단어들을 제시해서 '예비 연구'를 해도 된다. 이 사람이 5분 동안 약 10~15개 단어를 알아내면 좋다. 20개 단어를 모두 풀어냈다면 좀 더 어려운 것을 골라야 한다. 1~5개밖에 못 풀었다면 더 쉬운 것으로 골라야 한다.

단어를 다 골라 종이에 인쇄하고 나면 준비가 된 것이다. 이 실험에 필요한 것은 다음과 같다.

- 실험참가자 두 집단
- 애너그램 단어 20개
- 참가자들을 위한 종이와 필기구
- 스톱워치

실험 방법

A 집단

- **1단계:** 참가자들을 한 사람씩 앉힌다. 이 실험을 집단으로 진행할 수도 있겠지만, 혹시나 누군가가 정답을 말하거나 서로 이야기를 나누는 일이 생기면 실험을 망치게 될 것이다.
- **2단계:** 참가자들에게 철자를 새로 만들어내야 할 단어 목록이 적힌 종이를 나누어 준다. 참가자들에게 연필이나 펜을 주고 문제의 답을 원래 단어 오른쪽에 쓰도록 한다. 조합을 찾아내기 위해 종이 뒤쪽에 끼적여도 괜찮다.
- **3단계:** 시작하기 전에, 목록의 각 단어 철자를 바꾸면 어떤 다른 단어가 될 수 있는지 알아내도록 5분을 줄 것이라고 말한다. 그 시간 안에 17개를 알아내면 좋겠다고 말해준다. 또 문제를 얼마쯤 풀었는지 알 수 있도록 2분 30초가 지나면 알려주겠다고 말한다.

- **1단계:** A 집단과 똑같은 절차를 따른다.
- **2단계:** A 집단과 똑같은 절차를 따른다.
- **3단계:** 이번에는 5분 동안 17개를 맞혀달라고 말하지 않는다. 그냥 5분 동안 '최선을 다해' 풀어보라고 말한다. 이번에도 2분 30초가 지났을 때 알려준다.

실험 결과

래섬과 유클이 발견한 것과 똑같은 결과를 얻었을 것이다. 목표를 정해준 집단이 목표가 없던 집단보다 훨씬 많이 풀어냈어야 한다. 만약 그렇지 않다면 애너그램 목록을 바꾸어보자. 너무 쉽거나 너무 어려우면 안 된다. 또는 B 집단에 2분 30초가 지났다는 사실을 알려주지 않을 수도 있다. 이렇게 하면 다른 연구자들이 찾아낸 것과 똑같은 결과가 나올 것이다.

이 실험의 의미

이 영역은 다른 사람들 또는 나 자신에게도 의지를 불러일으키기가 매우 어렵다는 깨달음에서 시작되었다. 목표 설정은 다양한 상황에서 효과를 내는 것처럼 보이는 전략이다. 살을 빼려는 사람들은 대개 구체적인 목표를 세우라는 권유를 받는다. '올해 내로 몸무게를 약간' 줄이는 목표는 별 도움이 되지 않는다.

당신이 학생이라서 공부를 하기 위해 앉아 있다면, 1분 정도를 들여 다음 1시간 동안의 목표를 세우는 편이 도움이 된다. 앞으로 1시간 동안 교재 몇 쪽을 읽을지 정한다. 제법 많지만 달성 가능한 쪽수를 정하고, 시간이 절반쯤 흘렀을 때 목표를 얼마나 채웠는지 꼭 확인한다. 목표 설정은 일을 꼭 해내야만 하는 사람들에게 심리학자들이 제안할 수 있는 가장 유용한 도구 가운데 하나이다.

창의력을
높이는 방법

때로는 담배 한 개비가 온갖 것이 될 수 있다

- 심리 개념 **기능적 고착**
- 연구명 **의지력이 기능적 고착과 지각적 인식에 미치는 영향**
- 원조 과학자/연구자 **샘 글럭스버그**Sam Glucksberg (1962)

우리는 상상력이 몇몇 사람들만 타고나는 무언가로 서, 창의적인 사람과 그렇지 않은 사람이 나뉜다고 생각하곤 한다. 이렇게 생각하는 건 상상력을 미술 이나 음악적 능력으로만 보기 때문이다. 이러한 영역의 재능은 정 말 설명하기 까다롭지만, 그림을 그려내거나 악기를 다루는 능력 은 단순히 '영감'의 결과라기보다는 아주 오랜 시간 연습한 결과 일 때가 훨씬 많다.

사실 창의력이란 상자 바깥에서 생각할 수 있는 능력, 즉 사람들이 잘 떠올리지 못하는 방식으로 생각하는 능력을 말한다. 이런 정의조차 복잡해 보이겠지만, 이 실험을 해보고 나면 창의력이 진짜 어떤 것인지에 관해 더 깊이 이해하게 될 것이다.

원래 실험

창의력이라는 개념을 측정하기는 정말로 어렵다. 1945년 심리학자 칼 던커Karl Duncker는 한 가지 방법을 생각해냈고, 이 방법은 곧 아주 유명해졌다. 던커가 고안한 아주 간단한 '퍼즐'의 설명을 보자.

내가 당신에게 압정 한 상자, 작은 양초, 성냥 한 상자를 주었다고 생각해보자. 이 물건들만 이용해서 양초를 벽에 고정한 뒤 불을 켤 방법을 찾아내야 한다. 이 문제를 받아든 사람들은 꽤 오래 쩔쩔매는 경우가 많다. 일부는 압정을 써서 양초를 벽에 꽂으려 한다(정답이 아니다). 일반적인 크기의 압정으로는 양초를 뚫어 벽에 붙일 수 없다는 걸 인정하자.

이 방법을 풀 유일한 방법은 상자를 압정을 담는 용기로만 보지 않는 것이다. 이 문제를 해결하려면 압정을 상자 바깥으로 빼내야 한다.

다음으로 상자를 벽에 고정하고 양초에 불을 붙여서 촛농을 상자 바닥의 가운데에 떨어뜨린다. 그다음에는 촛불을 끈 뒤 촛농 위에 세워서 굳힌다. 그리고 다시 양초에 불을 붙이면 된다.

이 문제를 풀려면 기능적 고착functional fixedness에서 벗어나야 한다는 점을 알 수 있을 것이다. 상자를 압정을 담을 수 있는 도구로만 볼 게 아니라, 양초를 세워놓을 수 있는 도구로도 보아야 한다.

샘 글럭스버그는 나중에 던커의 아이디어를 이용해 한 실험을 만들어냈는데, 이것이 우리가 이번에 재현할 실험이다. 방식은 아주 직접적이다. 한 피험자 집단에는 위에 설명한 대로 '양초 문제'를 제시하고, 다른 집단의 피험자들에게는 상자에서 압정을 빼낸 뒤 그것들을 따로 놓아둔다. 두 번째 집단의 피험자들은 문제를 꽤 빨리 풀어낼 수 있다.

실험해보자!

이 실험을 재현하기는 별로 어렵지는 않다. 글럭스버그와 아주 비슷하게 해도 된다. 필요한 것은 다음과 같다.

- 참가자 두 집단
- 종이나 판지로 만든 작은 상자 4~5개
- 압정 10~12개
- 약 15센티미터 길이의 양초 12개

- 성냥이 들어 있는 성냥갑
- 스톱워치

실험 방법

A 집단

- **1단계:** 피험자들이 책상 앞에 앉으면 실험 재료를 위에 놓아준다. 압정은 상자 안에 넣어두어야 한다.
- **2단계:** 이 물건들에 관련한 문제를 낼 것이고, 원하면 물건을 만져도 된다고 말한다. 스톱워치를 준비한다. 참가자들이 스톱워치에 대해 물어보면, 당신이 제시할 문제에 대한 답을 생각해내는 데 몇 분이나 걸리는지 적을 테지만 그저 스톱워치로 정확한 시간을 적으려는 것뿐이니 서두를 이유는 없다고 말해준다.
- **3단계:** 참가자들이 준비가 되면 문제를 낸다. "어떻게 하면 앞에 놓인 물건들만 이용해서 양초를 벽에 고정한 뒤 불을 켤 수 있을까요?" 참가자가 이 질문을 따라 말해보는 것은 괜찮지만, 다른 질문을 던지면 더 이상의 답은 하지 않도록 한다. 이 핵심 질문에서 벗어나지 않아야 한다.
- **4단계:** 시작해도 된다고 말하고 가능한 한 눈에 띄지 않게 (책상 밑이나 몸 옆쪽에서) 스톱워치를 시작한다.
- **5단계:** 여기에는 한 가지 답밖에 없다(전부터 학생들이 아주 괴상

한 해결책을 내놓기도 한다고 듣기는 했지만). 성냥으로 양초에 불을 켜고, 압정을 상자에서 꺼내고, 상자 바닥에 촛농을 조금 떨어뜨려서 그 위에 양초를 고정한 다음에, 상자와 양초를 벽에 붙이는 것이다. 해답에 도달하면 스톱위치를 멈추고 시간을 기록한다.

B 집단

- **1단계:** A 집단과 마찬가지로, 피험자들이 책상 앞에 앉으면 그 앞에 재료를 놓는다. 그렇지만 이번에는 압정이 상자 안에 들어 있으면 안 된다.
- **2단계:** A 집단처럼 이 물건들에 관련한 문제를 낼 것이고, 원하면 만져도 된다고 말한다. 스톱위치를 준비한다.
- **3단계:** 참가자들이 준비되면 문제를 낸다. "어떻게 하면 앞에 놓인 물건들만 이용해서 양초를 벽에 고정한 뒤 불을 켤 수 있을까요?" A 집단처럼 B 집단도 이 질문을 따라 말해도 되지만, 다른 질문을 던지면 더 이상의 답은 하지 않도록 한다.
- **4단계:** 시작해도 된다고 말하고 스톱위치를 시작한다.
- **5단계:** 올바른 해답에 도달하면 스톱위치를 멈추고 결과를 기록한다.

실험 결과

B 집단의 참가자들이 A 집단의 참가자들보다 정답(혹은 굉장히 비슷한 답)을 훨씬 빨리 떠올리는 결과가 나올 것이다. 압정을 상자에서 꺼내놓음으로써 참가자들이 상자에 압정만이 아니라 다른 것을 담을 수도 있다는 점을 보게 해준 것이다. 이처럼 작은 차이가 누군가의 사고방식에 영향을 미칠 수 있다니 정말 놀라운 일이다.

이 실험의 의미

창의력 또는 기능적 고착에 빠지지 않는 능력은 계발 가능하며 일터에서도 많이 필요하다. 직원들은 창의적으로 생각할 때가 많지만, 그것이 창의력이라는 것을 깨닫지는 못한다. 그러나 상점에서 팔 새로운 물건을 생각해낼 유일한 방법은 그것이 무엇인지 살펴보고 기존과는 다른 각도에서 이리저리 들여다보는 것이다. 미래의 회사들은 이러한 사고가 가능한 직원들의 능력에 기대게 될 것이다. 그러니 스스로 한번 시작해보자. 평범한 물건을 바라보고 그것을 어떻게 다르게 사용할 수 있을지 상상해보자.

다른 생각은 못 하게 만드는 마음 갖춤새

꽉 막힌 생각에서 빠져나오는 법

- 심리 개념 **마음 갖춤새**
- 연구명 **마음 갖춤새에 관한 교실 실험들**
- 원조 과학자/연구자 **에이브러햄 S. 루친스** Abraham S. Luchins (1946)

'손에 망치밖에 없으면 모든 것이 못이 된다'는 표현을 들어본 적 있는가? 이 말을 수많은 상황에 적용할 수 있겠지만, 이번에 살펴볼 것은 우리 모두 이 오래된 '사고방식' 그대로 새로운 문제에 접근할 때가 있다는 점이다. 우리는 아무 관련 없는 새로운 문제에도 오래된 사고방식을 들이댄다. 학교에서 수학 문제를 풀 때나 차가 고장이 났을 때처럼 어떤 문제가 생겼는데 어떻게 해결해야 할지 모를 때, "꽉 막혔네"

하고 중얼거린 적이 있을 것이다. 이제 70년도 더 지난 루친스의 실험은 우리가 마음 갖춤새mental set에 어떻게 들어가고 그것에서 빠져나오기 위해 무엇을 할 수 있는지 보여준 최초의 시도 중 하나였다. 함께 들어가보자.

원래 실험

마음 갖춤새는 수학 문제를 풀 때 특히 잘 발견된다. 루친스도 마음 갖춤새의 핵심 개념을 보여주기 위해 수학 문제를 이용했다. 루친스의 연구에는 학생 두 집단이 있었다. 한 집단은 이런 문제를 풀어야 했다.

> 29리터짜리 빈 물통과 3리터짜리 빈 물통, 우물처럼 물을 뜰 수도 있고 그 안에 다시 부을 수도 있는 아주 많은 물이 있다. 이때 정확히 20리터의 물을 만들라.

고등학교 다닐 때 풀기 싫어하던 수학 문제 중 하나 같다. 이 문제는 사실 그다지 어렵지 않다. 루친스는 문제를 풀지 못한 피험자들에게 이렇게 해답을 알려주었다.

> 29리터짜리 물통을 채운다. 그 물통에서 작은 물통으로 3리터를 부

어서, 큰 물통에 26리터를 남긴다. 3리터짜리 물통을 비운 뒤 다시 채운다. 이제 큰 물통에 23리터만 남아 있다. 다시 3리터짜리 물통을 채우면 큰 물통에는 문제에 나온 20리터만 남는다.

'좋아, 그런데 이게 심리학이야?'라고 생각할 것이다. 루친스는 다음으로 이렇게 했다. 한 집단의 피험자들에게는 아홉 문제를 더 주었다. 처음 여섯 문제는 이 가상의 물통을 똑같이 이용하고, 해결책도 처음 것과 본질적으로 똑같았다. 큰 물통을 채우고 거기에서 작은 물통으로 물을 따라내어 필요한 양을 만들어내면 되었다. 까다로운 부분은 피험자들이 7, 8, 9번 문제에 도달했을 때 나온다. 간단히 말하면 7번과 8번 문제도 위에서 본 방식으로 풀 수 있지만 그보다 훨씬 간단한 해결책이 있다. 9번은 처음에 언급한 방식을 써서는 풀 수 없다. 문제를 풀기 위해서는 완전히 다른 방법을 생각해내야 한다.

무슨 일이 일어났는지 설명하기 전에 루친스의 실험에서 두 번째 집단인 B 집단은 7, 8, 9번을 풀었지만, 처음의 여섯 문제는 받지 않았다는 사실을 기억해두자.

그래서 어떻게 되었을까? 처음 여섯 문제를 받아서 똑같은 접근방식(큰 물통을 채운 뒤에 작은 물통에 붓는 방식)을 계속 쓴 집단은 7번과 8번을 푸는 데 아주 애를 먹었다. 사실 이 두 문제는 먼저 푼 문제보다 더 쉬웠는데도! 이 집단은 9번 문제를 푸는 데도 더 오랜 시간이 걸렸는데, 앞에서 푼 방식과 아예 다른 접근방식이 필요했기 때문이다. 이 피험자들은 마음 갖춤새에 '갇혀버린' 것이다. 즉 오래된 문제에 통한 방법을 새로운 문제를 푸는 데에도 적용했다.

B 집단의 참가자들은 꽉 막힐 기회가 없었고, 7, 8, 9번 문제(그들에게는 1, 2, 3번 문제)를 A 집단보다 훨씬 빨리 풀어냈다.

실험해보자!

루친스의 방법보다 좀 더 재미있는 방식으로 이 '마음 갖춤새' 현상을 재현할 수 있다. 우리는 모호한 착시 그림을 이용할 것이다. 늙은 여성 또는 젊은 여성처럼 보이는 이미지를 본 적 있는가? 일부가 심리학을 소개할 때 사용하는 오리 또는 토끼처럼 보이는 그림, 꽃병이나 얼굴로 보이는 흑백 그림도 있다. 이런 그림들을 볼 수 있는 위키피디아 페이지가 있다. 그리고 여기에 이 실험에서 사용할 수 있는 늙은 여성/젊은 여성 이미지가 있다.

우리가 할 일은 한 무리의 사람

들은 이 그림에서 늙은 여성을 보기 쉽도록 '조작하고', 다른 무리의 사람들은 젊은 여성을 보기 쉽도록 조작하는 것이다. 필요한 것은 다음과 같다.

- 참가자 두 집단
- 같은 사이즈(예: 5×7cm)로 프린트한 젊은 여성의 그림 10장
- 나이 든 여성/젊은 여성 그림(11번째 그림)
- 같은 사이즈(예: 5×7cm)로 프린트한 나이 든 여성의 그림 10장

실험 방법

A 집단

- **1단계:** 피험자를 자리에 앉히고 그림 10장을 보여준 다음 11번째 그림이 무슨 그림인지 물어볼 것이라고 말한다.
- **2단계:** 준비가 되면 피험자 앞에 젊은 여성의 그림 10장을 차례대로 하나씩 놓아준다. 각 그림 사이에 5초 정도 시간을 준다.
- **3단계:** 마지막 늙은 여성/젊은 여성의 그림을 내려놓기 전에, 이제 그림을 보여줄 텐데 처음에는 불확실할 수 있지만 잘 살펴보고 무슨 그림인지 맞혀야 한다고 말한다.

B 집단

- **1단계:** 피험자를 자리에 앉히고 그림 10장을 보여준 다음 11번

째 그림이 무슨 그림인지 물어볼 것이라고 말한다.

- **2단계:** 준비가 되면 피험자 앞에 늙은 여성의 그림 10장을 차례 대로 하나씩 놓아준다. 각 그림 사이에 5초 정도 시간을 준다.
- **3단계:** 마지막 늙은 여성/젊은 여성의 그림을 내려놓기 전에, 이제 그림을 보여줄 텐데 처음에는 불확실할 수 있지만 잘 살 펴보고 무슨 그림인지 맞혀야 한다고 말한다.

실험 결과

젊은 여성 또는 늙은 여성의 이미지를 반복해서 보면 피험자들에게 마음 갖춤새가 생겼을 것이다. 늙은 여성의 그림을 본 피험자들은 모호한 그림을 늙은 여성으로 파악하고, 그 반대도 마찬가지 결과를 얻을 것이다.

이 실험의 의미

지금껏 '꽉 막힌' 경험, 문제를 어떻게 풀어야 할지 전혀 모르겠다는 느낌을 받은 적이 없어도 언젠가는 느끼게 될 것이다. 당신은 이 실험에서 당신의 피험자들이 그런 것처럼 아마 문제를 계속 똑같은 방식으로 보았을 것이다. 그럼 어떻게 마음 갖춤새를 '깨뜨릴' 수 있을까? 가장 좋은 방식은 잠깐 걷는 것이다. "자고 나면 해결된다"라고 말하는 사람을 본 적도 분명히 있을 것이다. 그것도 좋은 조언이다. 어떤 문제에서 잠시 떨어져 있으면 뇌도 살짝 '느슨'해져서 다시 돌아갔을 때 다른 사고방식으로 문제를 바라볼 수 있게 된다.

단체사진에서
다른 표정 찾기

나는 사람 얼굴 안 잊어

- 심리 개념 **감정 알아차리기**
- 연구명 **표정과 감정에서의 범문화적 상수**
- 원조 과학자/연구자 **폴 에크먼**Paul Ekman, **월리스 V. 프리즌**Wallace V. Friesen (1971)
- 재현/확장 연구명 **무리 중에서 얼굴 찾아내기: 분노 우선 효과**
- 재현 과학자/연구자 **크리스틴 H. 한센**Christine H. Hansen, **로널드 D. 한센**Ronald D. Hansen (1988)

다른 나라에 사는 사람들이 우리가 화난 표정을 알 아볼 수 있을지 생각해본 적 있는가? 행복한 표정 은? 그런 감정은 아마 알아채기 쉬울 것이다. 그렇다 면 찡그린 표정은 어떤가? 슬픈 표정은? 겁먹은 표정은? 대여섯 살쯤 된 아이가 당황스러운 표정을 하고 있다면 알아차릴 수 있 을까?

심리학자들은 인간이 이런 표정을 만들어내는 법을 어떻게 배우는지, 또 다른 문화권에 사는 사람들이 같은 감정을 표현할 때도 똑같은 방식으로 표정을 변화시키는지 궁금해했다. 에크먼과 프리즌은 이 질문을 살피다가 아주 놀라운 비밀을 알아냈다. 이번에는 행복과 분노라는 감정에 초점을 맞추게 될 것이다.

원래 실험

에크먼과 프리즌은 감정 표현이 보편적이라고 믿었다. 즉, 우리가 어디에 살든 상관없이, 누구나 같은 표정을 행복이나 슬픔, 분노, 혐오로 인식한다는 것이다. 두 사람이 이 주장을 증명하기 위해서는 다른 세상과의 접촉이 극히 적은 사람들이 필요했다. 텔레비전이나 영화를 본 적 없는 사람들 말이다. 그들은 이런 사람들을 뉴기니섬의 남동쪽 고원지대에서 찾아냈다. 포레Fore족으로 불리는 사람들이었다. 포레족은 자기 부족의 얼굴 외에는 다른 표정에 노출된 적이 없었다.

에크먼과 프리즌은 피험자들에게 낼 간단한 과제를 준비하고 포레족 마을로 들어갔다. 통역자가 특정한 기분을 느끼는 사람에 대한 간단한 지문을 읽어주고, 부족원들에게 얼굴 사진 3장을 보여주었다. 그중 한 얼굴만 지문에 나오는 사람의 기분에 맞는 표정을 하고 있었다.

예를 들어 한 지문은 (보통 한 문장으로 끝났는데) 방금 자기 엄마를 잃어버려서 아주 슬픈 아이에 대한 것이었다. 참가자는 이 문장을 들은 뒤에 3가지 표정을 짓고 있는 사람들의 사진 3장을 보았다. 그중 하나는 물론 슬픈 표정이었다. 이 연구의 참가자들은 거의 모든 경우 표정을 정확히 알아보았다. 슬픔과 분노가 가장 쉽게 알아볼 수 있는 표정이었다. 포레족의 결과는 똑같은 실험에 참가한 서구 사회 사람들과 별다른 차이를 보이지 않았다.

분명히 표정에 관한 한 어떤 보편성이 존재한다. 당신이 어디에서 나고 자랐든, 우리는 모두 똑같은 표정을 짓는다.

실험해보자!

아마도 당신은 서구 문화를 접해본 적 없는 사람들을 만날 기회가 없을 것이다. 그럼 이 표정 연구를 어떻게 진행해야 할까? 한 가지 방법이 있다. 분노의 표정을 많은 문화권에서 쉽게 알아보았음을 떠올려보자.

크리스틴 한센과 로널드 한센은 우리가 화난 얼굴에 주의를 기울일 필요가 있기 때문이라고 생각했다. 분노에 찬 타인은 나의 생존에 잠재적인 위협이 된다. 행복한 표정을 짓고 있는 사람은 아마 특별히 주의를 기울여야 할 이유가 못 될 것이다. 그러니 진화적 관점에서 볼 때 서로 다른 문화권에 속한 사람들이 화난 얼굴을 상당히 정확하게 알아보는 것도 놀라운 일이 아니다. 이런 능력은 생존에 매우 중요하다.

크리스틴 한센과 로널드 한센은 당신도 해볼 수 있는 재미있는 실험을 했다. 피험자들에게 몇 명이 함께 모여 찍은 단체사진을 보여주었다. 이 사진 가운데 일부는 사람들이 대부분 행복한 표정을 지었고, 다른 사진들에서는 대부분 화가 난 표정이었다. 전부가 아니라 대부분의 사람들이. 행복한 사람들의 사진에서는 한 사람이 화가 나 있었다. 화가 난 사람들의 사진에서는 한 사람이 행복했다. 피험자들은 사진을 보면서 표정이 나머지와 다른 한 사람을 찾아내야 했다.

어떤 결과가 나왔을까? 피험자들은 화가 난 군중 속의 행복한 얼굴보다는 행복한 군중 속의 화가 난 얼굴을 더 빨리 찾아냈다. 다시 말하지만, 화가 난 얼굴을 찾는 것은 인간에게 아주 중요한 능력이고, 우리는 화가 난 사람들을 쉽게 찾아내는 경향성을 지니고 태어난 듯 보인다.

이 실험은 재현하기 어렵지 않다. 필요한 것은 다음과 같다.

- 단체사진을 찍을 사람들 약 30명
- 카메라(스마트폰 카메라도 괜찮다)
- 참가자 두 집단(단체사진을 찍은 멤버는 안 된다)
- 스톱워치

- (반응을 기록하기 위한) 종이와 연필

실험 방법

A 집단: 행복한 군중 속 화난 얼굴

- **1단계:** 단체사진 10장을 찍는다. 30명 정도 모아서 사진을 찍을 때마다 구성원을 바꾸어준다(최소한 9명이 있어야 하지만 더 많아도 괜찮다). 사진을 찍기 전마다 한 사람만 빼고 모두 행복한 표정을 짓게 한다. 한 사람에게는 화난 표정을 짓게 하는데, 일부러 과장해서 지나치게 화가 난 표정을 짓지는 않게 한다(과제가 너무 쉬워질 것이다).

  각 사진마다 화난 표정을 짓는 사람이 달라져야 한다. 매번 같은 사람들을 찍었다는 느낌을 주지 않기 위해 서로 옷을 바꾸어 입거나, 한 사진에서는 겉옷을 입었다가 다른 사진에서는 벗도록 부탁하는 것도 괜찮다. 그리고 당연히 30명을 모았다면 그중 9명으로만 계속 사진을 찍어서는 안 된다. 사진을 다 찍었다면 피험자들에게 이 아이디어를 시험해볼 준비가 된 것이다. (사진에 나온 사람들을 피험자로 이용해서는 안 된다.)

- **2단계:** 피험자들이 자리에 앉으면 스톱워치를 준비한다. 각자에게 사진 10장을 보여줄 텐데, 사진을 보고 남들과 다른 표정을 짓고 있는 한 사람을 골라내야 한다고 말한다. 화가 난 표정을 짓고 있는 사람이라고 말해주지는 않는다. 그런 사람이 없

다고 생각하면 '없다'고 말해도 된다고 알려준다.

- **3단계:** 첫 번째 사진을 주고 스톱워치를 누른다. 한 사람을 고르면 멈춘다. 화난 얼굴을 한 사람을 찾는 데 시간이 얼마나 걸렸는지 기록한다. 잘못 고르거나 '다른' 표정을 찾지 못하면 오류로 기록한다.

B 집단: 화난 군중 속 행복한 얼굴

- **1단계:** A 집단에서 한 것과 마찬가지 방식으로 단체사진 10장을 찍는다. 똑같은 사람들을 써도 괜찮다. 단, 한 사람만 행복한 얼굴이고(너무 행복한 표정은 안 된다) 다른 사람들이 화난 표정을 짓게 한다. 사진 10장을 찍었다면 참가자들과 실험할 준비가 된 것이다.

- **2단계:** 피험자들이 자리에 앉으면 스톱워치를 준비한다. 각자에게 사진 10장을 보여줄 텐데, 사진을 보고 남들과 다른 표정을 짓고 있는 한 사람을 골라내야 한다고 말한다. 행복한 표정을 짓고 있는 사람이라고 말해주지는 않는다. 그런 사람이 없다고 생각하면 '없다'고 말해도 된다고 알려준다.

- **3단계:** 첫 번째 사진을 주고 스톱워치를 누른다. 한 사람을 고르면 멈춘다. 행복한 얼굴을 한 사람을 찾는 데 시간이 얼마나 걸렸는지 기록한다. 잘못 고르거나 '다른' 표정을 찾지 못하면 오류로 기록한다.

실험 결과

이들의 연구에 비하면 좀 단순하지만 당신도 똑같은 결과를 얻었길 바란다. 기존 연구에서는 행복한 사람들 속에 화난 사람이 있을 때 찾아내는 시간이 더 빨랐다. (화가 난 사람들 속에서 행복한 사람을 찾는) B 집단에서 오류가 더 많이 나올지도 모른다. 인간은 행복한 얼굴보다는 화가 난 얼굴에 더 민감하니까.

이 실험의 의미

이 실험은 진화심리학의 하위 분야를 지지해주는 많은 연구 중 하나이다. 심리학자들은 많은 행동, 심지어 연애 대상을 고르는 방식 따위도 진화이론으로 일부분 설명할 수 있음을 발견했다. 오히려 '군중 속에서 얼굴 찾아내기'는 생각보다 쉬웠다. 그 얼굴이 당신의 생명을 위협할 것처럼 생겼을 때는 말이다.

12

인생을 좀 더
긍정적으로 사는 법

근심을 털어놓고 다함께 차차차!

- 심리 개념 **인지치료/인지적 탈융합**
- 연구명 **부정적 사고 조절을 위한 간단한 인지 재구조화와 인지완화 기법의 사용**
- 원조 과학자/연구자 **안드레아스 라슨**Andreas Larsson **외(2015)**

많은 사람이 심리상담사를 만나게 되면 과거에 대해 얘기해야 할 거라고 생각한다. 사실 늘 그렇지는 않다. 자리에 앉아서 상담사에게 어떤 경험을 하고 있으며 이 상담에서 무엇을 원하는지 말하고 난 뒤에 상담사가 당신의 문제 해결을 도와주기 위해 취할 수 있는 접근방식은 아주 다양하다. 당신의 유년기 탐구와는 아무 관련이 없을 수도 있다.

우리는 모두 머릿속에서 조용히 '자기 자신에게 이야기를 한다'. 오늘 일진이 어땠는지, 누군가 나에게 무슨 말을 했고, 그게 무슨 의미일지 생각한다. 인지심리학자들도 우리가 하루를 보내며 자기 자신에게 말하는 것들에 관심이 있다.

어떤 이들은 우리에게 일어난 일을 부정적으로 해석하려는 경향이 있다. 일이 잘 안 풀리면 "난 제대로 하는 일이 없어"나 "난 왜 이렇게 멍청할까?" 같은 말을 한다. 당신에게 이런 경향이 있다면 상담사는 당신과 함께 부정적인 사고패턴을 바꾸어보려는 작업을 할 것이다. 이 과정은 그저 긍정적인 문장을 계속 반복해 말하는 것보다는 복잡하다. 그런 방식은 대중심리학pop psychology(통속적으로 널리 퍼져 있지만 과학적 근거는 부족한 가설이나 개념으로, 인간의 심리와 행동을 설명하려는 방식을 이른다—옮긴이)이다. 진짜 심리학자들은 당신의 사고에서 패턴을 찾아내고 어떻게든 이 패턴을 바꿀 수 있도록 도와줄 것이다.

믿을지 모르겠지만, 요즘 인기 있는 모바일게임 몇 가지를 빌려서 이용자에게 더 긍정적인 관점을 심어줄 수도 있다. 어떻게 게임을 이용해서 사람들이 자신을 더 긍정적으로 느끼도록 만들 수 있을까? 한번 알아보자.

원래 실험

안드레아스 라슨과 동료들은 한 집단에 하루 동안 떠오르는 부정적인 생각 몇 가지를 적게 하고, 이 부정적인 생각과 싸우기 위한 2가지 기법 중 하나를 제시해주었다. 바로 인지재구조화cognitive restructuring 또는 인지적 탈융합cognitive defusion 기법이었다. 어려워 보이지만 그렇지 않다.

인지재구조화(또는 재건rebuilding)는 자기 생각을 쓰고 그 생각이 얼마나 합리적인지 보는 것이다. 예를 들어 가끔씩 '나는 제대로 하는 게 아무것도 없다'는 생각을 한다고 치자. 심리학자는 이런 생각을 과잉일반화라고 부를 것이다. 당신이 실제로 무언가를 망쳤을지도 모르지만 그게 정말 '아무것도' 제대로 하지 못한다는 뜻은 아니다. 아마도 당신은 많은 일을 제대로 해낼 것이다.

여기서 목표는 한 가지 나쁜 경험을 당신의 삶 전체로 일반화하지 않는 것이다. 이제 그 생각을 '그래, 이건 잘해내지 못했지만 내 삶의 다른 부분은 상관없는 거야' 하며 더 현실적으로 재구조화해본다. 이런 방식으로 부정적인 생각으로부터 조금 거리를 두게 된다.

한편, 자기 생각과 거리를 두고 그 생각이 비현실적임을 깨닫게 만들어줄 다른 방법도 있다. 바로 노래를 부르는 것이다. 아니면 벅스 버니Bugs Bunny(〈톰과 제리〉처럼 고전적인 코믹 토끼 캐릭터. 목소리가 우스꽝스럽다―옮긴이) 버전으로 자기 생각을 말하는 것이다. 잘못 읽은 게 아니다. 누군가 당신에게 '난 제대로 하는 게 없어' 따위의 가사가 들어간 노래를 불러달라고 했다면? 이 노래를 몇 분간 부르다 보면(아니면 벅스 버니 목소리로 말하거나) 슬프다기보다는 좀 우습게 생각되기 시작할 것이다. 이것을 인지적 탈융합이라고 부른다. 이 탈융합 기법에는 몇 가지가 있지만 목표는 모두 동일하다. 자신의 생각과 조금 '거리'를 둘 수 있게 하는 것이다.

그러니까 자기 생각을 자신에게조차 웃기게 들리도록 만들면 부정적인 생각을 덜 하게 될지 모른다. 우리도 라슨이 한 실험을 재현할 수 있는지 살펴보자.

라슨은 참가자들을 실험실로 부른 다음 그들이 자신에 대해 갖고 있는 생각 중 다음과 같은 특질이 있는 것을 적도록 했다. '극도로 부정적'이고 '극도로 불편'하지만 '극도로 신뢰'할 만한 생각들. 그 후 각 생각마다 1~5점 척도로 점수를 매기게 했다. 참가자들은 5일 동안 부정적 사고를 관리하기 위해 재구조화나 탈융합 기법을 사용했다. 참가자들은 매일 부정적인 생각이 자신에게 얼마나 영향을 미쳤는지 평가했다. 라슨은 탈융합이 인지재구조화보다 부정적 사고의 신뢰성을 낮추는 것을 발견했다.

실험해보자!

스마트폰을 들고 음성변조 앱 중 하나를 설치해보자. '음성변조 앱'으로 검색해보면 종류가 많을 것이다. 남들 앞에서 노래하는 것을 어려워하는 사람들이 많으니, 우리는 참가자들이 더 쉽게 참여하도록 그런 앱을 켜고 자기 말을 우스꽝스러운 목소리로 바꾸게 만들 것이다. 탈융합 기법을 쓰는 치료사들도 이런 음성변조 앱을 이용한다.

라슨의 피험자들은 실제로 기분이 우울한 사람들이었지만, 우리는 친구들에게 부정적인 생각이나 감정을 밝혀달라는, 지나치게 사적인 부탁은 하지 않을 것이다. 그 대신 누구나 으레 생각하기 마련인 전형적인 부정적 문장 몇 가지를 주고, 그런 문장이 사람을 얼마나 불편하게 만들 것 같은지 물어볼 것이다. 그 뒤 라슨처럼 부정적인 생각을 '재구조화'하려는 노력과 그 생각을 바보같이 들리는 무언가로 바꾸는 것의 효과를 비교해보겠다.

실험에 필요한 것은 다음과 같다.

- 참가자 두 집단
- 음성변조 앱이 깔린 스마트폰. 앱의 작동법을 미리 숙지하고, 간단한 문장을 우스꽝스러운 목소리(토끼, 로봇, 좀비 따위)로 바꿀 수 있는지 확인해놓는다.
- 다음의 세 문장을 앞뒤로 인쇄한 종이. '나는 모든 걸 망쳐놓는다' '날 좋아할 사람은 없을 거야' '나는 멍청이야'. 각 문장 아래에 짧은 빈 선을 그려놓는다.

실험 방법

A 집단: 재구조화 집단

- **1단계:** 참가자들을 한 사람씩 따로 앉히고 종이 한쪽 면에 있는 문장들을 보여준다. 그러면서 어떤 사람들이 가끔씩 자기 스스로에게 하는 말이라고 설명해준다. 누군가가 그 문장을 자기 자신에게 말한다면 기분이 얼마나 불편해질 것 같은지 1부터 20까지의 숫자 가운데 하나를 골라 답하게 한다.

- **2단계:** 평가를 마치면 그 문장들이 얼마나 비합리적인지에 관해 잠시 이야기를 나눈다. 첫 번째 문장은 과잉일반화의 예시이다. 누군가가 정말로 모든 일을 망치는 것이 가능할까? 두 번째 문장은 흑백사고의 예시이다. 정말로 그 누구도 그 사람을 절대로 좋아하지 않으리라는 게 사실일까? 세 번째 문장은 낙인찍기다. 우리가 때로 그리 현명하지 못한 일을 할지 모르지만, 그렇다고 우리가 정말로 멍청이인가?

- **3단계:** 이런 이야기를 나눈 뒤에는 종이를 뒤집어서 좀 전의 문장을 다시 1~20까지 점수로 평가하게 한다. 아마 약간 낮은 점수를 주었을 것이다.

B 집단: 탈융합 집단

- **1단계:** A 집단의 1단계를 반복한다. (문장들을 보여주고 그 문장들이 얼마나 불편한지 참가자들에게 평가해달라고 한다.)

- **2단계:** 이 집단과는 문장의 비합리성에 대해 대화를 나누지 '않
  는다'. 그 대신 종이 한쪽 면의 문장들을 평가한 뒤 음성변조
  앱을 켠다. 한 문장을 한 번 말하게 하고 녹음한다. 그 뒤 실제
  목소리를 우스꽝스러운 목소리로 바꾼다(노래를 부르는 것처럼
  바꾸는 앱도 괜찮다).
- **3단계:** 바뀐 목소리를 두어 번 듣게 한다.
- **4단계:** 다른 두 문장에 대해서도 똑같은 절차를 반복한다. 그런
  뒤 종이를 뒤집어서 다시 1~20까지 점수로 평가하게 한다.

실험 결과

아마도 탈융합 집단이 재구조화 집단보다 자신들의 평가를 더
많이 바꾼 결과를 얻을 것이다. 척도의 '편안함' 방향으로 아주 조
금만 움직였더라도 부정적인 생각과 심리적인 '거리'를 약간 두었
다는 뜻이고, 이것은 좋은 일이다.

이 실험의 의미

우리가 자신에게 하는 말을 잘 듣고 그게 현실적인지 확인하
는 것은 모두에게 중요하다. 때로 우리가 자신에게 말하는 것들은
사실일 수 없는데, 그 생각에 중점을 둘수록 우리 기분을 안 좋게

만들 뿐이다. 이 실험에서 발견한 것은 그런 생각과 거리를 둘 여러 방법이 있다는 점이다. 자기가 실제로 말한 내용을 더 신중하게 생각해보고 다른 방식으로 말해보거나(재구조화) 우스운 목소리로 들었을 때 그게 얼마나 우스꽝스러운지 깨닫게 되는 것(탈융합) 등이 있다.

정신과 진단명이 사람을 다르게 보이게 한다

몽둥이와 돌팔매가 내 뼈를 해하지 못할지라도
낙인이 나를 옥죄리라

- 심리 개념 **낙인과 정신질환**
- 연구명 **정신 나간 공간에서 제정신 차리기**
- 원조 과학자/연구자 **데이비드 L. 로젠한**David L. Rosenhan (1974)
- 재현/확장 연구명 **언어와 이름의 힘: '정신질환자' 대 '정신질환을 앓는 이들'**
- 재현 과학자/연구자 **다르시 하그 그라넬로**Darcy Haag Granello, **로드 A. 기브스**Todd A. Gibbs (2016)

심리학에서 가장 유명한 실험 중 하나로, 책임연구자와 그의 제자 한 사람, 그리고 그의 친구들 몇몇이 일부러 정신병동에 가서 입원 시도를 한 일이 있었다. 그들은 정신병동 입원이 쉬울지 어려울지 알아보려 했다. 입원에 성공한 뒤에 완전히 정상적으로 행동했을 때 어떤 일이 벌어질지도 알고 싶었다. 의료진이 오류가 생긴 것을 알아차릴까?

의료진은 '정상' 행동과 '이상' 행동을 구별할 수 있을까? 또 과연 얼마 만에 퇴원할 수 있을까?

이 궁금증들은 낙인labeling 효과에 관한 것이다. 어떤 이에게 '우울증'이나 '정신분열' 같은 이름을 붙이고 난 뒤에도 그 사람을 다른 방식으로 볼 수 있을까? 우울한 사람이 우울증을 극복할 수 있다면 그 사람을 이제 '정상인'으로 보게 될까, 아니면 '우울증을 앓았던 사람'으로 보게 될까? 우리가 타인을 보는 관점에 낙인이 얼마나 강력한 효과를 미칠까?

원래 실험

로젠한과 그의 동료 7명은 정신병동에 가기 전에 접수면접을 보는 사람에게 모두 똑같이 말하기로 약속했다. '공허하다' '헛되다' '쿵'이라고 말하는 어떤 목소리가 들린다고 말이다. 면접을 거친 뒤, 그들 모두 입원이 허락되었다. 몇 명은 정신분열증 진단을 받았고, 그중 한 사람은 조울증(요즘 표현으로는 양극성장애) 진단도 함께 받았다. 입원 뒤에는 모두 평상시처럼 행동했다. 그들은 자신이 경험한 것을 매일 적었다. 놀랍게도 그들은 1주일에서 거의 두 달 가까이 병동에서 지낸 뒤에야 퇴원할 수 있었다. 일부 의료진은 그들이 필기하는 것을 강박행동으로 보았다. 퇴원할 때 정신병원에서는 그들의 정신상태를 '차도를 보이는 중'이라고 평가했다.

이 연구는 심리학계에 낙인 효과에 대한 심각한 문제의식을 불러일으켰다. 정신과의 진단명은 어떤 사람이 어떤 고통을 겪고 있고, 그 상태를 다루기 위해 어떤 약물이나 치료가 가장 좋을지 정신건강 전문가들이 더 잘 이해하도록 도와주는 중요한 개념으로 여겨진다.

생각해보자. 아마 당신도 당신의 상태에 대해 진단명을 내려주지 않는 의사를 신뢰하지 않을 것이다. 그러나 그러한 명명은 그것이 그 대상에게 '달라붙어서' 그를 어떤 진단명이 아닌 한 인간으로는 보기 힘들게 만들 수 있다는 문제가 있다. 어떤 이에게 정신적 장애가 있다는 진단을 내렸다고 해서, 그가 충분히 나아져서 그 문제에서 벗어날 길이 없다는 뜻은 아니라는 점을 알아야 한다. 어떤 의학적 문제, 가령 맹장염을 앓는 환자도 치료를 받은 뒤에는 건강하다고 볼 수 있는 것과 마찬가지인 셈이다.

낙인 효과가 얼마나 강력해질 수 있는지, 입사 지원자의 자기소개서에 아주 작은 변화를 주는 실험을 통해 알아보자.

실험해보자!

우리가 사용할 것은 단순한 자료수집 기법으로서, 외모나 인종, 출신, 심지어는 표정이 가상의 직업에 대한 직무적합성을 판단하는 데 영향을 미치는지 알아볼 때 자주 사용된다. 어떤 사람에 대한 여러 사실 가운데 인종이나 외모 같은 것이 그들의 직무 적합성 판단에 영향을 미쳐선 안 되지만, 실제로는 이런 요소도 영향을 미친다. 여기서 필요한 것은 다음과 같다.

- 참가자 두 집단
- 가상의 입사 지원자에 대한 서술 2종류(아래 참고)

이 실험을 하기 위해서는 참가자들에게 이 지원자가 어떤 직무를 성공적으로 해낼 것 같은지 알고 싶다고만 하면 된다. 사람들이 별로 친숙하지 않을 직무인 마케팅 매니저를 사용할 것이다.

실험 방법

A 집단

- **1단계:** 입사 지원자에 대한 설명문을 만들어내도 되지만 샘플을 하나 제시했다. 여기에서 재닛이 '정신질환자'로 묘사되었다는 사실을 기억하자.

재닛은 활달한 성격의 20대로, 대학에서 마케팅 학위를 받았다. 대학에 다닐 때는 교내 마케팅 동아리에서 활동하면서 모금행사 주최자 역할을 맡았다. 재닛은 당시 많은 모금행사 활동을 이끌었다. 보다 많은 경험을 쌓기 위해서 마케팅 학회에도 2번 참석했다. 고등학생 때 재닛은 우수한 성적을 거두었고 교내 수영팀에서 두각을 드러낸 수영선수였다. 12살 때 부모님이 이혼하면서부터는 한동안 약간 '외톨이'로 지냈다. 그 뒤 상담사에게 연계되었고, 우울감을 다룰 수 있도록 그다음 해 동안 상담치료를 받았다. 치료를 받고 나서는 가정과 학교생활에 좀 더 잘 적응하게 되었고, 성신전환사임에도 대학교 생활을 잘 마쳤으며 마케팅과 세일즈 분야에서의 경력을 열망하고 있다. 재닛은 막 보스턴에 있는 원룸을 계약했고, 기대를 품고 일자리를 탐색하는 중이다.

- **2단계:** 마케팅 매니저라는 직무 이름을 종이 제일 위에 쓰고 인물 묘사를 한 장 뽑는다.
- **3단계:** 한 번에 한 사람씩 실험을 진행한다. 피험자에게 인물 묘사를 읽고 재닛이 그 직무를 얼마나 잘해낼 것 같은지 1~10까지 숫자로 점수를 매겨달라고 한다(1은 전혀 잘해내지 못함, 10은 매우 잘해냄). 피험자가 정보가 부족하다거나 '재닛'을 만나지 않고는 정확한 결정을 내리지 못할 것 같다고 말한다면, 그냥 직감으로 숫자를 골라달라고 말한다.
- **4단계:** 참가자가 숫자를 고르면 감사를 표하고 다음 참가자를 부른다.

B 집단

- **1단계:** B 집단에서는 '재닛'에 대한 묘사가 이전 샘플과는 약간 다르게, '정신질환이 있는 사람'으로 묘사된다.

재닛은 활달한 성격의 20대로, 대학에서 마케팅 학위를 받았다. 대학에 다닐 때는 교내 마케팅 동아리에서 활동하면서 모금행사 주최자 역할을 맡았다. 재닛은 당시에 많은 모금행사 활동을 이끌었다. 보다 많은 경험을 쌓기 위해서 마케팅 학회에도 2번 참석했다. 고등학생 때 재닛은 우수한 성적을 거두었고 교내 수영팀에서 두각을 드러낸 수영선수였다. 12살 때 부모님이 이혼하면서부터는 한동안 약간 '외톨이'로 지냈다. 그 뒤 상담사에게 연계되었고, 우울감을 다룰 수 있도록 그다음 해 동안 상담치료를 받았다. 치료를 받고 나서는 가정과 학교생활에 좀 더 잘 적응하게 되었고, 정신질환이 있는 사람임에도 대학교 생활을 잘 마쳤으며 마케팅과 세일즈 분야에서의 경력을 열망하고 있다. 재닛은 막 보스턴에 있는 원룸을 계약했고, 기대를 품고 일자리를 탐색하는 중이다.

- **2단계:** 한 번에 한 사람씩 실험을 진행한다. 피험자에게 인물 묘사를 읽고 재닛이 그 직무를 얼마나 잘해낼 것 같은지에 대해 1~10까지 숫자로 점수를 매겨달라고 한다(1은 전혀 잘해내지 못함, 10은 매우 잘해냄).

- **3단계:** 참가자가 숫자를 고르면 감사를 표하고 다음 참가자를 부른다.

실험 결과

낙인의 부정적 효과를 줄이려는 시도로서, 정신건강 전문가들은 그저 어떤 사람이 '정신질환자다'라고 말하는 대신 '정신질환이 있다'라고 말하는 것만으로도 그 사람을 보는 시각에 영향을 줄 수 있다고 제안한다. 아마도 참가자들 역시 재닛을 '정신질환이 있는 사람'이라고 표현했을 때보다 '정신질환자'라고 표현했을 때 약간 더 낮은 점수를 주었을 것이다.

이 실험의 의미

맹장염이나 독감을 겪을 때와는 달리, 누군가에게 심리적 문제가 있어서 어떤 치료를 받을 때 우리 사회는 그들을 그 후에도 '나았다'고 생각하지 않는 경향이 있다. 심지어 그들이 다른 이들과 다를 바 없이 행동할 때도 그렇다. 이것은 정신질환이 눈에 보이지 않는 탓일지 모른다. 눈으로 볼 수 있으면 어떤 문제를 이해하기가 더 쉽다.

정신질환의 경우에는 어떤 사람이 그 고난을 극복해냈는지 쉽게 말하기가 어렵다. 게다가 우리는 정신질환을 유무의 논리로, 즉 '정상인'이든가 아니면 '질환자'로 보는 경향도 있다. 이것은 사실이 아니다. 우리 모두 살아가다가 각자 다른 시기에 문제를 겪을 뿐이다. 우리는 그런 문제에 격렬하게 반응할 때도, 대수롭지 않게 반응할 때도 있다.

정신질환은 있거나 없거나의 문제가 아니다. 정신건강 전문가의 도움을 받는다고 해서 나 자신 또는 타인을 낙인찍지 않는 것이 중요하다.

14

일상용품의
디자인

뜨거우니 만지지 마시오!

- 심리 개념 **인간요소/자연적 대응**
- 연구명 **일상용품의 디자인**
- 원조 과학자/연구자 **도널드 노먼**Donald Norman (2002)

어떤 사이트에 들어갔다가 어디를 눌러야 할지 헤맨 경험이 있는가? 그렇다면 디자인이 엉망인 웹사이트다. 그 반대는 디자인이 너무 잘되어 있어서 '다음' 버튼을 누르다 보니 부지불식간에 무언가를 구매하고 있는 사이트다. 이런 게 바로 디자인이 잘된 사이트다(최소한 사이트 주인 입장에서는!).

믿기 힘들겠지만 당신이 매일 사용하는 물건의 디자인에도 심리학이 아주 많이 들어가 있다. 애플의 엄청난 성공은 일정 부분 제품 디자인이 '직관적'으로 보인 덕도 있다. 애플의 제품은 사용 설명서를 보지 않아도 대개는 작동 가능하다.

디자인이 안 좋으면 가스레인지처럼 평범한 무언가의 조작법을 익히는 것조차 얼마나 빠르거나 느려질 수 있는지 보여줄 작은 실험을 할 것이다. 심리학과 가스레인지 사이에 무슨 관계가 있을까? 놀랄 준비를 하시라.

원래 실험

당신이 사는 제품은 거의 모두 나름의 실험을 거친 것이다. 대기업들은 실험심리학자들을 고용해서 사람들이 실제로 상품을 어떻게 사용하는지 살펴본다.

이 연구에서는 가스레인지의 화구 디자인과 화력을 조절하는 손잡이의 디자인을 살펴볼 것이다.
전형적으로는 레인지의 손잡이를 화구 앞쪽에 가로로 죽 늘어놓는다. 이게 레인지를 디자인하는 쉬운 방법이다. 하지만 문제는 화구들이 레인지 위에 일렬로 늘어선 게 아니라, 한 줄 뒤에 또 한 줄로 늘어서 있다

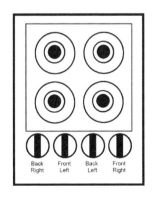

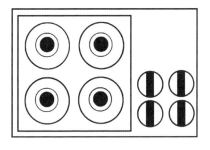

는 것이다. 그래서 연구원들은 사람들에게 일반적인 방식으로 디자인한 레인지를 보여주었다. 그 뒤 더 '자연스러운' 방식으로 디자인한 레인지, 즉 손잡이를 화구와 똑같은 방식으로 배치한 레인지를 보여주었다.

이 실험은 아주 직접적이다. 레인지 앞에 사람들을 세워놓고 특정한 화구를 켜보라고 하는 것이다. 보통은 이것을 영상으로 찍은 뒤에 그 사람이 특정 화구를 조절하는 게 어떤 손잡이일지 알아내는 시간(보통 100분의 몇 초)을 기록한다. 목표는 그 시간을 최대한 짧게 줄이는 것이다.

실험해보자!

이 실험을 단순하게 재현할 수 있다. 먼저, 도널드 노먼이 연구에서 사용한 두 레인지 그림이 필요하다. 이런 그림은 아주 찾기 쉽다. 레인지를 파는 동네 상점에 가면 첫 번째 그림처럼 불편하게 설계된 것들과 좀 더 '자연스럽게' 배치된 것들을 보게 될 것이다. 아니면 인터넷에서 검색해보면 된다. 앞에서 본 2종류의 가스레인지 그림과 함께 화구와 손잡이가 더 많은 다른 레인지 그림도 나올 것이다. '좋은' 레인지 하나와 '나쁜' 레인지 하나가 그려진 그림을 각각 다른 종이에 인쇄한다. 이 실험에 필요한 것은 다음과 같다.

- 참가자 두 집단
- 디자인이 좋거나 '자연스럽게' 디자인한 가스레인지의 그림
- '나쁜' 디자인의 가스레인지 그림
- 연필
- 스톱워치

실험 방법

A 집단

- **1단계:** 스톱워치를 0에 맞춘다. '좋은' 레인지 그림을 참가자가 보지 못하게 뒤집어놓고 연필을 준비한다.
- **2단계:** 피험자들을 한 사람씩 책상 앞에 앉히고, 화구와 손잡이가 있는 가스레인지 그림을 보여줄 것이라고 말한다. 특정한 손잡이를 하나 가리키면 그 손잡이로 조절하는 화구가 어떤 것인지 가리키라고 말한다. 만약 질문을 해오면 실험 시작 전에 모두 대답해주어야 한다.
- **3단계:** 피험자가 준비됐다고 말하면 종이를 뒤집어 아래쪽 왼편에 있는 손잡이를 가리키고('이거'라고 말해도 된다) 스톱워치

를 켠다. 올바른 화구를 가리키기까지 오래 걸리지 않을 것이다. 사실 과제가 지나치게 쉬워서 뭘 알아보려는 건지 의심할지도 모른다. 어떤 목적에서 '좋은' 레인지 그림을 보여주는지 설명해주어도 된다. 그 내용을 다른 참가자에게 알려주지만 않으면 괜찮다.

- **4단계:** 시간을 기록하고(1~2초에 지나지 않을 것이므로 10분의 1초까지 기록하도록 한다) 잘못된 화구를 골랐다면 X를, 정답을 골랐다면 체크 표시를 한다.

B 집단

- **1단계:** 스톱워치를 0에 맞춘다. 이번에는 '나쁜' 레인지 그림을 참가자가 보지 못하게 뒤집어놓고 연필을 준비한다.
- **2단계:** 피험자들을 한 사람씩 책상 앞에 앉히고, 화구와 손잡이가 있는 가스레인지 그림을 보여줄 것이라고 말한다. 특정한 손잡이를 하나 가리키면 그 손잡이로 조절하는 화구가 어떤 것인지 가리키라고 말한다. 만약 질문을 해오면 실험 시작 전에 모두 대답해주어야 한다.
- **3단계:** 피험자가 준비됐다고 말하면 종이를 뒤집어 제일 왼쪽에 있는 손잡이를 가리키고('이거'라고 말해도 된다) 스톱워치를 켠다.
- **4단계:** 그림을 보면서 피험자들이 당황스러운 표정을 짓는 모

습을 보면 아마 놀랄 것이다. 어떤 화구를 가리켜야 할지 알아내기 전에 '음……' 같은 소리를 낼지도 모른다. 스톱워치 시간을 기록하고, 잘못된 화구를 가리켰다면 체크 표시 대신에 X 표시를 한다.

실험 결과

B 집단의 피험자들이 화구를 고르기까지 시간이 더 오래 걸릴 것은 분명하고, 이 집단에서 오류도 더 많을지 모른다. '자연스러운' 레인지 디자인을 본 피험자 중에 오류가 있었다면 오히려 더 놀라울 것이다.

이 실험의 의미

가전회사들이 가전제품을 디자인할 때, 특히 열이나 불꽃을 내는 제품을 쉽고 정확하게 작동시킬 수 있는 방식으로 디자인하는 것이 중요하다는 점은 분명하다. 그러나 비행기 조종석을 떠올려 보자. 다이얼이 수백 개에 스위치도 엄청나게 많다. 너무 복잡하다. 가스레인지의 특정 화구를 조절하는 손잡이가 어떤 것인지 몇 초 동안 궁리해야 하는 일도 좀 귀찮겠지만, 비행기를 조종할 때 조종사가 결정을 내리기까지 너무 오래 걸리거나 혹시라도 잘못된 결정을 내렸다면 어떨지 떠올려보자. 목숨이 달려 있다. 다음에 비행기를 타게 되면 이 사실에 대해 생각해보자. 아마도 심리학자(종종 인간요소 심리학자라고 부르는)가 조종석 디자인에 참여했을 것이다.

15

아름다움은
제 눈에 안경이 아니다

멋진 몸매로 인정합니다

- 심리 개념 **대인 매력**
- 연구명 **아름다운 것이 착하다**
- 원조 과학자/연구자 **캐런 디온**Karen Dion, **엘렌 버샤이드**Ellen Berscheid, **일레인 월스터**Elaine Walster(1972)

흥미롭게도 신체적 아름다움은 여러 문화권에서 인정받는다. 어떤 사람을 매력적으로 인식하는 경향성은 심지어 수학적 공식으로도 환원할 수 있다. 누군가의 신체 비율이 특정한 비율과 가까우면 많은 사람이 그 모습을 매력적으로 느끼는 경향이 나타난다. 외모가 뛰어난 사람들에게는 일종의 후광이 비치는 것도 같다. 그러니까 아름다운 사람에게 정직성이나 선의 같은 다른 바람직한 특징도 있다고 추정하는 경우가 종종 있다. 이 경향성은 캐런 디온, 엘렌 버샤이드, 일레인 월스터가 1970년대 초에 처음으로 조사했다.

원래 실험

디온과 동료들은 졸업사진 백 장을 모아서 대학생들에게 보여 주고 매력도를 평가하게 했다. 그중 아주 높은 평가를 받거나(매력적인 사람), 평범한 평가를 받거나(평균적인 매력), 낮은 평가를 받은(매력적이지 않은 사람) 사진만 연구에 사용했다. 연구자들은 다른 학생들에게 그들이 골라낸 사진들을 보게 했다. 두 번째 집단에는 사진 속 인물들이 지니고 있을 것 같은 신뢰감, 친절함, 이타심, 따뜻함 같은 다른 특질에 관해 물어보았다. 당연하게도 매력적인 사람들에게 모든 긍정적 특질이 있을 것으로 여겨졌다. 이것을 어떻게 시험할 수 있을지 살펴보자.

실험해보자!

이 연구의 핵심적인 결과를 다시 만들어내려면 매력적인 사람과 평균적인 외모의 사람, 매력적이지 않은 사람의 사진이 필요하다. 어깨 위쪽부터 나온 사진이면 된다. 잘 알려지지 않은 사람들의 사진을 찾는 것이 제일 좋다. 인터넷 검색으로 그런 사진을 찾을 수 있을 것이다. 친구들에게 포즈를 취해달라고 부탁하지는 말자. 아무도 당신이 그들의 사진을 '평균'이나 '매력적이지 않은' 범주에 넣은 사실을 알게 되고 싶지 않을 것이다.

매력적인 사람의 사진은 너무 화려하지 않아야 한다. 또 매력적이지 않은 사람의 사진도 얼굴에 큰 흉터가 있거나 기형이 있어서는 안 된다. 피험자들이 실험의 의도를 알아차리지 않길 바란다면 말이다. 이번에 필요한 것은 다음과 같다.

- 참가자 20명
- 매력적인 사람의 사진
- 평균적인 외모인 사람의 사진
- 매력적이지 않은 사람의 사진
- 사진이 들어가기에 충분한 크기의 봉투 3장
- 참가자마다 4장의 종이가 필요하다(따라서 총 장수는 참가자의 수에 달려 있다)
- 참가자들이 쓸 필기구

실험 방법

- **1단계:** 사진 3장을 가져와 사람들의 얼굴 밑에 다음처럼 번호를 매긴다. '사람 1'(평균적 매력), '사람 2'(매력적이지 않음), '사람 3'(매력적임). 사진을 뽑아서 봉투 안에 한 장씩 넣는다.

- **2단계:** 종이 3장에 피험자들에게 물어볼 질문을 인쇄한다. 원래 연구의 저자들이 사용한 성격 특질 몇 가지를 이용하자. 아래는 연구자들이 사용한 6가지 특질로, 1부터 10까지의 평가척도가 함께 제시된다.

따분한	1 2 3 4 5 6 7 8 9 10	신나는
차가운	1 2 3 4 5 6 7 8 9 10	따뜻한
재미없는	1 2 3 4 5 6 7 8 9 10	재미있는
교양 없는	1 2 3 4 5 6 7 8 9 10	교양 있는
가식적인	1 2 3 4 5 6 7 8 9 10	진실한
지적이지 못한	1 2 3 4 5 6 7 8 9 10	지적인

그러면 이제 사람 1, 사람 2, 사람 3이라는 제목이 붙고, 각기 질문 6개가 적힌 종이 3장이 생겼다.

- **3단계:** 네 번째 종이에는 매력적인 사람들이 더 만족스러운 삶을 살 것처럼 보이는지 알아내기 위해 원래 연구자들이 사용한 것과 유사한 질문 3가지를 넣는다. 질문은 다음과 같다.

1. 셋 중에서 어떤 사람이 가장 이혼하기 쉬울 것 같나요?
2. 어떤 사람이 가장 좋은 부모가 될 것 같나요?

3. 어떤 사람이 직업적으로 가장 성공한 삶을 살 것 같나요?

- **4단계:** 참가자들에게 봉투에서 사진을 꺼내서 사진 속 인물을 보고 6가지 특질마다 숫자를 골라 동그라미를 치라고 한다.
- **5단계:** 전부 다 마치고 나면 3단계에 나온 3가지 질문을 물어보고 참가자가 고른 번호를 각 질문 옆에 적는다.

실험 결과

사람이 20명 정도 있으면 원래 연구와 비슷한 결과를 얻기에 충분하다는 점을 알게 될 것이다. 각 사진의 성격 특질 평균 점수를 구하기 위해, 각 특질마다 사람들이 동그라미 친 숫자들을 모두 더하고 그것을 연구에 참여한 피험자의 숫자로 나눈다.

아마도 매력적인 사람의 사진이 다른 두 사람의 사진보다 신나는, 따뜻한, 재미있는, 교양 있는, 진실한, 지적인 특질에서 더 높은 점수가 나왔을 것이다. 또한 매력적인 사람이 이혼을 할 가능성은 낮고, 가장 좋은 부모가 되거나 가장 성공적인 커리어를 가질 가능성이 높다고 뽑혔을 것이다.

우리가 아름다움에 집착하는 사회에 살고 있다는 사실을 부정하기는 어렵다. 이 연구와 다른 많은 연구는, 외모가 뛰어난 사람들이 다른 훌륭한 특질도 많이 지녔다고 여겨짐을 보여준다.

흥미롭게도 최소한 한 가지 면에서는 아주 매력적인 것이 단점이 될 수도 있다. 훌륭한 외모를 이용해 범죄를 저질렀을 때 그렇다. 한 연구에서는 어떤 남자의 사진을 보여주면서 이 남자가 나이 든 여성들과 사랑에 빠진 척하면서 그들의 돈을 갈취해냈다는 설명을 곁들이면, 그 남자가 잘생긴 경우 더 무거운 형을 선고받았다. 그러니 아름다움은 대단한 것이다. 당신의 외모로 다른 사람의 등을 치지만 않는다면.

16

우리의 역할이
우리를 만든다

내가 연기하는 역할이 나일까?

- 심리 개념 **사회적 역할**
- 연구명 **가상 감옥의 죄수와 간수 연구**
- 원조 과학자/연구자 **필립 G. 짐바르도 외(1973)**
- 재현/확장 연구명 **독재의 심리학을 다시 생각하다: BBC 감옥 연구**
- 재현 과학자/연구자 **스티븐 라이처**Stephen Reicher, **알렉산더 하슬람**Alexander Haslam(2006)

연기를 해본 적 있는가? 교내 연극 동아리나 지역 극장의 무대에 오른 적이 없다면 한 번도 연기를 해본 적 없다고 생각할지 모른다. 그러나 우리는 항상 연기를 하고 있다. 어떤 모임의 장을 맡아본 적 있는가? 동네 스포츠팀의 심판을 맡은 일은? 아이 돌보미나 선생님은? 이런 것도 모두 연극 무대 위의 역할과 같다. 그게 역할인 이유는 그 역할과 어울리는 행동이 기대되어서다.

　당신이 '선생님'이라면 교실 안에 질서를 잡고 학생들이 당신에게 주의를 기울이게 만드는 것이 당신이 할 일이라고 느낄 것이다. 아이 돌보미를 할 때는 아이의 부모가 당신에게 어느 정도 '엄격함'을 요구하리란 점을 알 것이다. 모임 회장은 진지하고 사교적이어야 한다. 원래는 이런 성격들이 아니라고 해도, 어떤 역할을 맡았을 때는 우리가 어떻게 행동해야 한다고 생각하는 방식대로 행동해야 한다.

　그러나 이것이 '그냥 행동'보다 더 깊이 들어간다면? 어떤 역할을 하고 있는데 그게 잘 풀리지 않을 때, 교실 속 아이들이 전혀 집중하지 않고, 아기가 떼를 쓰고, 모임 회원들이 당신을 존중하지 않는 것처럼 보인다면, 그것이 마음속 '상처'가 될까? 이런 역할이, 원래는 잠깐 연기를 하는 거라고 생각했던 일이, 실제로는 우리 마음속 깊은 곳까지 영향을 미칠 수 있을까?

　짐바르도의 연구를 재현하기는 어렵지만, 라이처와 하슬람은 짐바르도의 연구와 비슷하게 'BBC 감옥 연구'에서 흥미로운 결과를 찾아냈다. 하지만 여기서는 우리 목적에 맞게 역할이 감정에 미치는 영향에 초점을 맞출 것이다.

스탠퍼드대학교의 짐바르도와 동료들은 앞의 질문들에 대한 답을 찾고 싶었다. 감옥 상황에서 '죄수'와 '간수' 역할을 이용하기로 계획한 뒤, 스탠퍼드대학교의 한 건물 지하에 가짜 감옥을 만들어냈다. 먼저 남학생 24명을 골라서 죄수나 간수 역할에 무작위로 배정했다. 죄수들은 식별번호와 죄수들이 입을 법한 옷을 받았고, 간수들은 유니폼과 어두운 선글라스를 착용했다.

처음에 간수들은 그들이 해야 한다고 생각하는 방식대로 역할을 연기하며 죄수들을 감옥에 집어넣었다. 처음에는 친근한 분위기였지만 연구가 며칠간 진행되자 상황이 변했다. 간수들은 까다롭고 야비해졌고 죄수들도 실제 죄수들이 하는 일을 하기 시작했다. 그들은 간수들에게 소리를 지르고, 욕설을 하고, 명령에 따르지 않았다. 점차 학생들이 자신의 역할을 아주 깊이 감정적으로 '받아들이고' 있다는 점이 분명해졌다. 그들은 아주 흥분하고 매우 화가 났으며 상당수가 격한 감정적 반응 때문에 연구에서 금방 탈락했다.

우리가 어떤 역할을 할 때 그것이 그저 '해야 할 일을 하는 것' 이상이 될 수 있다는 점은 분명하다. 어떤 역할을 하는 것이 우리에게 영향을 미칠 수 있다.

실험해보자!

스탠퍼드 실험에서처럼 누군가를 심각한 위험에 빠뜨리거나 힘들게 만들지 않고도 역할이 우리의 감정에 미치는 영향을 탐구할 방법이 있다. 아마도 학교에서 익숙하게 경험해보았을 상황을 이용해보자. 조모임에서 다른 학생들과 함께 작업하는 것이다. 학생들은 대개 조모임을 좋아하지 않는데, 보통 학생 한두 명이 대부분의 일을 다 하고 나머지는 게으름을 부리기 때문이다. 심리학자들은 이것을 '사회적 태만social loafing'이라고 부른다.

이 문제를 해결하기 위한 한 방법은 모임 구성원 모두에게 역할을 주는 것이다. 전형적인 역할로 '리더' '일정관리' '서기' '선의의 비판자devils' advocate'(다양한 논의를 위해 일부러 반대 의견을 내는 사람—옮긴이)가 있다. 이런 역할 구분은 구성원들이 계속 집중하고 더 생산적으로 일하도록 돕는다.

이번에 필요한 것은 다음과 같다.

● 친구 4명
● 스톱워치

실험 방법
● **1단계:** 친구들을 몇 명 모은 뒤 5분 동안 한 팀으로서 벽돌의 용

도를 최대한 많이 생각해내는 과제를 해달라고 말한다. 이 아이디어('생각해낼 수 있는 최대한의 벽돌 용도')는 연구에서 아주 흔하게 사용된다. 다른 주제를 잡아도 된다. 과제는 그저 조원들이 어떤 일에 함께 참여하도록 만들기 위해 필요할 뿐이다.

- **2단계:** 한 사람씩 따로 불러서 아래의 역할 중 하나를 부여한다. 각각의 종이 위에 역할을 하나씩 쓴 다음에 당신이 고른 사람에게 나누어 줘도 된다. 다만 다른 사람이 맡은 역할을 서로 몰라야 한다.

1. 당신은 이 팀의 '리더'이고 당신의 아이디어에 열의가 있습니다.
2. 당신은 이 팀의 '일정관리자'이며 당신의 일이 정말로 중요하다고 생각합니다. 그러므로 시간 분배의 중요성을 자주 상기시키세요. (활동에 남은 시간도 말해줍니다.)
3. 당신은 이 팀의 '선의의 비판자'입니다. 어떤 아이디어가 나오든 비판적으로 검토하세요. 언제나 그 아이디어가 왜 별로인지 지적해줍니다.
4. 당신은 이 팀의 '서기'입니다. 나온 아이디어들을 잘 적어두되, 당신의 아이디어가 아니라면 그 아이디어가 별로라고 생각한다는 점을 분명히 보여주세요.

- **3단계:** 각자에게 비밀스럽게 역할을 알려준 뒤 모두를 한 탁자에 둘러앉게 하고 일정관리자에게 준비가 되면 '시작'이라고 말하게 한다.

실험 결과

5분이 지난 뒤에 그들이 적은 아이디어들을 살펴봐도 되지만 서로에 대해 어떻게 느꼈는지에 더 관심이 있을 것이다. 각자에게 자신이 맡은 역할이 무엇이었는지 밝히라고 한 뒤, 같은 팀의 다른 사람들에 대해 어떻게 느꼈는지 묘사해달라고 말한다. 불평불만이 쏟아져 나오리라고 장담한다.

리더는 아마 선의의 비판자를 짜증스럽게 여겼을 것이다. 선의의 비판자는 서기가 짜증 난다고 생각했을 것이고, 일정관리자는 다른 모두가 마음에 들지 않았을 것이다. 팀의 구성원들에게 준 역할은 그저 일시적이고 가상적이었지만, 그럼에도 불구하고 사람들은 감정적 결과가 생기는 방식으로 자신의 역할에 빠져든다.

이 실험의 의미

우리 모두는 대개 다른 사람들이 성격 탓에 그렇게 행동한다고 생각한다. 그러나 때때로 우리가 어떤 행동을 하는 것은 그것이 우리가 부여받은 어떤 역할을 수행하는 데 필요하다고 생각하기 때문이다. 우리는 그 일을 진지하게 생각하는 것이다.

스탠퍼드 감옥 실험은 미국인 병사들이 아부그라이브 교도소에서 이라크인 수감자들을 고문한 것 같은 실제 상황을 이해하기 위해서도 이용되고 있다. 병사들은 입대할 때에는 평범한 사람들이었지만, 그들이 저지른 일은 용납하기 어렵다. 그들의 행동 중 얼마만큼이 그들의 책임이며 얼마만큼이 그들이 간수로서 수행하던 역할에서 비롯한 것일까?

어떤 노력도
소용이 없을 때

포기할래!

- 심리 개념 **인지심리학/학습된 무기력**
- 연구명 **강력한 충격으로부터의 도피 실패**
- 원조 과학자/연구자 **마틴 셀리그먼, 스티븐 마이어**Steven Maier(1967)
- 재현/확장 연구명 **학습된 무기력 50주년: 뇌과학이 주는 영감들**
- 재현 과학자/연구자 **스티븐 마이어, 마틴 셀리그먼(2016)**

왜 우리는 가끔씩 '우울하다'고 느낄까? 어떤 사람들은 왜 이런 기분을 그렇게 자주 느낄까? 이런 기분이 들 때, 기분이 더 나아지기 위해 할 수 있는 일이 있을까? 다른 모든 인간 행동이나 감정과 마찬가지로 여기에도 많은 이유가 있다.

인지행동심리학자들은 당신의 과거 경험과 현재 생각에 초점을 맞추어 이 문제에 답하려고 한다. 만약 과거에 어려운 상황에서 벗어나려고 했지만 실패한 경험이 있다면, 지금 새로운 난관에 부딪혔을 때 무력하게 바라보게 될까? 당신이 '무기력을 학습'했을까? 만약 그렇다면, 당신의 기분이 나아지게 만들 방법은 이제 성공적인 경험을 하도록 도와주고 당신이 스스로 되뇌는 부정적 이야기를 더 잘 알아차리게 만드는 식이 될 것이다. 당신을 덜 무기력하게 만들어줄 방법이 있을지 모른다. 이것이 바로 마이어와 셀리그먼이 50년이 넘는 세월 동안 찾고 있는 해답이다.

원래 실험

셀리그먼과 동료들은 개들이 벗어날 수 없는 어려운 상황에 빠졌을 때 무슨 일이 벌어지는지 알고자 했다. 그들은 바닥에 와이어가 깔린 케이지를 만들었는데, 이 바닥으로 약하지만 분명히 불편한 전기충격이 가해질 수 있도록 했다. 이 케이지 중 몇 개는 개가 케이지의 벽을 뛰어넘으면 전기충격이 없는 바닥으로 갈 수 있게 만들었다. 또 다른 개들은 무슨 짓을 하더라도 전기충격에서 벗어날 수 없었다.

'탈출구 없는' 상황에 놓인 개들을 다시 전기충격이 없는 영역으로 뛰어넘어갈 수 있게 만든 케이지에 넣으면 어떨까? 그 영역으로 뛰어넘어갈까? 답은 '그렇지 않다'였다. 그들은 이전 상황에서 운명을 바꿀 방법이 없다고 배운 탓에 새로운 상황에 놓였을 때도 충격에서 벗어나려는 시도조차 하지 않았다. 무력감을 배운 것이다.

실험해보자!

전기충격을 주지 않고도 이 개념을 실험해볼 방법이 있다. 셀리그먼과 마이어의 연구에서 다루는 핵심 아이디어는 아무리 노력해도 벗어날 수 없는 불편한 상황에 개들을 집어넣는 데 있다. 이것을 친구들에게 시도해볼 수 있다. 물론 존중하는 마음을 잊지 말아야겠지만.

가장 먼저 할 일은 피험자들이 수행할 어려운 과제를 찾는 것이다. 애너그램 풀기는 많은 사람이 잘 알고 있어서 자주 사용되는 과제이다. 애너그램은 한 단어의 철자를 재배열해서 다른 단어로 만들어내는 것을 말한다. 예를 들어 'canoe(카누)'의 철자를 'ocean(대양)'으로 재배열할 수 있다. 인터넷에서 애너그램 목록을 검색하면 이 연구에 사용할 만한 애너그램을 알려주는 수많은 웹사이트를 찾을 수 있을 것이다.

이 실험에 필요한 것은 다음과 같다.

- 친구들 8~10명
- 비교적 쉬운 애너그램 2개. 예를 들어 tubs(통)-bust(가슴),

vein(정맥)-vine(포도나무), agree(동의하다)-eager(열렬한)

- 어려운 애너그램 2개. 예를 들어 signature(서명)-a true sign(진짜 징후), dynamite(다이너마이트)-may it end(그것이 끝나기를)
- 약간 어려운 애너그램 1개. 예를 들어 panels(패널)-naples(나폴리)

실험 방법

- **1단계:** 종이 한 장에 애너그램 단어를 1번부터 3번까지 쉬움, 쉬움, 중간 순서로 써서 프린트한다. 1번부터 3번까지 단어들을 늘어놓되 각 단어 사이에 빈칸으로 10줄을 띄어놓는다. 다음에는 어려움, 어려움, 중간 순서로 단어를 써서 프린트한다. 이번에도 각 단어 사이에 빈칸 10줄을 놓는다.
- **2단계:** 이제 친구들을 한 방에 모아 애너그램 문제를 풀어야 한다고 말한다. 아마도 애너그램을 설명하고 예시를 보여주어야 할 것이다. 다른 사람의 종이 내용이 보이지 않을 만큼 간격을 두고 한 사람씩 앉게 한다.
- **3단계:** 친구 중 절반에게는 쉬움, 쉬움, 중간 순서로 단어가 나열된 종이를 준다. 다른 절반에게는 어려움, 어려움, 중간 순서로 나열된 종이를 주어야 한다. 반대 면을 볼 수 없도록 종이를 뒤집어놓는다.
- **4단계:** 잠시 뒤 "시작"이라고 말하면 종이를 뒤집고 첫 번째 애

너그램을 풀어야 한다고 말한다. 답을 알아냈다고 생각하면 다음 단어를 보지 않고, 그냥 종이를 다시 뒤집어놓고 손을 들도록 한다. 대부분의 사람들이 답을 알아내면 당신이 "그만"이라고 외칠 것이고, 문제를 풀지 못한 사람들도 종이를 뒤집어야 한다고 말한다. 애너그램의 답이 뭐였는지 말해서는 안 된다. 애너그램의 답은 모든 과제가 끝난 뒤 알려줄 것이라고 말한다. 이 과제를 하는 동안 다른 대화를 나눠서는 안 된다.

- **5단계:** 질문이 있는지 물어보고 괜찮으면 "시작"이라고 말한다. 절반이 종이를 뒤집고 손을 들어 올리면(아마도 쉬움 집단일 것이다) "그만. 모두 종이를 뒤집으세요"라고 말한다.

- **6단계:** 그리고 "'시작'이라고 말하면 종이를 뒤집고 2번 애너그램을 풀어보세요. 시작"이라고 말한다. 어려움 집단에서 찡그린 표정들을 보게 될 것이다. 다시 한 번 손이 올라가고 종이가 뒤집히면(대부분 아까와 같은 사람들) "그만. 모두 종이를 뒤집으세요"라고 말한다. 어려움 집단의 참가자들에게서 불신과 좌절의 표정이 더 많이 나타나게 될 것이다.

- **7단계:** 다음으로 "'시작'이라고 말하면 종이를 뒤집고 3번 애너그램을 풀어보세요. 시작"이라고 말한다. 이때 피험자들은 모두 똑같은 애너그램('panels')을 풀고 있을 테지만, 이미 그들 중 절반은 실패 경험을 맛보았다.

실험 결과

쉬운 애너그램 2개를 푼 참가자들은 아마 세 번째 문제도 별문제 없이 풀 것이다. 어려운 애너그램을 받은 참가자들은 어려운 애너그램 혹은 모두가 똑같이 받은 마지막 애너그램조차 풀지 못했을 것이다. 왜일까? '무기력을 학습'했기 때문이다. 우리는 실패를 많이 경험하면 성공하리라 기대하지 않고 포기해버린다. 성공할 수 있는 좋은 기회가 생겨도 말이다.

이 실험의 의미

누구나 살면서 학습된 무기력을 느껴보았을 것이다. 선생님이 어떤 책을 읽을지 선정 과정에 참여할 기회를 주겠다고 했다가, 말을 바꿔 그냥 목록을 정해주면 학생들은 실망한다. 그런 경험을 하고 나면 수업에 참여하려는 노력도 덜할 가능성이 높다. 자신의 삶을 개선하길 희망하는 유권자들은 젊을 때는 열정적으로 투표소로 향하지만, 어떤 변화도 보지 못한 채 오랜 시간을 보낸 뒤에는 슬프게도 투표를 아예 그만둔다. 이 현상은 정말로 변화를 만들어낼 수 있는 후보자가 나온 선거에서도 지속된다.

18

익명성이 우리를
사악하게 만든다

'너 진짜 멍청하다!'

- 심리 개념 **몰개성화**
- 연구명 **인간적 선택: 개성화, 이성, 질서 vs. 몰개성화, 충동, 혼돈**
- 원조 과학자/연구자 **필립 짐바르도(1969)**

인터넷에서 잠깐이라도 시간을 보내봤다면(누가 안 그랬겠는가?) '악플러'라고 불리는 사람들의 댓글을 보았을 것이다. 유튜브 동영상이나 인스타그램 사진, 트위터 등에 기분 나쁜 댓글을 남겨놓는 사람들을 일컫는다. 그들은 왜 이런 일을 할까?

하나의 가설은 이들이 주로 청소년으로서 다른 이들을 깎아내림으로써 권력감을 얻고 싶어 한다는 것이다. 다른 가설은 인터넷이 우리에게 주는 익명성과 관련되어 있다. 많은 이들이 자신의 이름과 생일을 조합해 닉네임을 만들지만, 그냥 'zyx19375'나 다른 희한한 글자와 숫자의 조합으로 만들면서 완전한 익명성을 얻는다. 심리학자들은 누군가 자신이 익명이라는 것을 알고 있으면 평소라면 하지 않을 일을 한다는 사실을 확인시켜준다.

스포츠 경기장에 가본 적이 있다면 보통 때와 다른 방식으로 행동하는 자신을 발견할 수도 있다. 단순히 경기장이 발산하는 묘한 흥분에 사로잡혀서일 수 있지만, 당신의 엄마가 들으면 좋아하지 않을 단어를 큰 소리로 내뱉어도 그게 당신이 한 말인지 아는 사람이 거의 없기 때문이기도 하다. 우리는 익명이 되면 자랑스럽지 않은 일을 할 수도 있다.

원래 실험

이 책에서 다룬 유명한 감옥 연구를 한 필립 짐바르도는 '몰개성화deindividuation'라는 개념도 살펴보았다. 사람들이 익명성을 느낄 때 예상하지 못한 방식 혹은 반사회적 방식으로 행동하는 현상을 이른다.

평소에 우리는 어떤 상황에서는 자기 자신 안에 머무른다. 말하자면 진짜 우리 마음속에 있는 말을 말하지 않을 때도 있다. 상사에게 무언가를 지적받았을 때 아마 마음속에 가장 먼저 떠오른

말을 내뱉지는 않을 것이다.

그런데 아무도 당신을 모를 때는 어떻게 될까? 짐바르도는 이 것을 알아내고자 했다.

짐바르도는 아주 직접적으로 실험했다. 피험자들을 실험실에 데려와서 다른 사람에게 낮은 강도의 전기충격을 가할 기회를 주었다. 전기충격을 받을 대상에 대해서는 '아주 괜찮은' 사람이거나 '고약한' 사람이라고 말해주었다. 피험자들 가운데 일부는 연구실에 도착했을 때 먼저 이름표를 받았지만(정체감을 고양하도록), 다른 이들은 실험용 가운을 입고 모자를 써서 그들의 진짜 모습을 알 수 없게 만들었다('몰개성화'되었다). 이름표를 단 사람들은 고약한 사람에게보다 괜찮은 사람에게 더 낮은 강도의 충격을 주었지만, 가운과 모자를 입은 피험자들은 아주 괜찮은 사람과 고약한 사람 모두에게 더 높은 강도의 충격을 더 오래 주었다.

아마 우리도 익명이라고 느끼면 놀라운 일들을 하게 될 것이다.

실험해보자!

물론 아무에게도 전기충격을 주진 않을 것이다. 그 대신 이 아이디어를 우리가 언제나 보고 있는 활동에 적용해보자. 바로 소셜미디어 포스팅에 댓글 달기이다.

페이스북과 트위터에 있는 포스팅 대부분은 따분하고 무해하지만 어떤 것들은 놀라울 만큼, 음, 무식하다. 우습기도 하고.

예를 들어 이렇다.

- '그래서 오바마 성이 뭐라고?'
- '내 첫 딸은 여자였으면 좋겠어.'
- '여자들은 왜 자식이 자기 피가 맞는지 DNA 검사를 안 하는 거야?'

이런 포스팅을 가끔 보았을 것이다. 웃고 나서 조롱하는 말을 남기고 싶을 때도 있지만 보통은 그러지 않는다. 사람들이 당신의 이름을 보고 당신을 나쁘게 생각할 수도 있다는 걸 알기 때문이다.

실험에 필요한 것은 다음과 같다.

- 참가자 두 집단(집단별로 5~10명)
- 터무니없는 포스팅 3개와 그 밑에 댓글을 남길 수 있는 여백이 있는 종이
- 참가자들이 쓸 필기구
- 카메라

앞에 올린 포스팅을 사용해도 되고 직접 인터넷으로 검색해봐도 된다. 고를 만한 포스팅이 많이 나올 것이다.

실험 방법

기본적으로 당신이 할 일은 두 집단에 포스팅 3개를 프린트한 종이를 주는 것이다. 친구들에게 컴퓨터나 스마트폰 화면으로 포스팅을 봤다고 생각하고 그런 포스팅에 어떤 댓글을 쓸 것 같은지 물어본다. 포인트는? 한 집단에는 댓글을 읽는 사람들이 그들의 신원을 알 수 있다는 점을, 다른 집단에는 숨길 것이라는 점을 분명히 알려주어야 한다. 시작해보자.

A 집단: 정체감 의식 집단

- **1단계:** 피험자들이 당신의 사무실(또는 당신의 책상)에 혼자 와야 한다. 피험자에게 소셜미디어에서 사람들의 행동을 연구하는 중이라고 말한다. 성과 이름을 이용해서 이 연구에서만 쓸 사용자 이름을 만들어달라고 말한다. 아마도 '존_스미스' 같은 이름을 만들 것이다.
- **2단계:** 종이 위에 사용자 이름을 쓰고 그 종이를 얼굴 밑에 든 채 사진을 찍는다. 왜 찍는지 물어보면 누가 쓴 댓글인지 확실히 알아보기 위해서라고 말한다.
- **3단계:** 포스팅을 인쇄한 종이를 뒤집고, 누군가가 실제로 인터넷에 쓴 글을 읽을 텐데 그에 대한 댓글을 써달라고 말한다. 세 포스팅마다 모두 한다.
- **4단계:** 포스팅에 대한 댓글을 쓰고 나면 끝난 것이다. 감사를

표하고 연구가 끝난 뒤 결과를 말해줄 것이라고 말한 뒤 다음 사람을 부른다.

B 집단: 몰개성화 집단

- **1단계:** 이 사람들은 익명이라고 느끼게 만들어야 한다. 참가자에게 사용자 이름을 만드는데 아무도 그가 누구인지 알아내지 못해야 한다고 말한다. 아무 숫자나 철자를 조합해보라고 한다. 사진은 찍지 않는다. 이렇게 하면 참가자들이 꽤 익명이라고 느낄 것이다.
- **2단계:** 포스팅을 인쇄한 종이를 뒤집고, 누군가가 실제로 인터넷에 쓴 글을 읽을 텐데 그에 대한 댓글을 써달라고 말한다. 세 포스팅마다 모두 한다.
- **3단계:** 포스팅에 대한 댓글을 쓰고 나면 끝난 것이다.

실험 결과

(각 집단에 10명씩) 20명쯤 연구를 진행하면 끝난 것이다. 이제 재미있는 부분이다. 사람들이 쓴 댓글을 읽어보자. 해당 피험자가 어떤 조건이었는지 모르는 채 읽어야 한다. 댓글에 담긴 '사악함'의 양을 통해 그가 어떤 집단에 속했는지 추측해본다. 익명이라고 생각한 이들이 정체가 드러날 수 있다고 생각한 이들보다 더 나

쁜 댓글을 썼다는 점을 발견할 것이다.

이 실험이 재미있었으면 좋겠지만, 온라인의 익명성에 심각한 부작용이 있다는 점도 깨달아야 한다. 악플은 너무나 흔해서 익명 댓글이 얼마나 상처가 될 수 있는지 보여주기 위해 '사이버 왕따'라는 용어가 생겨났다. 바로 이 때문에 많은 사이트에서 누군가가 당신의 댓글이 부적절하다고 느끼면 당신이 누구인지 알아낼 수 있도록, 개인정보가 담긴 계정을 만들기 전에는 댓글을 달지 못하게 하는 것이다. 모든 소셜미디어 회사들은 이제 사람들이 익명일 때 가할 수 있는 피해를 줄이기 위해 노력을 기울이고 있다.

연인을 고르는 기준은
결코 낭만적이지 않다

이 짐승 같으니!

- 심리 개념 **짝짓기 전략**
- 연구명 **반려견 소유가 매력도를 높이고 바람둥이 남성의 단기적 짝짓기 전략 파악을 방해한다**
- 원조 과학자/연구자 **시걸 티퍼렛**Sigal Tifferet **외(2013)**

누군가에게 이성적으로 관심이 생기는 이유가 무엇일까? 우리는 이성에 대한 관심이 그들의 외모(최소한 처음에는)나 성격과 관련이 있을 거라고 생각하길 좋아한다. 그러나 어떤 심리학자들의 입장은 조금 직설적으로 보이기는 해도, 사랑과 매력의 신비에 대한 연구를 통해 이런 마법 같은 감정이 종종 아주 딱딱한 사실로 농축됨을 보여준다. 여성이 아이를 낳는다는 사실 말이다.

알다시피 인간 아기는 굉장히 손이 많이 간다. 여성이 임신을 하면 9개월 가까이 조그만 꼬물이를 품고 다녀야 한다. 그다음에는 그 꼬물이를 먹이고 키워야 한다. 녀석이 걷기라도 할 수 있으려면 1년 정도는 있어야 하고 '둥지를 떠나려면' 18년은 걸린다. 요컨대 섹스에는 임신의 위험이 따르고, 아이를 가지면 많은 투자가 필요해진다. 그래서 여성은 파트너를 선택할 때 남성보다 훨씬 신중해야 한다. 오랫동안 곁에 머물면서 양육에 도움을 줄 사람을 찾아야 하는 것이다.

물론 모든 게 이렇게 단순하지는 않다. 여성들이 언제나 잠재적인 파트너와 아이를 갖게 될까 봐 경계하는 것은 아니다. 그래서 '짝짓기 전략'은 예측하기 어렵다. 그렇다고 해서 심리학자들이 그 예측을 포기하게 만들지는 못한다!

개가 이 이야기와 무슨 관계가 있을까? 한번 살펴보자.

원래 실험

미혼 남성들은 여성들의 관심을 사려면 개 한 마리를 구해서 공원에서 산책을 시키라는 조언을 종종 듣는다. 반려견을 키우는 것이 다른 사람들에게 무슨 신호를 줄까? 알다시피 개는 고양이보다 손이 많이 간다. 그러므로 미혼 남성이 개를 키운다면 다른 장기적 관계도 가능하다는 뜻 아닐까?

티퍼렛과 동료들은 반려견 소유가 남성의 매력도에 대한 여성의 판단에 어떤 영향을 주는지 알아내기로 했다. 하지만 여기에 더해 여성들이 좋은 '아빠 소질'이 있는 남자를 찾을 때도, 단기적 관계를 찾을 때도 있다는 점을 계산에 넣고자 했다.

연구는 이렇게 진행됐다. 먼저 여성들에게 개를 산책시키는 남성과 그러지 않는 남성의 사진을 보여주었다. 그리고 각각의 남성을 설명하는 짧은 지문 안에 그가 좋은 '아빠' 소질이 있거나 그냥 '오빠' 상대로 보일 표현을 넣었다. 여기서 '오빠'는 대개 미혼에 자유로운 영혼이며 가벼운 관계만 찾는 남성을 묘사하는 단어이다. 어쨌든 분명 남편감은 아니다.

그래서 어떤 결과를 얻었을까? 예상한 대로 '아빠' 소질이 있는 것으로 묘사된 남성은 장기적 관계의 상대로서 매력적인 것으로 생각됐다. 남성이 개를 산책시키는 중인지는 상관없었다. 전반적으로 '오빠'는 장기적 관계에서는 매력적인 상대로 여겨지지 않았지만, 공원에서 개를 산책시키라는 조언은 옳은 것으로 드러난다. 개를 산책시키고 있으면 매력도가 올라갔다. 반려견은 실제로 '오빠'처럼 보이는 누군가조차 오랜 여정 동안 곁에 붙어 있을 만한 사람이라는 신호를 주기에 충분했다.

이 연구를 실험하기는 어렵지 않지만, 이 책에 실린 대부분의 연구와 달리 두 집단 대신 네 집단이 필요하다.

1. 아빠 유형의 지문을 읽고 개가 없는 사람의 사진을 보는 사람들
2. 아빠 유형의 지문을 읽고 개를 데리고 있는 사람의 사진을 보는 사람들
3. 오빠 유형의 지문을 읽고 개가 없는 사람의 사진을 보는 사람들
4. 오빠 유형의 지문을 읽고 개를 데리고 있는 사람의 사진을 보는 사람들

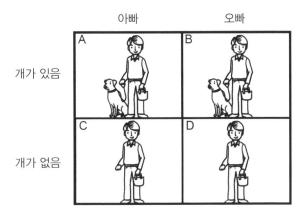

이 실험을 다른 방식으로 보면 그림과 같다.

실험을 할 때 필요한 것은 다음과 같다.

- 매력적인 동료
- 개
- 공원처럼 보이는 장소
- 사진을 찍을 카메라나 스마트폰
- 아빠 유형과 오빠 유형에 대한 설명문
- 참가자 10명씩의 네 집단

실험 방법

- **1단계:** 위의 그림에서 보는 4가지 조건을 만들어낸다. 매력적인 동료에게 공원에 가서 미소를 지으면서 옆에 앉아 있는 개의 목줄을 들고 서 있게 한다. 사진을 찍은 다음, 개와 목줄을 빼내올 동안 '움직이지 말고' 있게 한다. 다시 사진을 찍는다.
- **2단계:** 4가지 조건별로 종이를 한 장씩 준비할 차례다.
  1. 종이 1: 개가 있는 친구의 사진과 '아빠' 유형 설명. '로이는 책임감 있는 20대 남성이다. 취미는 하이킹이다. 반려견과 놀아주기, 독서, 기타 연주도 좋아한다.'
  2. 종이 2: 개가 없는 친구의 사진과 '아빠' 유형 설명. '로이는

책임감 있는 20대 남성이다. 취미는 하이킹, 독서, 기타 연주이다.'

3. 종이 3: 개가 있는 친구의 사진과 '오빠' 유형 설명. '로이는 책임감 있는 20대 남성이다. 여가시간에는 스포츠 경기, 친구들과의 술자리를 즐긴다. 반려견과 놀아주기, 콘서트 가기도 좋아한다.'

4. 종이 4: 개가 없는 친구의 사진과 '오빠' 유형 설명. '로이는 책임감 있는 20대 남성이다. 여가시간에는 스포츠 경기, 친구들과의 술자리를 즐긴다. 콘서트 가기도 좋아한다.'

- **3단계:** 매력적인 남성의 사진과 설명 아래에 10점 척도 2개를 놓는다.

이 정보만으로 판단할 때,
이 남성에게 결혼 상대로서 얼마나 관심이 생길 것 같나요?

전혀   1 2 3 4 5 6 7 8 9 10   매우

이 정보만으로 판단할 때,
이 남성에게 '썸남'으로서 얼마나 관심이 생길 것 같나요?

전혀   1 2 3 4 5 6 7 8 9 10   매우

- **4단계:** 집단별로 서로 다른 실험 종이 한 장을 보여주고 해당 남성을 평가하게 한다.

실험 결과

네 조건별로 참가자들의 점수를 평균 낸다. 아마도 '아빠' 유형은 개가 있든 없든 좋은 결혼 상대(7점 이상)로 평가받을 것이다. '아빠' 유형은 개가 있든 없든 '썸남' 질문에서 점수가 낮게 나올 것이다.

반면 '오빠' 유형은 '썸남' 질문에서는 아빠 유형보다 높은 점수를 얻고, 개가 있을 때는 그렇지 않을 때보다 '결혼' 항목에서 더 높은 점수를 받을 것이다. '오빠' 유형은 개가 없을 때 '결혼' 문항에서 낮은 점수를 받을 것이다.

이 실험의 의미

어떤 배우자와 함께할 것인가의 문제는 당연하게도 인생에서 가장 중요한 결정 가운데 하나이다. 우리는 이런 결정이 '사랑'처럼 측정 불가능한 것에서 나온다고 생각하는 편인데, 그것도 어느 정도는 역할을 하는 게 분명하다. 그러나 어떤 상대가 장기적 관계에 적합한지 파악하는 문제에서는, 그러한 모든 위대한 감정과 함께 잠재적 배우자가 결혼생활의 일상적 요소, 즉 설거지, 아이 양육, 생계 유지 같은 역할을 얼마나 잘해낼지에 대한 판단이 필요하다는 점을 인정해야 한다. 반려견 키우기는 여성에게 상대방이 진지한 관계를 유지할 수 있는 남성이라는 신호를 주는 것 같다.

20

동조의 힘

이 시리얼에 얼마를 지불하겠습니까?

- 심리 개념 **동조**
- 연구명 **판단 수정과 왜곡에의 집단 압력**
- 원조 과학자/연구자 **솔로몬 애쉬** Solomon Asch (1952)

 인정하자. 우리는 대부분 다른 사람이 무슨 생각을 하는지, 아니면 우리가 무언가를 공개적으로 하기 전에 다른 사람이 어떻게 하는지 알고 싶어 한다. 아마 당신은 TV나 컴퓨터, 심지어 믹서기 하나를 사기 전에도 온라인 쇼핑몰에서 다른 사람들이 그 제품을 어떻게 평가했는지 확인할 것이다. 제조사들도 이걸 알기 때문에 자사 제품에 별 5개를 주고 다른 사람과 좋은 경험을 공유해달라고 격려하는 것이다.

그러나 '남들이 하는 대로 하려는' 이 욕망이 얼마나 커질 수 있을까? 다른 사람이 사물을 다르게 본다고 하면, 자기 자신의 눈, 당신 자신의 현실감각조차 의심하게 될까? 바로 이것이 솔로몬 애쉬가 알아내려고 한 문제였고, 우리도 직접 실험해볼 것이다.

원래 실험

애쉬는 아주 간단한 실험을 만들었다. 먼저 소수의 대학생 집단(5~7명)을 한 방으로 불렀다. 그들에게 '시각 테스트'를 하고 있다고 말한 뒤 검은색 수직선들이 그려진 커다란 종이판을 보여주었다. 그 선에는 각각 A~C까지 번호가 붙었다. 다른 종이판에는 번호가 붙지 않은 검은 수직선 하나가 있었다.

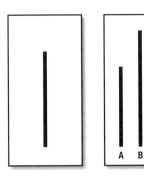

애쉬의 동조 실험에서 사용한 샘플

이것은 진짜 '시각 테스트'가 아니라 심리학 실험이었고, 따라서 숨은 무언가가 있었다. 대학생 5명이 있다고 치면, 실은 그중 한 사람만 진짜 피험자였다. 나머지 4명은 실험 전에 애쉬와 만나서 어떤 답을 말해야 할지 들었다.

애쉬는 그들에게 다른 선과 똑같은 길이의 선을 찾는 문제에서 틀린 답을 크게 말하라고 시켰다. 진짜 피험자는 다른 구성원들이 일부러 틀린 답을 말하는지 몰랐다. 애쉬는 피험자의 차례가 되면 (보통 다섯 중 제일 마지막), 평균적으로 3분의 1이 약간 넘는 정도의 진짜 피험자들이 고개를 흔들면서 다른 학생들을 미쳤나 하며 바라보다가, 결국은 그들에게 동조해 그들과 똑같이 틀린 답을 말한다는 사실을 발견했다. 항상 그런 것은 아니지만, 몇몇 참가자들이 그저 남들이 그랬다는 이유만으로 분명히 틀린 답을 말한다는 점을 보여주기에는 충분했다.

당신(이나 당신의 친구들)은 그저 남들이 하고 있다는 것만으로 어떤 일까지 하게 될까? 이제 이 재미난 작은 실험을 통해 알아내 보자.

실험해보자!

이베이(eBay) 같은 온라인 경매 사이트나 텔레비전의 홈쇼핑 채널을 본 적 있는가? 아마도 별로 그럴 만한 가치가 없어 보이는 물건에 사람들이 얼마나 많은 돈을 쓰는지 보며 놀랐을 것이다. 이런 일이 일어나는 이유는 애쉬가 발견한 것과도 상관이 있다. 다른 사람이 무언가를 사면, 특히 아주 많은 사람이 사면, 우리도 분위기에 휩쓸려서(어떤 이들은 '정서적 전염emotional contagion'이라고 부른다) 남들이 하는 것을 해야 한다는 강박감을 느낀다.

하지만 애쉬의 실험에서처럼 남들이 정말 이상해 보이는 무언가를 말한다는 것이 아주 분명하게 드러나면 어떨까? 당신 스스로의 감각을 의심할까, 아니면 군중을 따를까? 예를 들어 어떤 사람들이 경매 사이트에서 '공기 한 병'을 사는 데 돈을 내고 있다. 당신은 어떨까?

이제부터 우리가 할 일은 이렇다. 인터넷에 가서 대부분의 사람들은 아무 가치가 없다고 여기지만 어떤 사람들이 온라인 경매에서 구입한 물건들의 사진을 찾는다. 다음은 내가 '사람들이 온라인에서 산 이상한 물건들'이라고 검색해서 찾아낸 몇 가지 물건의 목록이다.

1. 토스트 한 조각
2. 발 모양 돌
3. 코끼리 똥
4. 일리노이주 모양을 닮은 시리얼
5. 상상 속 친구(이 물건의 사진은 그저 아무것도 없는 방 한쪽 구

석이었다)

6. 바위

이 물건들을 이용해도 좋고 직접 찾아도 된다.
필요한 것은 다음과 같다.

- 5가지 물건의 사진
- 참가자 5명

실험 방법

- **1단계:** 참가자 5명을 함께 부르는데, 애쉬처럼 4명에게 먼저 무엇을 해주길 원하는지 말해서 상황을 조작한다.
- **2단계:** 참가자들에게 각자 그림을 하나씩 보면서 그 물건을 인터넷에서 봤다면 경매에 얼마를 부를지 말해달라고 할 것이다. 모든 물건은 별 가치가 없지만, '가짜' 피험자 4명은 전체 집단이 다 모이기 전에 어떤 가격을 맞춰놓는다. 어떤 물건에든 2천 달러처럼 말도 안 되게 높은 가격은 아니지만 보통 사람이라면 비싸다고 생각할 만한 가격(토스트 한 조각에 5달러 정도)을 정해야 한다.
- **3단계:** 그림을 보여주고 먼저 참가자 4명에게 물건마다 비슷하게 높은 가격을 부르게 한다. 진짜 피험자는 그 가격에 반대하

며 "너네 미쳤어?"라고 말할 것이다. 그러므로 동료 4명에게 조금 황당하더라도 핑계를 만들어두게 해야 한다. "저 토스트에 얼굴 모양이 보이는 거 같아. 신기하잖아"라든가 "글쎄, 저 일리노이주 모양을 닮은 시리얼은 멋진 거 같은데" 따위 말이다.

실험 결과

사진 5장을 다 보여주고 난 뒤에는 진짜 피험자에게 연극이었음을 꼭 알려주어야 한다. 아마도 무언가 이상하다고 생각하고 있을 것이다. 연구자들은 애쉬의 연구를 재현했을 때 오늘날의 사람들 사이에서는 동조율이 낮다는 것을 발견했다. 1950년대 애쉬의 학생들처럼 당연하게 동조하진 않는 것이다. 그래도 무슨 일이 일어나는지 알아차리지 못했던 참가자들은 '경매'를 하는 동안 자기 자신이 이상한 건지 생각했다고 고백하리라고 장담한다.

이 실험의 의미

'자기 소신대로 살아야 한다'고들 하지만 우리는 어떻게 생각하고 행동'해야 하는지' 알기 위해서 남들을 자주 돌아본다. 바보같아 보이길 바라는 사람은 없다. 한편, 애쉬와 다른 이들이 발견한 또 다른 사실은 무리 속에서 다른 사람 뜻에 따르지 않는 이가

단 한 명만 존재해도 동조가 굉장히 줄어든다는 점이다. 그 한 사람은 다른 사람들 모두가 생각은 하지만 말로 내뱉지 않고 있을 뿐인 것에 동조한다.

'벽돌' 하나만 뽑아내도 집 전체가 무너진다. 무언가를 확실히 안다고 생각한다면, 다른 사람들이 침묵하더라도 그들 모두 같은 생각을 하는 중일 거라고 가정하지 마라. 진짜 상황을 알아내고 싶다면 "잠깐만……. 그게 확실한지 거꾸로도 한번 짚어보자. 어쩌면 우리가 잘못 알고 있을지도 몰라" 같은 말을 해보면 된다. 다른 이들도 그렇게 생각한다면, 당신이 그들에게 동조하기를 멈추고 자기 의견을 표명할 기회를 준 셈이다.

무엇이 우리를
진정 행복하게 하는가

TV를 치워버리자

- 심리 개념 **행복/감정**
- 연구명 **할 것인가 살 것인가? 그것이 문제로다**
- 원조 과학자/연구자 **리프 반 보벤**Leaf Van Boven,
  토머스 길로비치 Thomas Gilovich(2003)

우리 모두 이 질문에 대한 답을 알고 싶어 한다. '뭘 하면 더 행복해질 수 있을까?' 심리학자들은 사실 이 질문의 답을 몇 가지 알고 있다. 첫 번째는 돈을 어떻게 쓸 것인지와 관련이 있다. 대부분 복권에 당첨되면 행복할 것이라고 생각한다. 사실 꼭 그렇지는 않다. 부유한 사람들이 부유하지 않은 사람들보다 반드시 더 행복하지는 않다는 걸 알면 당신이 좀 행복할지 모르겠다.

우리는 모두 우리가 가진 것에 '습관화'된다. 새 차나 새 TV를 사본 적이 있다면 습관화habituation를 경험해보았을 것이다. 몇 달이 지나면 흥분이 가라앉는다. 못 믿을지 모르지만, 큰 집을 소유하고 빠른 차를 몬다 해도 단지 잠깐만 아주 멋질 뿐이다. 그 누구도 남은 평생 그 기쁨을 간직하지 못한다. 우리는 모두 '현실로 돌아온다'.

모두에게 습관화가 일어난다면 긍정적인 경험이 더 오래 지속되게 만들 순 없을까? 가장 좋은 방법은 당신의 돈을 물건 대신 경험에 쏟는 것이다. 즉, 당신의 돈을 여행이나 친구를 위한 성대한 생일파티에 쓰라는 것이다. 이런 경험은 오래가는 긍정적인 기억을 남겨서 최소한 '따뜻한' 기분이 몇 년간 유지되도록 해줄 것이다.

연구자들이 이 사실을 어떻게 알아냈는지 알아보자.

원래 실험

이 실험은 별로 복잡하지 않다. 반 보벤과 길로비치는 대학생들에게 최근의 '경험적 소비', 즉 그들의 정의에 따르면 여행처럼 '일차적 목적이 인생 경험을 얻는 데 있는 소비'에 대해 떠올려달라고 하거나, TV나 자동차나 다른 물건을 구입하는 '물질적 소비'에 대해 떠올려달라고 했다.

어떤 소비 경험을 정한 뒤에는 그것에 대해 잠시 생각해보고, 그 소비로 얼마나 행복해졌는지를 알아보는 설문지에 대답했다. 물론 경험적 소비에 대해 생각해본 사람들이 더 높은 점수를 매겼다.

어서 이 실험을 재현해보자.

실험해보자!

필요한 것은 다음과 같다.

- 참가자 두 집단
- 설문지

실험 방법

A 집단: 경험적 소비

- **1단계:** 친구들에게 최근의 경험적 소비에 대해 떠올려달라고 말한다. 금액은 10만 원 이상이어야 한다. 그 소비에 정말 투자를 했다는 것을 확인하기 위해서다. 2~3만 원 쓰는 것은 '경험'으로 치지 않는다. 이상적으로는 다른 사람들과 함께 시간을 보낸 것이 좋다. 그 경험에 대해 잠시 설명해달라고 말한다.
- **2단계:** 다음에 있는 질문을 담은 설문지를 인쇄한다. 모든 참가

자가 각자 경험에 대해 떠올리고 나면, 각 질문에 숫자 하나를 골라 동그라미를 치라고 말한다.

이 소비 경험을 떠올리면 얼마나 행복한 기분이 듭니까?

1   2   3   4   5   6   7   8   9

별로 행복하지 않음   약간 행복   매우 행복

이 소비 경험이 삶의 만족감에 얼마나 기여하고 있습니까?

1   2   3   4   5   6   7   8   9

전혀   보통   아주 많이

이 소비 경험에 대해 돈을 얼마나 잘 썼다고 생각하십니까?

1   2   3   4   5   6   7   8   9

별로 잘 쓰지 못함   약간 잘 쓴 편   아주 잘 쓴 편

이 소비 경험에 대해 쓴 돈을 다른 것에 썼으면 좋겠다고 생각하십니까? 다른 종류의 지출이 더 행복했을 것이라고 생각하십니까?

1   2   3   4   5   6   7   8   9

전혀   보통   아주 많이

- **3단계:** 모두 끝나면 종이 뒷면에 '경'이라고 써서 이 사람이 경

험적 소비에 대해 떠올렸다는 것을 표시한다. 이 집단의 구성원들에게 실험 목적에 대해 얘기해주어도 괜찮다. 실험이 다 끝날 때까지 다른 참가자들에게만 알리지 않으면 된다.

B 집단

- **1단계:** 친구들에게 최근의 물질적 소비에 대해 떠올려달라고 한다. 금액은 10만 원 이상이어야 한다.
- **2단계:** A 집단에서 쓴 것과 똑같은 설문지를 주고 각 질문에 숫자 하나를 골라 동그라미를 치라고 말한다.
- **3단계:** 모두 끝나면 종이 뒷면에 '물'이라고 써서 이 사람이 물질적 소비에 대해 떠올렸다는 것을 표시한다. 이 집단 구성원들에게 행복과 관련한 어떤 결과를 기대하고 있는지 말해주어도 된다.

실험 결과

4번 문항은 1~3번 문항과 좀 다르다는 점에 주목하자. 이 이론이 옳아서 경험적 소비가 당신을 더 행복하게 만든다면, A 집단의 사람들은 1~3번 문항에는 높은 숫자를, 4번 문항에는 낮은 숫자를 골랐을 것이다. 즉, 그들은 아마 돈을 잘 썼다고 생각할 것이다.

문항이 이런 식으로 구성되어 있으면 네 문항의 평균을 계산하기 전에 점수를 역산해야 한다. 다시 말해, 누군가 1에 동그라미를 쳤다면 그것을 9점으로 만든다. 마찬가지로, 2는 8로, 3은 7로, 4는 6으로 바꾸고, 5는 5로 남겨두고, 6은 4로, 7은 3으로, 8은 2로, 9는 1로 바꾼다. 그런 뒤 모든 점수를 합해 개인별 평균 점수를 낸다. 마지막으로 집단별 평균 점수를 구한다. 경험 집단이 높은 점수가 나올 것이다. 다시 말해 경험이 훨씬 긍정적인 효과를 미쳤을 것이다.

이 실험의 의미

무엇이 우리를 행복하게 만드는지 조금이라도 알고 있다는 것은 좋은 일이다. 제조사들은 너무 많은 물질적 물건을 내놓으며, 우리가 행복해질 것이라는 믿음을 주려 한다. 그러나 그것은 사실이 아니다. 친구나 가족과 시간을 보내는 것이 (불편한 순간이 있을 수 있지만) 훨씬 좋고 만족스러운 인생의 추억을 남겨줄 것이다. 새로운 TV는 결국 2~3년이면 구형이 되어버릴 뿐이다.

음식점에서의
설득 전략

담당 직원에게 팁 주는 걸 잊지 마세요!

- 심리 개념 **설득**
- 연구명 **손님에게 재미있는 과제를 제시하는 것과 상호성이 음식점에서의 팁에 미치는 영향**
- 원조 과학자/연구자 **브루스 라인드** Bruce Rind, **데이비드 스트로메츠** David Strohmetz (2001)

언젠가는 당신도 고객들의 팁에 의존해야 하는 직업을 갖게 되거나, 이미 가져보았을 것이다. 어떤 직업, 가령 레스토랑의 서빙 담당 직원이나 바텐더는 수입의 대부분이 팁에서 나온다. 이런 직종의 종사자들은 당연히 훌륭한 서비스를 제공하는 것 외에 무엇을 더 하면 손님들이 더 팁을 많이 내게 만들 수 있을지 아주 관심이 많다. 약간의 심리학을 빌려올 차례다.

별로 놀랍지 않겠지만, 심리학자들은 손님들이 좋은 기분일 때 팁을 더 준다는 사실을 발견했다. 서빙 직원은 손님들의 기분을 좋게 만들기 위해 무얼 할 수 있을까? 이제껏 효과가 있다고 밝혀진 몇 가지 전략이 있다.

- 영수증에 '웃는 얼굴' 그리기
- 영수증에 '웃는 얼굴' 그리고 서빙 직원의 이름 쓰기
- 영수증에 해님 그리기
- 손님의 어깨를 가볍게 터치하기
- '모방' 사용, 즉 (그냥 '알겠습니다' 하는 대신) 손님에게 주문을 다시 읽어주기
- 농담하기

이번에는 또 다른 전략이다. 손님에게 재미있고 간단한 과제를 주는 것이다. 과제가 손님을 기분 좋게 만들어서 그것이 더 큰 팁으로 이어져야 한다. 어떤 과제일까? 살펴보자.

원래 실험

라인드와 스트로메츠는 실제 음식점에서 실험을 진행했다. 연구자들과 함께 일한 서빙 직원들은 담당 테이블 몇 개를 골라서

작은 종이에 인쇄한 재미있고 단순한 과제를 나누어 주었다. 손님들은 아래 문장에서 F가 몇 개 등장하는지 세어야 했다.

FINISHED FILES ARE THE RESULT
OF YEARS OF SCIENTIFIC STUDY
COMBINED WITH THE EXPERIENCE
OF MANY YEARS.

많은 사람이 F를 3개만 찾아낸다. 실제로는 6개의 F가 있다. 왜 이렇게 많이 틀릴까? 'of'에 포함된 F는 V처럼 소리가 나서 대부분 건너뛰기 때문이다. 우리는 V 소리가 아니라 F 소리를 찾는다. 이게 당신이 경험해본 가장 재미있는 과제는 아니겠지만 약간 까다롭고 놀라워서 사람들을 유쾌하게 만들 수 있다.

이 과제를 식사 마지막에 몇몇 테이블의 손님들에게 제시했고, 다른 손님들에게는 제시하지 않았다. 연구자들은 그 후 각 테이블에서 나온 팁의 비율을 계산했다. 결과는 어땠을까? 서빙 직원이 손님에게 재미있는 과제를 주었을 때, 그 손님들이 남긴 팁은 과제를 받지 않은 테이블보다 20퍼센트나 높았다. 숫자로 말하자면, 과제를 주지 않은 서빙 직원이 한 주에 297달러를 버는 반면, 과제를 이용하면 353달러를 벌 수 있다는 뜻이다. 나쁘지 않다.

약간의 모험심을 발휘해 이 실험을 재현해보자. 하지만 이번엔 우리가 가진 모든 것을 내려놓아야 할 것이다. 두고 보시라.

실험해보자!

이런 실험을 재현하기 위한 유일한 방법은 스스로 작은 음식점을 만들어내는 것밖에 없다. 연구실 안에 만들어도 된다. 연구실이라 함은, 테이블을 1~3개 정도 놓을 수 있고 당신 스스로 카페의 서빙 직원이 될 수 있는 방을 말한다. 전체 메뉴를 전부 요리할 필요는 없도록 그냥 디저트만 제공할 것이다. 필요한 것은 다음과 같다.

- 큰 방
- 테이블 1~3개
- 과제를 인쇄한 (7×12센티미터 정도의) 메모지
- 손님이 될 피험자/친구들
- 신선하고 품질 좋은 디저트(케이크나 캔디, 싸구려 파이 같은 것은 안 된다)

실험 방법

- **1단계:** 실험실을 괜찮은 카페처럼 꾸민다. 그럴싸한 이름을 붙인다. 원형 탁자 3개에 다림질한 하얀색 테이블보를 씌워놓으

면 좋을 것이다.

- **2단계:** 피험자/친구들을 당신의 카페로 초대한다. 간단한 연구를 하고 있다거나 새로운 메뉴를 시험하는 중이라고 말해도 괜찮다.

- **3단계:** 카페에서 먹은 음식에 돈을 내야 한다고 알려준다. 그러나 몇천 원 수준이어야 한다(실험 준비에 쓴 돈을 만회하는 정도).

- **4단계:** 사람들이 도착하면 테이블마다 한 명씩 앉게 해도 되지만 3명이 한꺼번에 게임을 하면 더 즐거워할 것이다. 3명 이상은 너무 많다.

- **5단계:** 당신이 서빙 직원 역할을 한다. 각 테이블에 모두 나눠 먹을 수 있는 디저트 한 접시를 가져다준다. 마음껏 먹으라고 하고 다 먹은 뒤에 영수증을 줄 것이라고 말한다.

- **6단계:** (디저트를 사는 데 든 돈만큼 청구한) 영수증을 가지고 돌아가기 전에 피험자나 테이블을 무작위로 '과제' 집단과 '과제 없음' 집단으로 배정한다. 원하면 동전을 던져 정해도 된다. 앞면이 나오면 과제를 주고, 뒷면이 나오면 과제를 주지 않는다.

- **7단계:** 영수증을 들고 테이블로 돌아간다. 과제를 줘야 하는 테이블이면 과제를 준다. 테이블에 앉은 사람들이 과제를 풀 동안 옆에서 기다린다. 알아내지 못하면 정답을 알려준다.

- **8단계:** 영수증에 '팁을 주셔도 좋습니다' 같은 표현을 써서 피험자들에게 팁을 줘도 된다는 점을 알려준다.

- **9단계:** '과제 없음' 테이블에 영수증을 가져다줘야 할 때는 그냥 감사하다고 말하고 영수증을 준다.
- **10단계:** 돈을 받은 뒤에는 어떤 테이블에서 얼마를 받았고, 그 테이블에 과제를 주었는지 잘 기록해두어야 한다.

실험 결과

마지막 단계는 과제를 주거나 안 준 테이블에서 받은 팁을 합산해서 누가 더 많은 돈을 주었는지 보는 것이다. 아마도 원래 연구자들과 똑같은 결과를 얻을 것이다. 과제에 참여하는 것이 재미있어서 기분이 좋아진 사람들이 더 많은 팁을 남긴다.

이 실험을 더 진행해보아도 좋다(테이블을 새로 꾸미고 디저트를 사 올 시간은 필요하겠지만). 과제를 준 테이블에서 더 많은 팁을 받고 싶다면, 영수증에 당신의 이름을 쓰고 웃는 얼굴과 해님도 그려보자.

이 실험의 의미

당신이 서빙 직원으로 일하는 중이라면 이 정보가 아주 유용할 것이다. 모든 음식점과 가게 손님들은 항상 설득의 대상이 된다. 예를 들어 마트에서는 당신이 샀으면 하는 음식을 바닥이나 위쪽에 놓는 대신 눈높이에 맞춰 진열한다. 연구자들은 당신이 힘들게 번 돈을 더 많이 쓰게 만들 미묘한 전략을 찾아내기 위해 늘 고민하고 있다. 직접 이 전략을 쓰거나 아니면 당신에게 그 전략이 쓰이고 있다는 걸 아는 사실만으로도 도움이 될 것이다. 최소한 거기에 넘어가줄지 말지 결정할 수 있다.

초정상 자극

진짜 눈이 크시네요!

- 심리 개념 **초정상 자극**
- 연구명 **본능의 연구**
- 원조 과학자/연구자 **니콜라스 틴베르헌**Nikolaas Tinbergen(1951)
- 재현/확장 연구명 **초정상 자극**
- 재현 과학자/연구자 **디어드리 배릿**Deirdre Barret(2010)

 거의 모든 심리학 교과서에서 볼 수 있는 가장 유명한 사진 중 하나는 야외에서 걷고 있는 한 남자의 뒤를 오리들이 졸졸졸 따르고 있는 모습일 것이다. 새끼 오리들이 엄마 오리 뒤를 따르듯이 그의 뒤를 따라가고 있다. 이 남자는 콘라드 로렌츠 박사로서, 각인Imprinting이라는 개념을 보여주고 있다.

로렌츠와 니콜라스 틴베르헌은 많은 포유동물이 결정적 시기

(보통은 생애 초기 며칠)에는 앞에서 움직이는 커다란 물체가 있으면 그것이 무엇이든 따르게 된다('각인된다')는 사실을 발견했다. 물론 그 커다란 물체가 보통은 그들의 어미이므로 이것은 좋은 본능이다. 어미가 새끼들을 생후 몇 주 동안 지키고 이끌어주기 때문이다.

이렇게 묻고 싶을 것이다. "좋아, 귀엽네. 그런데 나랑 무슨 상관인데?" 실은 굉장히 상관이 많다. 이렇게 비정상적으로 크거나 특이한 물체에 집중하는 경향성은 당신이 식료품점에서 물건을 사도록 만드는 데 이용되고, 돈을 모금하고 싶은 사람들도 마찬가지로 이용한다. 어떻게 하는지 알아보자.

원래 실험

로렌츠는 오리들이 모든 종류의 비정상적으로 큰 물체, 예를 들어 장화 같은 것에도 각인될 수 있음을 발견했다. 커다란 물체나 유난히 밝은 색상, 또는 어떻게든 특이한 물건은 모든 종류의 동물에게 강한 호기심을 불러일으킨다.

예를 들어 틴베르헌은 어미 새들이 자기 알 중에서 제일 큰 것에 더 주의를 기울이는 경향이 있음을 발견했다. 이것은 생존의 측면에서 이해할 수 있다. 그 알에서 나온 새끼가 아마도 제일 건강하고 살아남을 가능성이 제일 높은 개체일 테니 말이다.

그래서 그들은 생각했다. 어미 새가 석고로 만든 큰 알에도 관심을 기울일까? 답은 '그렇다'이다. 어미 새가 진짜 알에도, 그렇지만 종이 다른 새가 낳은 알에도 더 관심을 쏟을까? 정말 이상하게 들리겠지만 답은 다시 '그렇다'이다.

좀 더 최근에 심리학자 디어드리 배릿은《인간은 왜 위험한 자극에 끌리는가 Supernormal Stimuli》에서 어떤 점에서든 특이한(정상적인 대상보다 크거나 더 화려한) 물체에 대한 '끌림'이, 우리가 아기나 큰 눈을 가진 동물, 너무 큰 쿠키나 견과류, 초콜릿으로 뒤덮인 큰 머핀 등에 끌리는 데 저항하기가 왜 그렇게 힘든지 설명해준다고 말했다.

이 지식이 '책장에서 잠자도록' 놔두지 말자. 이것을 이용해 돈을 모아보자.

실험해보자!

지역 동물보호센터를 위한 기부금을 모아보자. 마트에 갔을 때 동물보호센터나 다른 좋은 이유를 들어서 기부해달라는 메시지가 붙어 있는 동물 사진이 붙은 통을 본 적 있을 것이다. 작은 실험을 해보자.

이번에 필요한 것은 다음과 같다.

- 350밀리리터 정도의 커다란 유리통 2개
- 작은 메모카드 2장
- 투명 테이프
- 고양이를 찍은 작은 크기의 사진 2장
- 포토샵 같은 이미지 편집 도구(와 그것을 어떻게 사용하는지 좀 아는 누군가)
- 상점에 유리병을 놓아도 된다고 허락해줄 상점 관리자 2명

실험 방법

- **1단계:** 메모카드에 사인펜으로 '동물보호센터에 기부해주세요'라고 쓴다. 각 유리통 안쪽에 메모카드를 테이프로 붙인다.
- **2단계:** 고양이의 디지털 이미지를 구해서 아래 과정을 따라 고양이의 눈을 초정상적으로 크게 만든다.
- **3단계:** 보통 크기의 눈을 가진 고양이 사진과 초정상적으로 큰 눈을 가진 고양이 사진을 한 장씩 인쇄한다.
- **4단계:** 한 장을 한 통의 안쪽에(동물보호센터에 기부해달라는 메시지 옆에) 붙이고, 다른 사진은 다른 통 안에 붙인다.
- **5단계:** 한 통을 한 상점에 놓고 다른 통은 다른 상점에 놓는다. 한 주간 기다린 뒤에 각 통에 얼마나 많은 돈이 들어 있는지 계산해본다.

실험 결과

초정상 자극supernormal stimuli에 대한 이론이 옳다면, 큰 눈을 가진 고양이 사진이 더 많은 사람을 끌어들이고, 아마도 그 관심이 더 많은 모금으로 이어질 것이다.

물론 두 상점을 1주일 동안 이용하는 고객 수가 최대한 비슷해야 하는 것이 중요하다. 이걸 알아내기는 까다롭지만, 그게 원래 실험실 대신 '현실세계'에서 연구를 진행하는 사회과학자들이 마주한 딜레마의 세계다. 연구에 영향을 줄 수 있는 모든 가능성을 통제하기는 어렵다.

이 실험의 의미

당신이 초정상 자극에 끌린다는 사실은 모든 판매원이 당신에게 물건을 팔기 위해 이용하는 전략이다. 사실 디어드리 배럿은 이것이 오늘날 유행하는 비만의 한 이유일 것이라고 믿는다. 우리는 저항하기 어려운 진짜 매력적인 음식이 들어간 이미지를 늘 마주한다. 빵집에서 발견한 진짜 큰 쿠키도 초정상 자극이다. 눈길이 가는 것을 막기 힘들다.

물론 우리가 여기서 실험했듯이, 이 경향성을 큰 눈을 가진 고양이를 이용해 기부를 받는 것처럼 좋은 일에 쓸 수도 있다. 이 아이디어를 다음 번 자선행사에서 더 많은 물건을 팔기 위해 이용할 수도 있다. 세차 행사로 기부금을 모으려 할 때는 어떨까? '세차해드려요'라고 쓰여 있는 피켓을 드는 대신, 눈(헤드라이트)이 아주 크고 '얼굴'에 슬픈 표정을 짓고 있는 자동차 그림을 그려보자. 얼마나 많은 손님이 이런 이미지에 관심을 보이는지 알면 놀라게 될 것이다.

우리는
보고 싶은 것을 본다

그럴 줄 알았어!

- 심리 개념 **인지 부조화**
- 연구명 **강요된 순응의 인지적 결과**
- 원조 과학자/연구자 **리언 페스팅거** Leon Festinger,
  제임스 칼스미스 James Carlsmith (1959)

인정하자. 우리는 틀리는 걸 정말 싫어한다. 우리는 비일관적인 것도 싫어한다. 한때는 당신이 무언가를 긍정적으로 보다가 다른 때에는 부정적으로 생각했는데, 누군가 이 사실을 지적한다면 기분이 언짢을 것이다. 창피한 느낌이 들고, 이제 마음을 바꿨다거나 예전에 내가 말한 게 틀렸다고 말하는 데에는 많은 용기가 필요하다.

우리는 이 이상하지만 강력한 특징 때문에 아주 이상한 것들을 믿게 될 수도 있다. 페스팅거와 칼스미스는 심리학 전체를 따져봐도 손꼽히게 복잡하고 직관에 반하는 연구를 수행했다. 두 사람은 누군가 자기 자신을 부정해야 하는 상황을 만들어내면 어떤 일이 발생할지 알아보았다. 그런데 이런 상황을 어떻게 만들어낼까?

원래 실험

페스팅거와 칼스미스는 먼저 아주 지루한 활동을 생각해냈다. 참가자들에게 (실이 감기지 않은) 실패 12개를 주고, 실패를 쟁반 위에 놓았다가, 쟁반에서 꺼내고, 다시 쟁반에 올려놓으라고 했다. 그것도 30분간이나! (진짜 지루했겠다!)

이제 더 심해진다. 먼저 실패를 치운 다음 참가자 앞에 나무막대 48개가 꽂힌 보드판을 놓아준다. 참가자는 첫 번째 막대를 시계 방향으로 90도만큼 돌리고, 그다음 막대로 넘어가 시계 방향으로 90도 돌린다. 마지막 막대까지 가면 첫 번째 나무막대로 돌아가서 이렇게 돌리는 작업을 다시 시작한다. 이 작업도 30분 동안 이어졌다. 왜? 페스팅거와 칼스미스는 참가자들이 진짜 지겨운 경험을 하길 원했기 때문이다. 그리고 성공했다.

다음이 좀 까다롭다. 참가자가 작업을 끝내고 나면, 다음 참가자가 다른 방에서 기다리고 있는데 실험자의 조교가 그날 안 나왔다고 말했다. 그래서 대신 다음 참가자에게 가서 실험이 아주 재미있었다고 말해달라고 부탁했다. 일부 참가자는 이렇게 말하는 대가로 1달러를 받았고, 다른 참가자들은 20달러를 받았다.

기다리고 있던 다음 사람에게 말을 해주고 나면, 참가자는 또 다른 방에 가서 짧은 설문지를 작성하고 떠났다. 설문지에는 실험 과제가 얼마나 재미있었는지 평가하는 문항도 있었다.

어떤 일이 일어났을까? 20달러를 받은 참가자들은 과제가 정말, 정말 재미없었다고 말했다. 1달러만 받은 사람들은 그렇게 나쁘지 않았다고 응답했다.

이 결과는 페스팅거와 칼스미스가 몇몇 사람들이 자신을 부정하게 만드는 데 성공했음을 의미한다. 그들은 정말 지루한 일을 했지만, 다른 누군가에게 그것이 정말 재미있었다고 말해야만 했다. 20달러를 받은 사람들은 그런 거짓말을 할 만한 핑계가 있었다. 자기 생각과 다른 말을 하는 데 대해 상당한 대가를 받았기 때문에 마음에 별로 부담이 되지 않았다.

1달러를 받은 사람들은 고작 1달러에 거짓을 말해야 한다는 불편함에 시달렸다. 이 불편함이 페스팅거와 칼스미스가 '인지 부조화cognitive dissonance'라고 부르는 것이다. 참가자들은 그 과제가 사실은 그렇게 나쁘지 않았다고 자신을 설득함으로써 불편감을 해소해냈다.

당신은 이렇게 말할지도 모른다. "그래, 정말 이상한 연구네. 근데 이게 나랑 무슨 상관이야?" 사실 굉장히 상관이 있다. 당신 자신과 다른 사람들에게 한번 증명해보자.

필요한 것은 다음과 같다.

- 친구 한두 명
- 컴퓨터

실험 방법

- **1단계:** 친구에게 최근에 구매한 물건에 대해서 물어본다. 그 물건을 산 다른 사람들의 후기가 있는 사이트에서 온라인으로 산 것이면 더 좋다. 가격이 50달러 이상이면 좋겠지만, 꼭 그럴 필요는 없다.
- **2단계:** 친구와 함께 컴퓨터 앞에 앉아서 구매 후기를 살펴본다. 긍정적인 것과 부정적인 것 모두. 긍정적인 후기가 많다면 몇 개를 읽은 뒤에 곧장 부정적인 후기로 넘어간다. 친구들이 부정적인 후기에 대해 뭐라고 말하는지 잘 들어보자.

당신이 보게 될 결과는 이렇다. 친구들은 부정적인 후기를 신뢰하지 않을 이유를 찾아낼 것이다. "이 사람 횡설수설하네" 또는 "이 후기는 말도 안 되는데" 같은 말을 듣게 될지 모른다. 친구들은 부정적인 후기를 꼼꼼히 읽으면서 비판할 거리를 찾아내려 할 것이다. 하지만 자신처럼 그 물건을 사고 마음에 들어 한 사람들은 아주 현명하다고 평가할 것이다.

왜 이러는 걸까? '결정 후 부조화' 때문이다. 우리는 실수를 저질렀다는 생각을 하길 싫어한다. 일단 어떤 물건을 샀다면 선택을 잘했다고 생각하고 싶고, 그게 나쁜 선택이었다고 말하는 후기는 실제 일리가 있는지 없는지와 상관없이 틀렸다고 믿고 싶어 한다.

이것을 시험해보기 위한 또 다른 방법은(이번엔 돈이 좀 들 수 있다) 일상생활에 필요한 그리 비싸지 않은 (예를 들어 샴푸 같은) 물건 3종류를 사는 것이다. 친구들에게 세 브랜드의 물건을 하나씩 보여준다. 셋 중 원하는 것을 하나 가질 수 있다고 말한다. 하나를 선택하고 나면 컴퓨터를 켜서 아마존 같은 쇼핑사이트에 들어가 후기를 읽게 한다. 이번에도 친구들이 긍정적인 후기(자신의 선택에 동의한 사람들)를 좋아하고 부정적인 후기를 싫어한다는 점을 발견할 것이다.

누구라도 자기 자신에게 솔직한 것이 가장 중요하다고 말한다. 그러나 우리는 종종 그렇지 못하다. 나 자신과 내가 내린 결정을 좋게 여기고 싶은 욕망은 아주 강력하다. 반대로 내적 갈등은 피하고 싶어 한다. 이러한 욕망이 너무나 강렬해서 우리는 종종 현실을 살짝 '왜곡한다'.

우리는 좋은 자아상에 부합하는 사실, 내가 옳은 결정을 했다고 지지해주는 사실에 초점을 맞춘다. 자기 자신에게 솔직해지는 데에는 약간의 용기와 어쩌면, 정말로 어쩌면 내가 실수했을지도 모른다고 인정하는 겸손이 필요하다.

25

로르샤흐의
잉크 반점

보이는 걸 말해주세요

- 심리 개념 **성격검사/투사검사**
- 연구명 **정신진단법**
- 원조 과학자/연구자 **헤르만 로르샤흐** Hermann Rorschach (1948)

우리 마음속에 심리학이라는 분야를 대표하는 것으로 각인된 몇 가지 상징이 있다. 그중 하나는 악명 높은 흑백의 '꽃병/얼굴' 그림이다. 그림의 어느 부분에 집중하느냐에 따라서 다른 대상을 보게 된다. 다른 유명 상징으로 당연히 잉크 반점도 있다. 오늘날 심리학자들은 1921년 헤르만 로르샤흐가 개발한 이 잉크 반점을 더 이상 잘 사용하지 않는다. 로르샤흐가 개발한 실제 잉크 반점들을 인터넷에서 공개적으로 볼 수 있게 된 뒤로는 특히나 그렇다.

심리학자들이 보는 잉크 반점의 주요 문제는 낮은 '평가자 간 신뢰성'이라고 부르는 것이다. 이것은 어떤 잉크 반점을 누군가에게 보여주고 그들이 "박쥐 같아요"라고 말했을 때, 그 반응이 그 사람에 관해 정확히 무엇을 말해주는지에 대해서 모든 반점 해석자들이 동의하지 못한다는 뜻이다. 누군가가 자기가 본 모든 잉크 반점에서 성적인 이미지를 본다면, 그 사람은 분명히 섹스에 대해 많이 생각하고 있을 것이다. 그러나 이런 경우는 드물다. 대개는 반점마다 완전히 똑같은 것들을 본다. 그렇지만 적어도 한 가지 개념은 일리가 있는 듯하다. 이 모호한 그림들을 보고 뭐가 보이는지 말할 때 내면의 자아 일부분을 '투사project'한다는 것 말이다.

실은 잉크 반점 해석에는 아주 복잡한 채점 방식이 있다. 이 방식은 그저 쥐나 박쥐를 보느냐 마느냐의 문제를 훨씬 넘어선다. 평가자들은 그 물체에서 움직임을 보는지, 색깔이 있는 부분을 보는지(모두 흑백 반점인 것은 아니다), 전체 반점 중 얼마만큼에 주목하는지, 이미지 중 얼마나 많은 부분에 주목하는지, 그 반점을 본 다른 사람들의 대답과 비교해 얼마나 흔한지 등을 본다. 아주 많은 훈련을 해야 정확한 평가를 내릴 수 있다. 영화에서 보는 것처럼 '딱 보면 아는' 종류의 분석이 아니다.

그러므로 이 잉크 반점들을 제대로 평가하기 위해서는 평가자가 세부 사항에 주목해 중요하지 않은 것들을 가려내야 한다. 이 번 실험에서는 중요하지 않은 사항 하나(그 사람의 이름)가 그 검 사에 대한 누군가의 반응을 잘못 해석하게 만들 수 있는지 알아 볼 것이다.

원래 실험

헤르만 로르샤흐는 지그문트 프로이트가 창시한 정신분석을 공부했다. 프로이트는 인간은 누구나 자신의 감정을 다른 사람이 나 사물에 '투사'하는 경향성이 있다고 믿었다. 자신이 불편함을 느끼는 생각이나 감정이 있을 때 오히려 다른 사람이 그것을 생 각하거나 느끼고 있다고 상상할 수 있다는 뜻이다.

예를 들어서 부모님 중 한 분이 한 어떤 일 때문에 아주 화가 났다고 생각해보자. (아마도 프로이트는 이 감정은 무의식적이라고 말 하겠지만) 당신은 부모님에게 화를 내면 옳지 않다고 느낄 수도 있 다. 그래서 화가 난 사람이 '당신'에게 화가 난 '부모님'이라고 생 각할 수도 있다. 당신이 느끼는 분노를 집어 들어서 교실의 프로 젝터가 빛을 쏘듯이 다른 사람에게 투사하는 것이다.

이것이 잉크 반점 검사와 다른 '투사적' 검사 뒤에 숨겨진 생각 이다. 모호한 그림이나 과제('이 종이 위에 사람을 그려보세요' 따위) 를 내주는 이유는 무엇일까? 모호한 그림에서 당신이 본 것 또는 당신이 그린 것에 대해 정신분석가나 심리학자에게 말한 내용이 당신의 성격에 관한 무언가를 드러내줄 것이라는 기대 때문이다.

이런 반점이 정신질환이 있는 사람들을 찾아내는 데 도움이 되는지에 관해 오랜 세월 상당한 논란이 이어져왔지만, 일반적으로 종합적인 채점 방식(보통 존 엑스너John Exner가 개발한 것을 사용한다)을 도입했을 때는 검사가 상당히 믿을 만하게 보인다고 이야기한다. 그러나 이 검사 하나만 사용하는 경우는 거의 드물다. 심리학자들은 항상 로르샤흐 검사 결과를 다른 여러 검사 및 면담 내용과 함께 고려한다.

실험해보자!

물론 친구들에게 정신질환이 있는지 확인해보는 연구를 할 수는 없다. 그런 건 전문가들 몫이다. 그러나 이 잉크 반점들에 대해 오랫동안 걱정해온 문제를 살펴볼 수는 있을 것이다. 검사 해석자들이 검사 결과를 객관적으로 채점할까, 아니면 환자들처럼 어떤 이의 반응에서 자신이 보고 싶은 것을 볼까?

이번 실험의 피험자들에게 잉크 반점 몇 장을 보여주고 이 반점들에 대한 실제 사람들의 반응도 몇 개 보여줄 것이다. 다만 우리는 이런 반응에 다른 이름을 붙일 것이다. 많은 연구에서 어떤 이름(줄리Julie, 리처드Richard, 그레고리Gregory 등)은 '이상적으로 들리

는' 반면 호레이스Horace, 에드먼드Edmund, 로더릭Roderick 같은 이름
은 덜 긍정적으로 받아들여진다고 보고되었다.

필요한 것은 다음과 같다.

* 로르샤흐 I, IV, V번 그림의 복사본(이에 대해서는 다시 다룬다)
* 참가자 두 집단
* 참가자들이 쓸 척도 평가지
* 참가자들이 쓸 필기구

실험 방법

* **1단계:** 위키피디아 사이트에 가서 검사에 사용되는 실제 잉크
  반점 그림을 찾는다('로르샤흐 검사Rorschach test'로 검색한다). 이제
  이 이미지들은 누구에게나 개방되어 있어서 10가지 그림을 모
  두 다운로드할 수 있다. I, IV, V번 카드(즉, 1, 4, 5번)의 그림을
  내려받는다.
* **2단계:** 각 그림을 한 장씩 인쇄한다. 너무 크지 않게 인쇄한다.
  종이 아래쪽에 가상의 이름을 적고 그 가상의 인물이 잉크 반
  점에 대해 말한 반응을 몇 가지 적을 공간이 있어야 한다(3단계
  를 보라). 이 그림들을 1, 2, 3이라고 부르자. 종이 뒤쪽에 그림
  의 번호를 적는다.
* **3단계:** 반점 그림 아래에 다음과 같이 적는다.

1. 1번 그림 아래에 적는다. '가면이요. 아니면 동물 얼굴일 수도 있겠고요. 아니면 핼러윈 호박등.'
2. 2번 그림 아래에 적는다. '괴물처럼 보이네요. 아니면 고릴라가 막 공격하려는 참이거나.'
3. 3번 그림 아래에 적는다. '그림 위쪽에 있는 저건 가위 같습니다. 아니면 나한테서 달아나고 있는 사람 2명 같기도 하고요. 아래쪽 좌우에 있는 건 악어 머리 같습니다.'

여기 제시된 반응은 약간 특이하고 어쩌면('어쩌면'이다) 그 사람이 문제를 겪고 있음을 나타낼지도 모른다. 이 답을 긍정적이거나 부정적인 이름과 결합하여 그가 얼마나 '안정적'인 사람 같은지 피험자들에게 물어보자.

A 집단: 긍정적인 이름 집단

- **1단계:** 1번 그림의 반응 밑에 '줄리'라고 쓴다.
- **2단계:** 2번 그림의 반응 밑에 '리처드'라고 쓴다.
- **3단계:** 3번 그림의 반응 밑에 '그레고리'라고 쓴다.
- **4단계:** 종이 맨 아래에는 다음 척도 위 숫자 하나에 동그라미를 쳐서 답하게 한다.

이 잉크 반점에 대한 반응을 볼 때,
이 사람이 얼마나 불안정하다고 생각합니까?

매우 안정적　　**1 2 3 4 5 6 7 8 9 10**　　매우 불안정

B 집단: 덜 긍정적인 이름 집단

- **1단계:** 1번 그림의 반응 밑에 '호레이스'라고 쓴다.
- **2단계:** 2번 그림의 반응 밑에 '에드먼드'라고 쓴다.
- **3단계:** 3번 그림의 반응 밑에 '로더릭'이라고 쓴다.
- **4단계:** A 집단과 마찬가지로 각 그림의 맨 아래에서 다음 척도 위 숫자 하나에 동그라미를 쳐서 답하게 한다.

이 잉크 반점에 대한 반응을 볼 때,
이 사람이 얼마나 불안정하다고 생각합니까?

매우 안정적　　**1 2 3 4 5 6 7 8 9 10**　　매우 불안정

- **5단계:** 피험자들이 세 잉크 반점 모두에 대해서 숫자를 하나씩 고르고 나면 연구가 끝난 것이다.

실험 결과

아마도 피험자들이 덜 긍정적으로 들리는 이름을 지닌 사람들

에게 더 낮은 '안정성' 점수를 주었다는 걸 발견할 것이다. 가상 인물의 정신건강에 대한 판단이 이름이라는 전혀 관계없는 사실 때문에 흔들렸다.

이 실험의 의미

로르샤흐 검사에는 특정한 정신질환으로 고통받는 사람들을 구별해낼 수 있는 능력이 정말 있는 것 같지만, 아주 중요한 사실 3가지를 늘 기억해두어야 한다.

첫 번째는 로르샤흐 검사를 절대 단독으로 사용하지 않는다는 것이다. 어떤 사람이 반점에서 보는 형상은 항상 그에 관한 다른 정보와 함께 살펴보아야 한다.

둘째, 로르샤흐 검사 채점은 그 그림을 보고 제목 하나를 정해내는 것보다 훨씬 복잡하다. 텔레비전에서는 누군가가 "나비가 보여요"라고 말하는 장면만 나오지만, 로르샤흐 검사의 채점 방식은 그 사람이 본 핵심적인 대상 외에도 다른 모든 정보를 포함한다.

마지막으로, 잉크 반점을 채점하는 사람은 신중하게 훈련받아야 한다. 보통 사람들이 쉽게 영향을 받는 것, 이를테면 환자의 이름 따위에 영향을 받아서는 안 된다.

26

전화 통화가
실제 대화와 다른 점

지금은 좀 곤란합니다

- 심리 개념 **부주의 맹시**
- 연구명 **가상현실 운전에서 동승자 또는 통화 상대와의 대화**
- 원조 과학자/연구자 **프랭크 A. 드루스**Frank A. Drews,
  모니샤 파스파티 Monisha Pasupathi, **데이비드 L. 스트레이어**David L. Strayer[2008]
- 재현/확장 연구명 **보이지 않는 고릴라**
- 재현 과학자/연구자 **크리스토퍼 차브리스**Christopher Chabris,
  대니얼 사이먼스 Daniel Simons[2010]

 유튜브 누적 조회 수 2천400만 건. 2008년에 소위 '보이지 않는 고릴라' 영상이 업로드된 뒤 받은 관심을 보여주는 수치다. 아직 보지 않았다면 보고 싶어질지도 모른다. 그렇다면 지금 당장 보라. 내가 바로 다음 문단에서 결말을 얘기할 테니까. 나는 분명히 경고했다.

연구자들이 한 일은 이것이다. 당신은 약 30초 길이의 영상 속에서 대학생 6명이 복도에서 농구공 2개를 패스하는 모습을 보게 된다. 학생 3명은 하얀색 티셔츠를 입었고 3명은 검은색을 입었다. 이 영상을 보기 전에 하얀색 티셔츠를 입은 학생들에게 주목해서 그들이 공을 몇 번 주고받는지 세어보라는 과제를 받는다. 아주 단순하다.

믿기 힘든 것은 대부분의 사람이 영상 중간에 고릴라 분장 의상을 입은 누군가가 농구공을 던지고 있는 학생들 사이를 걸어 지나간다는 사실을 놓친다는 점이다. 도대체 어떻게 고릴라 옷을 입은 사람을 못 볼 수가 있겠는가? 하지만 거의 모든 사람이 놓치고 만다.

이것을 '부주의 맹시inattention blindness'라고 부른다. 처음에 (하얀색 티셔츠를 입은 사람들이 공을 주고받은 횟수를 세는 것 같은) 약간 복잡한 무언가에 집중하면 우리 뇌는 관심이 있는 것 외의 다른 모든 것은 희미하게 만들어서 그 과제에만 집중하게 만드는 경향이 있다. 무언가 이상한 일이 벌어지리라는 기미조차 없었고 그 장면에서 고릴라가 걸어 나오리라곤 기대하지 않았기에, 너무 집중하는 바람에 아주 분명한 사실조차 놓치게 되는 것이다.

또 다른 예시가 있다. 대학생들에게 휴대전화로 전화 통화를 하는 동안 캠퍼스의 이쪽에서 저쪽으로 걸어가달라고 부탁했다. 그들 중 많은 수가 외발자전거를 타는 광대를 알아채지 못했다. 외발자전거를 탄 광대를 못 보다니?

연구자 드루스, 파스파티, 스트레이어는 사람들이 전화 통화를 하면서 가상운전 기계로 운전을 했을 때, 조수석에 앉은 사람과 비슷한 대화를 나눈 경우보다 운전 실수를 더 자주 저지른다는 점을 발견했다. 왜 이런 일이 일어날까? 대화는 대화일 뿐인데. 아닌가?

알다시피 통화 상대방은 당신이 맞닥뜨린 운전 상황이 어떤지 전혀 알 수 없다. 그들은 그냥 집 소파에 앉아 있을 수도 있다. 그러나 당신의 동승자는 당신 주변 상황을 정확하게 볼 수 있다. 앞에 복잡한 교차로가 있는지, 아니면 앞의 차가 방향을 바꾸는지, 길 옆에서 한 무리의 사람들이 걸어가고 있는지. 동승자는 그런 상황에서는 말을 멈추거나 그쪽으로 당신의 주의를 돌릴 것이다. 이 때문에 당신에게는 상황을 빠져나가는 데 필요한 시간과 '인지 자원'이 생긴다. 그러나 수화기 너머의 친구는 이런 것들을 볼 수 없다. 즉 당신이 주변 상황에 훨씬 많은 주의를 기울여야 한다는 뜻이다. 생각 자체도 훨씬 많이 해야 한다. 그래서 하얀색 티셔츠를 입은 사람들이 던지는 공 횟수를 세려고 할 때처럼 무언가를 놓치게 된다. 사고가 날 확률도 높아진다.

'고릴라' 연구도 꽤 직접적으로 재현할 수 있다. 친구 6명이 복도에서 서로에게 공을 패스하는 30초짜리 영상을 찍는다. 그중 3명은 검은 티셔츠를 입고 3명은 하얀 티셔츠를 입어야만 한다. 물론 고릴라 의상도 빌려서 농구공을 주고받는 게임 사이로 일곱번째 친구가 걸어 지나가게 해야 한다. 친구들에게 비디오를 보여주고 하얀 옷 팀이나 검은 옷 팀 사람들이 공을 몇 번 주고받았는지 세어보라고 한다. 아마 그들 중 누구도 영상 중간에 "뭐야, 웬고릴라가 나왔어?"라고 말하지 않을 것이다.

이번에는 운전에 관해 아주 중요한 사실을 알려줄 무언가를 해보자. 드루스와 동료들이 한 연구를 재현하는 것이다. 이 실험을 하려면 스마트폰을 잘 이용해야 한다. 필요한 것은 다음과 같다.

- 스마트폰(엑스박스나 플레이스테이션 게임기를 사용해도 된다)
- 가상 운전 게임
- 함께 이야기를 나눌 친구
- 스톱워치

아이튠즈와 안드로이드의 앱스토어에 모두 무료(광고는 있지만)운전 시뮬레이션 앱이 있다. 마음에 드는 것을 다운로드해도 되지만 운전 실수를 기록해주는 앱이라면 더욱 좋을 것이다.

실험 방법

A 집단: 직접 대화

- **1단계:** 테이블에 앉은 뒤 친구를 옆에 앉힌다.
- **2단계:** 10분간 서로 이야기 나눌 주제를 하나 정한다.
- **3단계:** 운전 게임을 시작한다. 주변에 통행하는 차들과 신호등이 있는 등등, 꽤 복잡한 운전 코스로 선택해야 한다. 스톱워치를 시작한다.
- **4단계:** 함께 당신이 운전하는 것을 보면서 친구에게 말을 시켜달라고 한다.
- **5단계:** 10분간 운전을 하면 '실험' 끝이다.

B 집단: 전화 통화

- **1단계:** 10분간 친구와 서로 이야기 나눌 주제를 하나 정한다.
- **2단계:** 운전 게임을 시작한다. 주변에 통행하는 차들과 신호등이 있는 등등, 꽤 복잡한 운전 코스로 선택해야 한다.
- **3단계:** 친구에게 전화를 걸어달라고 부탁한다. 스마트폰으로는 운전 게임을 하고 있으니 아마 집 전화로 걸어달라고 해야 할 것이다. 전화기를 스피커폰으로 돌리고 운전 게임을 하는 동안 옆에 놔둔다. 스톱워치를 시작한다.

- **4단계:** 10분간 운전을 하면 '실험' 끝이다.

실험 결과

운전 게임에서 10분간 운전하는 동안 실수한 횟수를 세어주거나 점수를 알려준다면, 전화로 친구와 이야기를 나눌 때 운전 실력이 더 나빠졌음을 발견할 것이다.

이 실험의 의미

우리는 대개 '대화는 대화다'라고 생각한다. 그리고 당신이 운전을 하는 동안 대화를 나누는 사람이 수화기 너머에 있는지 차안 조수석에 앉아 있는지는 상관없다고 생각한다.

그렇지 않다. 운전하는 동안 전화 통화를 하는 것은 상대방이 바로 옆에 있을 때보다 더 위험하다. 운전할 때는 이 점을 염두에 두자. 긴 이야기는 집에 도착한 뒤로 미뤄서 길 위의 상황에 주의를 집중하도록 한다.

일어난 적 없는 일을 기억하다

내가 봤다고요! 아마도요……

- 심리 개념 **오기억**
- 연구명 **오기억의 창조: 목록에 제시되지 않은 단어 기억하기**
- 원조 과학자/연구자 **헨리 L. 뢰디거 3세** Henry L. Roediger III, **캐슬린 B. 맥더모트** Kathleen B. McDermott (1995)

심리학자들이 사랑하는 연구 주제가 있다면 단연 기억이다. 이 인기에는 2가지 이유가 있다. 하나, 기억 연구는 어렵지 않다. 그저 참가자들에게 외워야 할 목록을 주고 잠깐 기다렸다가 기억나는 것을 적으라고 하면 된다. 멋들어진 기계가 필요한 것도 아니다. 둘, 연구를 통해 알아내는 사실이 사람들이 자신의 기억에 대해 기대하는 것과 너무 모순된다. 사람들은 자신이 보았다고 믿는 것에 확신을 갖지만, 기억의 정확성에 대한 증거는 그렇게 자신만만해선 안 된다고 시사한다. 기억을 속이기가 얼마나 쉬운지 보여주는 사례를 살펴보자.

원래 실험

당신을 어떤 방으로 데리고 가서 이제 단어 12개를 읽어줄 테니 나중에 기억해서 다시 말해줘야 한다고 말한다면 어떨까? 말한 대로 먼저 단어 12개를 소리 내어 읽어준 뒤에 종이와 연필을 주고 기억할 수 있는 만큼 최대한 많이 써달라고 요청한다.

뢰디거와 맥더모트는 바로 이것을 통해서 몇 가지를 알아냈다. 첫째, 당연하게도 사람들은 처음 들은 단어(초두효과라고 부른다)와 마지막에 들은 단어(최신효과라고 부른다)를 제일 잘 기억하는 편이다. 연구자들은 약간 까다로운 것도 발견했다. 특정하게 연관된 단어들 말이다. 이 단어 목록을 보자. 테이블, 앉다, 다리, 자리, 부드럽다, 책상, 팔걸이, 소파, 나무, 쿠션, 휴식, 스툴. 이것들은 모두 가구와 관련되어 있다. 참가자들에게 이런 단어를 읽어주자 의자, 앉다, 다리 같은 단어들을 기억하고(목록의 첫 3개) 마지막 3개인 쿠션, 휴식, 스툴도 잘 기억했다.

실은 여기 속임수가 있다. 책에서 눈을 떼고 이 문제에 답해보자. 목록에 '의자'란 단어가 있던가? 많은 사람이 그렇다고 답했지만 정답은 '아니요'이다. 단어들이 서로 연관되어 있기에 '의자'

같은 단어가 목록에 있었을 것이라고 가정한다. 여기 다른 단어 목록도 보자. 여왕, 영국, 왕관, 왕자, 조지, 독재자, 왕궁, 왕좌, 체스, 통치, 신하, 군주, 왕족, 지도자, 재위. 이제 다시 책을 보지 말고 다음 질문에 답해보자. 목록에 '왕'이 있었는가? 내가 여기서 무슨 짓을 하는지 알았으니 '아니요'라고 답할 텐데, 그게 옳다. '왕'은 없었다. 그러나 실제로는 많은 사람이 있었다고 대답했다.

이 연구는 우리의 기억이 정확하게 기억하는 것과 보았다고 생각하는 것의 혼합물이라는 점을 보여주었다. 친구들과 당장 재현해볼 만한 실험이 있다.

실험해보자!

이 실험에 필요한 것은 다음과 같다.

- 참가자 2~4명
- 서로 연관된 단어 12개 또는 15개 목록
- 질문 3개가 있는 질문지(참가자마다 한 장씩)
- 참가자를 위한 필기구

앞에서 나온 가구나 군주제와 연관된 단어 목록을 써도 괜찮고, 아래의 거미와 연관된 목록을 써도 된다. 이것도 뢰디거와 맥더모트가 사용한 것이다.

- 그물
- 절지류
- 징그럽다
- 곤충
- 기다
- 동물
- 벌레
- 타란툴라
- 혐오
- 공포
- 독
- 더듬이
- 파리
- 물다
- 작다

참가자가 대답해야 할 질문은 이것이다.

1. 기억나는 대로 단어를 쓰시오.
   (이 질문 뒤에 단어를 쓸 수 있게 여백을 남겨둔다.)

2. _____이(가) 목록에 있었습니까?

   절대로 없었다   **1 2 3 4**   분명히 있었다

3. _____이(가) 목록에 있었습니까?

   절대로 없었다   **1 2 3 4**   분명히 있었다

실험 방법

- **1단계:** 단어 목록을 참가자들에게 읽어준다.
- **2단계:** 피험자들에게 기억이 나는 만큼 최대한 많은 단어를 적게 한다(집단으로 진행한다면 다른 사람의 답을 보지 못하게 한다).

- **3단계:** 질문 2번과 3번을 읽어주는데, 빈칸을 채워서 읽어준다. 2번 질문에는 분명히 목록에 있던 단어로 빈칸을 채운다. 3번 질문에는 목록에 분명히 없던 단어를 넣어 읽는다. 목록에 분명히 있던 단어는 약간의 불확실성을 주기 위해 목록 중간에 있는 것으로 고른다. 거미와 연관된 목록이라면 '기다'를 쓸 수 있을 것이다. 집 안 가구 목록에서는 '책상'처럼 목록 중간에 나타났던 단어를 말할 수 있을 것이다.

3번 질문을 위해서는 목록에 있어야 할 것 같지만 실제로는 없던 단어를 고른다. 거미와 연관된 목록이라면 '거미'를 말한다. 이것은 목록에 없었다. 가구 목록이라면 '의자'를 말한다. 역시 목록에 있어야 할 것 같지만 없었다.

실험 결과

피험자들은 대부분 그렇듯이 읽어준 단어 가운데 처음과 마지막 단어를 더 잘 기억할 것이다. 여기에는 신기할 것이 없다. 2번 질문에서는 좀 망설이겠지만, 대부분 3이나 4에 동그라미를 칠 것이다(그 단어가 목록에 있었다고 생각하고, 실제로도 있었다). 3번 질문에서는 그 단어가 목록에 없었는데도 3이나 4에 동그라미를 친 사람들이 많을 것이다. 물론 목록을 더 읽어주고 다른 '빈칸 채우기' 질문을 넣어서 조금 약하게 연관된 단어가 목록에 있었는지 물어보는 것도 괜찮다. 예를 들어 가구 목록에서 뢰디거와 맥더모트는 '카우치couch'가 목록에 있었는지 물어보았다. 실제로 없었지만, 피험자들은 아마 머리를 쥐어뜯으며 고민할 것이다.

이 실험의 의미

이 실험은 사람들이 확신하지만 실은 일어나지 않은 일에 대한 기억을 만들어내기가 얼마나 쉬운지 보여준다. 우리의 기억은 사진과 같지 않다. 우리는 기억을 '꺼낼' 때 그 기억에 덧붙여 아마 일어났으리라고 생각하는 것을 더한다.

방금 들은 단어 목록을 떠올리는 행위와 강도사건이나 교통사고 상황을 떠올리는 것은 많이 다르다고 말할지도 모른다. 뢰디거와 맥더모트도 동의한다. 그렇지만 두 사람은 이 연구가 기억력 검사를 받는다는 사실을 아는 사람들에게조차 오기억을 만들어낼 수 있음을 보여준다고 지적한다. 그래도 사람들은 여전히 확신하며 실수를 저질렀다. (교통사고처럼) 아주 짧은 시간 동안 일어난 깜짝 놀랄 상황에 대한 기억이 더 정확할 이유가 무엇인가?

변화를 놓치는
이유와 상황

어떻게 저걸 몰랐지?

- 심리 개념 **변화맹**
- 연구명 현실세계에서 상호작용 중 사람들에게 일어난 변화 감지의 실패
- 원조 과학자/연구자 **대니얼 J. 사이먼스**Daniel J. Simons,
  대니얼 T. 레빈 Daniel T. Levin(1998)

진짜일 것 같지만 실제로는 아니었던 상황을 발견한 심리학자들이 더 있다. 상황은 이렇다. 길거리를 지나가는데 누군가가 길을 물어본다. 발걸음을 멈춘다. 아주 잠깐 주의력이 분산되고, 그 사람을 다시 보았을 때 아무 변화도 느끼지 못한다. 사실 당신은 지금 완전히 다른 사람과 이야기를 나누는 중이다. 그래도 당신은 사람이 바뀌었다는 생각조차 하지 않는다. 말도 안 되는 일이라고? 왜 이런 일이 일어나는지,

이 이상한 현상을 어떻게 다시 만들어낼 수 있을지 알아보자.

원래 실험

사이먼스와 레빈은 아주 단순한 실험을 했다. 물론 두 사람은 대학교 캠퍼스에서 실험을 했다(이 책에서 아주 자주 보는 장면일 것이다). 시나리오는 이렇다. 한 사람이 캠퍼스 한가운데서 지도를 들고 서 있다. 아마 길을 잃은 것 같다. 당신에게 길을 물어본다. 당신은 멈춰 서서 도와주기로 한다. 그를 도와주려고 멈춘 지 채 1~2초가 지나지 않아 두어 명의 사람들이 "잠시만요!" 하고 말하면서 커다란 문짝을 든 채 무례하게 당신들 두 사람 사이로 비집고 지나간다. 이 때문에 당신은 잠깐 상대방을 보지 못한다.

문짝을 옮기는 사람들이 지나간 뒤, 당신은 길을 잃은 사람을 계속 도와준다. 당신이 깨닫지 못한 것은 이상한 '변화'가 일어났다는 점이다. 당신의 시야가 가려진 동안, 당신이 도와주던 길 잃은 사람이 완전히 다른 사람으로 바뀌어서 아무 일도 없었다는 듯 당신과 이야기를 이어나갔다. 많은 경우에 피험자들은 전혀 다른 점을 느끼지 못했다. 이것이 바로 '변화맹change blindness'이다.

변화맹이 일어나는 이유에는 몇 가지가 있다.

- **평범한 상황이다.** 주변에서 아무 위험도 감지하지 못한다. 당신

은 그저 한 곳에서 다른 곳으로 걸어가고 있을 뿐이어서 이상한 일을 기대하지 않는다. 각성 수준이 낮다.

- **이러한 상황에 대한 '각본'이 있다.** 당신은 '캠퍼스에서 길을 잃은 사람'을 발견한다. 그의 지도를 보고, 그가 가야 할 방향을 알려주고, 다시 길을 가게 될 것이다. 이미 마음속에 이 각본이 있기 때문에, 무슨 일을 해야 할지 별로 신경 쓰지 않는다.

- **그 사람은 당신의 '외집단' 중 한 명이다.** 사이먼스와 레빈은 당신이 돕고 있는 사람이 당신의 '사회 정체성'에 해당하는 사람이 아닐 가능성이 높을 때 변화맹이 일어날 확률이 특히 높다는 사실을 발견했다.

우리는 모두 사회 정체성이 있다. 우리가 소속된 집단은 여럿이다. 이 연구에서는 대학생들이 피험자였다. 그들은 자기 자신을 '대학생'으로 생각한다. 이 변화맹은 도움이 필요한 사람이 분명히 학생이 아닐 때 특히 잘 일어났다.

한 실험에서 사이먼스와 레빈은 길을 잃은 사람을 건설노동자처럼 입혔다. 이 경우 대학생에게 그는 확실히 '외집단 구성원'이다. 우리는 외집단 구성원에게는 내가 속한 집단의 구성원에게보다 관심을 덜 쏟는 경향이 있다. 주의를 덜 기울이면 당신이 알아차리지 못하는 이상한 일이 일어날 수 있다. 실제 학생들도 방금 이야기를 나누고 있던 건설노동자가 완전히 다른 건설노동자로 바뀌더라도 전혀 알아차리지 못할 가능성이 높았다.

물론 사이먼스와 레빈은 이 변화맹에 한계가 있음을 인정한다. 건설노동자가 확연히 키가 크거나 방금 본 사람과 전혀 다른 인종(혹은 다른 젠더)으로 바뀌면 아마도 알아차릴 것이다. 그래도 이 연구는 우리가 얼마나 무감각할 수 있는지를 잘 보여준다.

실험해보자!

이 실험은 재현하기 꽤 쉽다. 유튜브에서 '변화맹'이라고 검색해보면 어떻게 하는지 알게 될 것이다. 필요한 것은 다음과 같다.

- 사람이 길을 잃을 만한 장소. 대학교 캠퍼스라면 이 목적에 잘 맞겠지만 공원이나 너무 붐비지 않는 거리도 가능할 것이다.
- 커다란 문짝
- 접힌 지도 2장
- 길 잃은 사람 1: 첫 번째 '길 잃은 사람' 역할을 해줄 사람
- 길 잃은 사람 2: 첫 번째 사람과 약간 비슷한 (그러나 너무 비슷하지는 않은) '길 잃은 사람 대리'
- 문짝을 들고 가는 연기를 할 2명

실험 방법

- **1단계:** 길 잃은 사람 1이 너무 붐비지 않는 장소에 서서 지도를 꺼내 든다. 길을 잃은 사람처럼 보여야 한다.

- **2단계:** 문짝 운반자들은 문을 수직으로 들고 근처에서 대기한다. 서로 이야기를 나누거나 누군가를 기다리는 것처럼 연기해야 할 수도 있다. 실제로는 당신의 진짜 피험자가 도와주러 오길 기다리는 것이다. 길 잃은 사람 2는 지도를 펼쳐 들고 문짝 뒤에 서 있다. 문짝 운반자들이 움직이는 즉시 문 뒤에서 함께 따라 움직일 준비를 한다.

- **3단계:** 혹시 도와줄 것처럼 보이는 사람이 나타나면 길 잃은 사람 1이 "죄송한데요, 길 좀 알려주실 수 있을까요?"라고 말한다.

- **4단계:** 피험자('도와주는 사람')가 길 잃은 사람 1의 근처 60센티미터 정도까지 다가가면 문짝 운반자들이 움직이기 시작하고, 길 잃은 사람 2도 문 뒤에서 따라간다.

- **5단계:** 문짝 운반자 한 사람이 "지나갈게요!" 하고 소리치면서 문짝을 가로로 길게 눕혀 들고(길 잃은 사람 2는 문짝 위로 보이지 않게 약간 고개를 숙여야 할 것이다) 도와주는 사람과 길 잃은 사람 1 사이로 지나간다.

- **6단계:** 길 잃은 사람 1과 2는 도와주는 사람의 시야가 가려진 동안 재빨리 자리를 바꾼다.

- **7단계:** 길 잃은 사람 2가 도와주는 사람과 대화를 이어간다. 도와주는 사람에게 그 장소에서 너무 멀지 않은 특정한 거리나 건물을 찾고 있다고 말할 수도 있다. 길 잃은 사람 1은 시야에서 벗어날 때까지 문 뒤에 서서 계속 걸어간다.

실험 결과

당신의 임무는 가까운 곳에서 주의 깊게 지켜보면서 도와주는 사람이 이상한 일이 일어난 낌새를 알아채는지 살펴보는 것이다. 도와주는 사람이 자리를 떠나기 전에 사후설명을 해주어야 한다. 방금 실험에 참여했다는 사실을 알리고, '길 잃은 사람'을 도와준 데 대해 감사를 표한다. 모두 불러 모아 악수를 나누게 해도 좋다. 도와주는 사람에게 문짝이 지나간 뒤 길 잃은 사람이 바뀐 사실을 알아챘는지 물어본다. 이런 상황에서는 변화를 알아차리지 못한 것도 아주 자연스러운 일이라는 점을 말해준다. 흥미를 보이면 변화맹의 개념을 설명해준다. 마지막에는 도와준 모두에게 감사를 표한다.

이 실험의 의미

이 작은 '속임수'를 마술사들이 이용할 수도 있다는 생각이 들었을지 모른다. 잘 맞혔다. 마술사들은 무언가를 바꿔치기할 때 관객들이 알아차리지 못하는 상황을 이용한다. '마술'을 믿게 하려고 (문짝처럼) 잠깐 주의를 흩뜨리는 물건으로 당신의 시선을 붙잡아놓고는 당신의 코앞에서 무언가를 바꿔치기한다.

변화맹은 범죄 목격자들에게도 문제가 된다. 우리는 범죄에 연루된 누군가를 보았다고 생각할 때 우리가 본 것에 대해 확신하는 경우가 많다. 한 실험에서 연구자들이 사람들에게 범죄가 일어나는 모습을 담은 영상을 보여주었다. 하지만 영상 중간에 여기에서 일어난 일과 아주 비슷한 무언가를 해놓았다. 범죄자를 중간에 전혀 다른 사람으로 바꾼 것이다. 얼마나 많은 피험자들이 이것을 놓쳤을까? 약 60퍼센트가 놓쳤다. 이런 연구 결과는 목격자 증언의 정확성에 별로 힘을 실어주지 못한다.

어떤 것들을 기억하는 이유가 뭘까?

확 꽂히네

- 심리 개념 **정보처리수준**
- 연구명 **일화기억에서 정보처리수준과 단어의 파지**
- 원조 과학자/연구자 **퍼거스 I. M. 크레이크**Fergus I. M. Craik,
  엔델 털빙 Endel Tulving (1975)

기억

우리의 기억은 아주 중요하다. 학생들은 분명히 많은 것을 기억해야만 하고 중고등학교와 대학교에서의 성적은 기억하는 능력에 많은 영향을 받는다.

그리고 이제 중년과 노년 인구가 늘어나면서 기억(또는 기억력 부족)에 대한 새로운 표현이 우리의 언어 속으로 파고들고 있다. 누군가가 '노년의 순간senior moment'(주로 나이 든 사람들이 보이는 건망증을 일컫는 표현이다―옮긴이)이 왔다고 말하는 것을 본 적 있지 않나?

우리는 대체 왜 잊어버리는 것일까? 크레이크와 털빙은 망각의 이유 중 하나가 기억하려 한 것을 깊은 수준에서 처리하지 않아서라고 주장한다. 즉 표면수준에서 처리했다는 것이다. 이게 무슨 뜻이냐고?

예를 들어 'bacchanalian'이라는 단어를 들었다고 치자. 이게 무슨 뜻인지 아는 사람은 많지 않을 것이다. '취하다' 또는 '취할 가능성이 높은 축하 자리에 있다'는 뜻이다. 혹시 이 단어를 책에서 보았다면 단어가 길고 이상해서 뜻을 찾아볼 수도 있겠지만, 아마 보통은 그냥 넘어가면서 나중에 뜻을 자연히 알게 되길 기대하거나, 아니면 큰 줄거리를 이해하는 데는 이 단어의 뜻을 알 필요가 없길 바랄 것이다. 모두가 바쁘다. 그래서 당신은 이 단어를 그냥 표면적 수준에서만 처리한다. 당신은 단어가 길고, c가 2개 붙어 있고, 혹은 단어 안에 'alien(외계인)'이라는 단어가 섞여 있는 것 같다고 생각한다. 그렇지만 이 중 어떤 것도 실제 뜻인

기억 형성 과정

'술 취함'과 연결되지 않는다. 그렇다면 이 단어를 보았을 때 왜 잊어버릴까? 당신에게는 정말로 이 단어를 더 깊이 처리할 시간이 없었기 때문이다.

그렇다면 이 단어를 더 '깊은' 수준에서 처리한다는 것이 무슨 뜻일까? 단어를 살펴보고 조금 생각해보아야 한다. 1분쯤 멈춰서 전후 문장에 힌트가 있을지 주의 깊게 살펴보면서 그 뜻을 추측해볼 수 있다. 인터넷으로 뜻을 찾아보거나 로마 신화 속에 나오는 단어의 유래를 더 알아볼 수도 있다(이 단어는 술의 신 바커스Bacchus의 이름에서 유래했다―옮긴이). 기억 전문가들이 이런 단어를 암기할 수 있는 것은 그들이 단어의 일부를 뜻과 연관시키기 때문이다. 이 경우에는 'bacchanalian'의 첫 세 글자인 'bac'이 'blood alcohol content(혈중알코올지수)'의 약자이기도 하다. 이것을 '키워드 방식keyword method'이라고 부르는데, 많은 단어의 뜻을 오랜 기간 기억할 수 있게 도와준다.

이런 게 바로 깊은 정보처리다.

원래 실험

크레이크와 털빙은 피험자들에게 60개 단어 목록을 주었다(이제 피험자들에게 단어 목록을 주고 거기 나온 단어를 기억해달라는 과제가 심리학 연구에서 아주 흔하다는 사실을 당신도 깨달았을 것이다). 목록에 나온 단어는 서로 연관성이 없었다.

대학생 집단 몇몇은 기억력 검사에 대비하며 목록을 읽었다. 집단 간 차이점은 단어를 볼 때 무엇을 해야 하는지에 대해 서로 다른 지시를 받았다는 것이다. 어떤 피험자들은 단어가 모두 대문자인지 소문자인지 살펴보기만 하면 됐다. 다른 피험자들은 단어의 모음 개수를 세어야 했다. 세 번째 집단은 문장의 빈칸 채우기 문제에 잘 들어맞을지 안 맞을지를 보아야 했다. 처음 두 과제는 상당히 쉬웠다. 세 번째 과제는 문제에 답하기 전에 잠깐 멈춰서 단어의 의미를 생각해야만 했다.

이 피험자들에게 단어를 회상하라고 했을 때 누가 제일 잘했을까? 당연히 세 번째 집단이었다. 이 집단의 피험자들은 다른 두 집단보다 더 깊은 수준에서 단어를 '처리'해야 했으니까.

크레이크와 털빙이 진행한 이 연구의 좀 더 작은 버전을 수행해서 깊은 정보처리가 기억에 얼마나 중요한 영향을 주는지 친구들과 함께 확인해보자.

실험해보자!

앞서 설명한 기본 얼개를 이용해 이 연구를 재현할 수 있다. 필요한 것은 다음과 같다.

- 참가자 세 집단
- 단어 15개가량의 목록
- 메모지 30장
- 참가자들이 쓸 백지
- 참가자들이 쓸 필기구

어떤 단어 목록이든 괜찮지만 이 작업을 하기 위해서는 15개면 충분할 것이다. 마음에 든다면 원래 연구에서 사용한 아래의 단어 15개를 써도 된다.

- 연설
- 붓
- 뺨
- 울타리
- 불꽃
- 밀가루
- 꿀
- 칼
- 양
- 구리
- 간호사
- 드릴
- 송어
- 곰
- 유리

실험 방법

먼저 메모지 30장을 각각 15장씩 2개의 더미로 나눈다. A 더미의 메모지 15장에 소문자로 15개 단어를 하나씩 쓴다. B 더미에는 한 장에 한 단어씩 쓰는데, 이번에는 절반은 대문자로 절반은 소문자로 쓴다. 더미별로 카드를 잘 섞는다.

A 집단

- **1단계:** 이 집단에는 A 더미를 쓴다. 참가자들이 자리에 앉으면 메모지에 쓴 15개 단어를 한 번에 하나씩 보여줄 것이라고 말한다. 한 단어를 볼 때 최대 5초 정도까지만 준다.
- **2단계:** 참가자들에게 각 단어의 모음 개수를 세어서 말해달라고 한다.
- **3단계:** 과제가 끝나면 메모지를 치운다. 빈 종이를 주고 기억할 수 있는 만큼 최대한 많은 단어를 쓰라고 말한다.

B 집단

- **1단계:** 이 집단에도 A 더미를 쓴다. 참가자들이 자리에 앉으면 메모지에 쓴 15개 단어를 한 번에 하나씩 보여줄 것이라고 말한다.
- **2단계:** 단어별로 그 단어가 포함된 문장을 하나씩 만들고, 문장이 완성되면 소리 내어 읽게 한다.
- **3단계:** 과제가 끝나면 메모지를 치운다. 빈 종이를 주고 기억할 수 있는 만큼 최대한 많은 단어를 쓰라고 말한다.

C 집단

- **1단계:** 이 집단에는 B 더미를 쓴다(대문자와 소문자가 섞인 더미). 참가자들이 앉으면 메모지에 쓴 15개 단어를 한 번에 하나씩

보여줄 것이라고 말한다.

- **2단계:** 각 단어를 보여줄 때마다 대문자인지 소문자인지 말하게 한다.
- **3단계:** 과제가 끝나면 메모지를 치운다. 빈 종이를 주고 기억할 수 있는 만큼 최대한 많은 단어를 쓰라고 말한다.

실험 결과

아마 B 집단(단어별로 문장을 만들어야 했던 집단)이 다른 두 집단보다 단어를 더 많이 기억할 것이다. 문장을 만들어내려면 단어의 뜻을 생각해야 하기 때문이다. 그러려면 다른 두 집단에 요구한 과제보다 더 깊은 수준의 정보처리가 필요하다.

이 실험의 의미

더 많이 기억하고 싶거나 시험을 더 잘 보고 싶으면 평소보다 더 깊은 수준으로 정보를 처리해야 한다. 많은 학생이 교과서에 있는 정보를 과제물에 옮겨 쓰는 것을 공부라고 생각하면서 막상 시험 점수가 잘 나오지 않으면 놀란다. 그렇지만 이런 '공부'는 표면수준의 활동에 불과하다. 자신이 배우는 것에 대해 제대로 생각해보지 않은 것이다. 자신이 배우는 것에 관해 시간을 들여 제대로 생각하면 그 시간이 더 좋은 점수라는 성과로 되돌아 올 것이다.

정보를 더 깊이 처리하기 위한 다른 방식은, 공부한 다음에 자신이 배운 내용을 다른 사람에게 설명해보는 것이다. 설명할 수 없거나 들은 사람이 이해하지 못한다면 다시 공부할 필요가 있다.

또 다른 전략은 바로 복잡한 개념이 쓰인 예시를 떠올려보거나, 그 개념을 자신의 삶에 적용할 방법이 있는지 생각해보는 것이다. 이런 활동을 하면 특정 정보가 뇌에 '꽂힐' 가능성이 높아진다.

물리적 온기가
심리적 온기가 될 때

얼어붙은 마음이 녹다

- 심리 개념 **심리적 애착과 체화된 인지**
- 연구명 **사랑의 본질**
- 원조 과학자/연구자 **해리 할로**Harry Harlow (1958)
- 재현/확장 연구명 **신체적 온기 경험이 대對인간 온기를 촉진한다**
- 재현 과학자/연구자 **로런스 E. 윌리엄스**Lawrence E. Williams,
  존 A. 바그 John A. Bargh (2008)

새끼 원숭이들에게 철사로 만든 '엄마'와 철사로 만들었지만 헝겊 옷을 입혀놓은 다른 '엄마'를 준 (해리 할로의) 연구를 기억하는가? 새끼 원숭이들에게 무언가로 겁을 주자 원숭이들은 헝겊 엄마에게 매달리기를 선호했다. 심지어 철사 엄마에게 우유병이 붙어 있었는데도 말이다. 이 연구를 통해 우리는 아기들이 엄마에게 애착을 갖게 되는 데에 영양

이상의 이유가 있음을 알게 되었다. 헝겊 엄마에게는 다른 무언가가 있었다. 사실 헝겊 뒤에 1백 와트짜리 전구가 있었다. 그래서 헝겊 엄마는 따뜻하고 포근했다.

좋아, 그건 원숭이들이고. 이게 나와 당신에게 무슨 상관이 있을까? 친구에게 방금 만난 사람이 별로 '따뜻한' 느낌이 아니었다고 말해본 적 있는가? 아니면 누군가에게서 '찬바람이 쌩쌩 불었다'거나? 우리는 온기와 관련한 표현을 자주 쓰는 것 같다. 온기는 긍정적으로 쓰일 때가 많으니까('따뜻한 불가에 앉다' '따뜻하고 포근한' '따뜻한 환영' 따위) 어떤 사람 곁에서 물리적 따뜻함을 경험하면 그 사람이 더 좋아지진 않을까?

'온기'가 우리의 일상생활에서 얼마나 중요한지 알아보자.

원래 실험

이 개념을 좀 직접적으로 실험해볼 수도 있다. 한 무리의 사람들은 따스한 방에 들여보내고 다른 무리는 차가운 방에 들여보낸 뒤 서로 어울리게 하는 것이다. 나쁜 생각은 아니지만 사람들을 한 방에 밀어 넣으면 모든 종류의 일이 생겨날 수 있다. 게다가 정확히 무엇을 측정할 것인가? '따뜻한' 반응은 무엇이고 '차가운' 반응은 무엇일까?

윌리엄스는 그 대신 커피를 이용하기로 했다. 윌리엄스가 이 실험의 배경 이론을 어떻게 설명했는지 보자.

우리는 신체적 온기의 촉각적 경험만으로 대인간 온기의 개념이나 느낌이 활성화될 것이라는 가설을 세웠다. 게다가 이 대인간 온기 개념의 일시적 활성화 상태는 무의식적인 방식으로, 즉 이 영향을 인식하지 못한 채로 다른 사람들에 대한 판단과 행동에 영향을 미쳐야 한다.

윌리엄스가 실제로 한 일은 이 인용문보다는 훨씬 간단하게 들릴 것이다. 시나리오는 이랬다.

- 심리학 실험에 참여하기로 동의한다. 어떤 건물의 로비에 약속된 시간에 가기로 한다.
- 약속 시간에 만나기로 한 장소에 가서 실험자를 만나는데, 서류를 끼운 클립보드와 교재 몇 권, 뜨거운 커피를 들고 있다. 아직까지는 모든 것이 정상적으로 보인다.
- 실험자가 실험이 위층에서 진행되니 엘리베이터에 오르자고 말한다. 모두 엘리베이터에 탄다. 아직까지는 평범해 보인다…….
- 엘리베이터에 타고 있을 때 실험자가 클립보드에 당신 이름을 써야 하니 그동안 잠시만 커피를 들어줄 수 있는지 물어본다.

그럼 그렇지.

당신은 지금 '온도 점화temperature primed'를 당한 것이다. 당신은 뜨거운 커피컵을 들었다. 다른 참가자들에게는 실험자가 차가운 커피를 들어달라고 했다. 자, 무슨 일이 벌어졌을까?

목표층에 도착하면 '대인 인지와 소비자주의'에 관한 실험에 참여해야 한다는 설명을 듣는다. 물론 가짜 실험이다. A 씨에 대한 설명을 듣는다.

A는 지적이고 능숙하며 근면하다. A는 우직하고 실용적이며 신중하다.

이 정보만으로 A 씨에 대한 성격 특질 10가지에 대해 숫자 하나씩을 골라 동그라미 친다. 일부는 '온기'와 관련이 있고(예를 들어 '배려심이 많은' 대 '이기적인'), 다른 것들은 상관없는 문항이다(예를 들어 '정직한' 대 '부정직한').

결과는? 알려진 정보가 극히 적었는데도, 윌리엄스와 바그는 뜨거운 커피를 들고 있던 참가자들이 '따뜻함' 문항 척도에서 유의미하게 높은 점수를 주었음을 발견했다.

뜨거운 커피컵을 드는 것처럼 사소한 행동이 만나본 적도 없는 사람에 대한 느낌에 영향을 미치다니 믿기 힘들 것이다. 우리 스스로 실험해보자.

이 연구를 재현하는 데 많은 장비가 필요하지는 않다. 당신도 윌리엄스와 바그가 한 실험의 대부분을 할 수 있다.

필요한 것은 다음과 같다.

- 따뜻한 커피가 담긴 컵
- 차가운 커피가 담긴 컵
- 클립보드
- 서류

- 교재 몇 권
- 참가자 2~4명
- A 씨에 대해 묘사한 지문
- 참가자들이 쓸 필기구

실험 방법

A 집단

- **1단계:** 약속한 시각에 특정 장소에서 피험자를 만나기로 한다. 서류를 끼워놓은 클립보드, 교재 몇 권, 따뜻한 커피를 들고 피험자를 맞이한다.

- **2단계:** 연구 장소로 걸어가면서 클립보드에 무언가를 써야 한다며 양해를 구하고 따뜻한 커피를 잠시 들어달라고 친절하게 부탁한다. 참가자는 15~25초 정도 커피를 들고 있어야 한다.

- **3단계:** 참가자가 자리에 앉으면 A 씨에 대해 묘사한 지문을 보여준다. 그 후 참가자는 윌리엄스와 바그도 사용했던 아래의

척도를 보고 숫자에 동그라미를 쳐서 A 씨에 대해 평가한다.

1. 관대한   **1 2 3 4 5 6 7**   옹졸한

2. 행복한   **1 2 3 4 5 6 7**   불행한

3. 순한   **1 2 3 4 5 6 7**   까다로운

4. 사교적인   **1 2 3 4 5 6 7**   비사교적인

5. 배려하는   **1 2 3 4 5 6 7**   이기적인

6. 매력적인   **1 2 3 4 5 6 7**   매력 없는

7. 가벼운   **1 2 3 4 5 6 7**   진지한

8. 수다스러운   **1 2 3 4 5 6 7**   조용한

9. 강인한   **1 2 3 4 5 6 7**   나약한

10. 정직한   **1 2 3 4 5 6 7**   부정직한

B 집단

- **1단계:** 약속한 시각에 특정 장소에서 피험자를 만나기로 한다. 서류를 끼워놓은 클립보드, 교재 몇 권, 차가운 커피를 들고 피험자를 맞이한다.
- **2단계:** 연구 장소로 걸어가면서 클립보드에 무언가를 써야 한다며 양해를 구하고 차가운 커피를 잠시 들어달라고 친절하게 부탁한다. 참가자는 15~25초 정도 커피를 들고 있어야 한다.
- **3단계:** 참가자가 자리에 앉으면 A 씨에 대해 묘사한 지문을 보

여준다. A 집단에서 사용한 것과 같은 척도로 A 씨에 대해 평가한다.

실험 결과

우리는 처음 5개의 질문에 동그라미를 친 숫자에만 관심이 있다. 그게 연구자들이 '따뜻한/차가운' 효과에 영향을 받으리라 생각한 문항들이다. 연구자들은 높은 점수일수록 따뜻함을 가리키도록 문항 점수를 뒤집었다. 연구 결과 따뜻한 커피 집단은 A에게 평균 4.71점을 주고, 차가운 커피 집단은 A에게 평균 4.08점을 주었다. 비록 엄청난 차이는 아니지만 통계적으로 유의미하다.

이 실험의 의미

신체적 따뜻함은 아동 발달에 매우 중요하다. 분명히 온기의 효과는 오랜 시간이 지난 뒤의 우리 삶에도 다양한 방식으로 이어질 수 있다. 광고주들도 이것을 잘 안다. 그래서 자사 제품을 따뜻한 벽난로나 따뜻한 핫초콜릿 등과 자꾸 연관시키는 것이다. 그렇게 해서라도 당신의 '마음이 녹길' 바라면서.

빨간 옷을 입으면
더 매력적으로 보일까?

그 색을 입은 너를 사랑해!

- 심리 개념 **매력**
- 연구명 **낭만적 빨강: 빨강은 남성이 여성에게 더 큰 매력을 느끼게 한다**
- 원조 과학자/연구자 **앤드루 J. 엘리엇**Andrew J. Elliot, **다니엘라 니스타**Daniela Niesta (2008)

남자들은 빨간 옷을 입은 여자에게 더 끌릴까? 우리는 모두 가장 멋진 모습으로 보이고 싶어 하고, 낭만적 관계에서는 특히 그렇다. 우리에게는 색상이 매력도에 미치는 효과에 관한 이론들이 있다. 가령, 붉은색은 '핫'하고 푸른색은 '쿨'하다는 따위의.

여성이 남성의 관심을 끌기 위해 붉은색을 몸에 휘감는 행동은 역사가 길다. 고대 이집트 여성들은 입술을 붉게 칠했다. 이런 것도 생각해볼 수 있다. 사랑을 느끼거나 두 사람이 서로 치근덕거리고 있을 때 당신의 얼굴색은 어떻게 될까? 연구자들은 아래와 같이 지적한다.

붉은색과 섹스의 연관성에 대해 현재까지 이어져온 오랜 이야기가 있다. 인류학자들이 알아낸 초기의 의식 중 일부에서는 생식력 발현의 상징으로서 여성의 얼굴과 몸에 붉은색 황토를 발랐다. …… 붉은색은 고대 신화와 전통 속에서 종종 열정, 욕망, 생식능력의 상징으로 나타난다.

이 주제에 관한 실증적 자료를 모으는 것은 심리학 연구자들에게 맡기자.

원래 실험

엘리엇과 니스타는 먼저 매력적인 여성들의 사진을 모았다. 연구자들이 매력 연구를 할 때는 언제나 '개인적 해석의 여지'가 약간 있는 것을 찾기 때문에, 너무 아름다운 (그리고 익숙한) 사람들의 사진보다는, 누구라도 10점 중 7점은 줄 법한 여성의 사진을 원했다. 사실 알맞은 사진을 찾기 위해 해야 할 일이 바로 그거다. 안정적으로 7점을 받을 만한 사진을 찾을 때까지 사람들에게 사진을 잔뜩 보여주어야 한다. (연구자들은 실제로 9점 척도 중 6.8점을 받은 여성의 사진을 사용했다. 여러분, 심리학은 과학입니다!)

엘리엇과 니스타는 10×15센티미터짜리 이미지를 20×30센티미터 크기의 종이 한가운데에 인쇄했다. 처음에는 종이의 배경색을 바꾸었다. 한 집단은 빨간색 종이 가운데에 있는 '중간 정도로 매력적인 성인 여성'의 사진을 보았고, 다른 집단은 무광의 백지 가운데에 있는 사진을 보았다.

아니나 다를까, 남성들은 빨간색 종이에 있는 여성의 매력도를 7.4 정도로 평가했지만, 하얀색 배경에 있는 여성은 6.4 정도로 평가했다. 여성 참가자들은 사진의 배경이 어떻든 사진 속 여성의 매력도를 평가하는 데 유의미한 차이를 보이지 않았다는 점이 흥미롭다. 연구자들은 참가자들에게 빨간 종이에서 본 여성이 더 지적이거나 더 친절해 보이는지 측정하는 척도에도 답하게 했다. 여기에서는 여성이 어떤 색 배경에 있든 상관없이 평가에서 차이를 보이지 않았다.

엘리엇과 니스타는 포토샵을 이용해서 중간 정도로 매력적인 여성의 사진 속 상의 색깔도 바꾸어봤다. 여성이 빨간색 상의를 입고 있으면 상의 색깔이 파란색일 때보다 더 매력적으로 보였다.

이 연구 재현은 별로 어렵지 않다. 포토샵으로 사진을 편집하는 기술이 있으면 제일 좋겠지만, 그 문제는 쉽게 처리할 수 있을 것이다. 시작해보자.

중간 정도로 매력적인 여성의 사진이 필요할 것이다. 아니면 연구에 변형을 주어서 남성들의 사진을 구하고 여성 피험자들을 모집해도 된다. 그렇게 하는 편이 더 마음에 든다면 그렇게 해라! 이 예시를 위해서 나는 웬만하면 연구자들이 한 방식대로 가려고 하지만, 당신은 적절하다고 생각하는 방식으로 수정해도 괜찮다. 어쨌든 한 여성의 사진을 구해야 한다. 몇 가지 조건이 있다.

- 가볍게 미소를 띤 중간 정도로 매력적인 여성이어야 한다.
- 사진은 얼굴부터 어깨까지 나와야 한다.
- 사진에 다른 사람이나 사물이 나와서는 안 된다.
- 아무것도 없는 흰색 배경의 사진이어야 한다.

이 실험에서 필요한 것은 다음과 같다.

- 여성의 사진
- 참가자 두 집단
- 매력도 문항이 담긴 질문지
- 참가자들이 쓸 필기구

실험 방법

- **1단계:** 인터넷에서 적당히 매력적인 여성이 나온 사진을 검색해서 이미지를 다운로드한다. '독사진'이라는 키워드로 검색하면 더 쉽게 찾을 수 있을 것이다.
- **2단계:** 사진을 친구들에게 보여주고 1~10점으로 평가하게 한다. 6점이나 7점 사이의 점수를 받은 여성 사진을 고른다.
- **3단계:** 사진 속 상의 색깔을 바꿔야 한다. 포토샵을 사용할 줄 모른다고? 유튜브에서 '옷 색상 변경'으로 검색하면 많은 강의를 찾을 수 있다. 하지만 iOS와 안드로이드에도 색상 변경을 해주는 모바일 앱이 있다. '옷 색깔 바꾸기' 같은 단어로 검색해보면 무료나 저가의 앱이 나올 것이다. 사진의 옷 색깔을 바꾸기 위해 어떤 도구를 쓰든, 두 사진에서 그 한 가지만 빼고는 정확히 똑같게 만들어야 한다. 한 사진에서는 빨간색 상의를 입고, 다른 사진에서는 똑같은 파란색 상의를 입어야 한다(아니면 초록색도 괜찮다. 연구자들이 여러 색을 써보았지만 빨간색이 평가에서 늘 이겼다).
- **4단계:** 엘리엇과 니스타는 종이에 사진을 인쇄했지만, 스마트폰으로 참가자들에게 사진을 보여주어도 된다.
- **5단계:** 엘리엇과 니스타가 참가자들에게 준 문항을 인쇄해서 나누어 준다. 문항은 아래와 같다.

이 사람이 얼마나 매력적으로 보입니까?

전혀   1   2   3   4   5   6   7   8   9   굉장히

이 사진 속 인물을 실제로 만나게 된다면,
그녀를 매력적이라고 생각할 것이다.

절대 아니다   1   2   3   4   5   6   7   8   9   당연히 그렇다

요즘 만나는 사람이 없어서 온라인 데이팅을 해본다고 상상해보십시오.
온라인 데이팅 사이트에서 이 사람을 본다면 데이트를 요청하겠습니까?

절대 아니다   1   2   3   4   5   6   7   8   9   당연히 그렇다

이 사람과 데이트를 하게 되었는데 지갑에 10만 원이 있다고
상상해보십시오. 데이트에 돈을 얼마나 지불하고 싶으십니까?

0원   1만 원   2만 원   3만 원   4만 원   5만 원

6만 원   7만 원   8만 원   9만 원   10만 원

A 집단: 빨간색 상의

- **1단계:** 참가자들이 준비가 되면, 엘리엇과 니스타가 했듯이 당신도 이성에 대한 첫인상 연구를 하고 있다고 이야기한다. 완전히 진실은 아니지만 실험이 끝난 뒤에 사후설명을 할 것이다.

- **2단계:** 참가자들에게 빨간색 상의를 입고 있는 여성의 사진을 보여준다. 사진을 인쇄해서 보여주든 스마트폰으로 보여주든 상관없지만 매번 같은 방식을 이용해야 한다.
- **3단계:** 참가자들에게 문항이 담긴 질문지를 나누어 준다. 문항에 답하게 하고, 다 마치면 질문지 뒷면에 '빨강'이라고 쓴다. 그 후 이 실험의 진짜 목적을 설명해주어도 된다.

B 집단: 파란색 상의

- **1단계:** 참가자들이 준비가 되면 이성에 대한 첫인상 연구를 하고 있다고 이야기한다. 완전히 진실은 아니지만, 실험이 끝난 후에 사후설명을 할 것이다.
- **2단계:** 이 참가자들에게 파란색 상의를 입고 있는 여성의 사진을 보여준다. 사진을 인쇄해서 보여주든 스마트폰으로 보여주든 상관없지만 매번 같은 방식을 이용해야 한다.
- **3단계:** 참가자들에게 문항이 담긴 질문지를 나누어 준다. 문항에 답하게 하고, 다 마치면 질문지 뒷면에 '파랑'이라고 쓴다. 그 후 이 실험의 진짜 목적을 설명해주어도 된다.

참가자별로 '매력 점수'의 평균을 얻기 위해 첫 두 문항의 답을 더한다. 두 문항이 결국 같은 것을 질문하고 있기 때문이다. 다음 두 문항에 대해서는 문항별로 집단의 평균 점수를 구한다. 아마 빨간색 상의를 입은 여성이 더 매력적으로 평가받고, 데이트 요청을 받을 확률이 더 높고, 데이트에 더 많은 돈을 쓰겠다는 답을 얻을 것이다.

의심할 여지 없이 이 연구는 성역할을 꽤 전형적으로 다루고 있다. 남성이 여성의 매력을 평가하고, 데이트를 신청할지 안 할지 결정하며, 심지어 데이트에 얼마나 많은 돈을 쓸지 판단한다.

이 연구에 얼마든지 최근 경향을 반영해도 괜찮다. 여성이 빨간 옷이나 파란 옷을 입은 남성을 평가하게 해보자. 빨간 옷을 입거나 파란 옷을 입은 사람과 장기적 이성관계를 맺는 데 대한 관심에 색상이 영향을 미칠 수 있을지 보는 것도 좋다.

낭만적 관계를 맺을 상대방을 찾는 중이라면 빨간 옷을 입는 편이 가장 확률이 높을 것 같다. 다른 한편, 빨간색이 광고에도 사용된다는 점을 기억하자. 빨간색 자동차와 빨간색 포장재처럼. 광고주들은 분명 연구실에서 다른 색 포장지로 제품을 싸보고 소비자들이 어떤 색에 가장 호감을 느끼는지 실험해보았을 것이다. 당신이 진열대 위에서 그 제품을 보기 한참 전에 말이다.

몸은 생각보다 우리에게 많은 영향을 끼친다

말 앞의 마차? 개를 흔드는 꼬리?

- 심리 개념 **감정**
- 연구명 **뒤센 미소, 감정적 경험, 자동적 반응성: 안면 피드백 가설의 검증**
- 원조 과학자/연구자 **로버스 수사이넌**Robert Soussignan(2002)

당신은 행복해서 웃는가, 아니면 웃어서 행복한가? 물론 우리는 대개 전자가 옳다고 생각한다. 감정을 느끼고 우리의 몸을 통해 그것을 표현한다고. 그러나 생각해보자. 기운이 없는 친구에게 일어나서 어디라도 나가서 좀 즐기고, 괴로운 생각에서 벗어나라고 말해본 적 없는가? 우리가 이렇게 말하는 것은 무엇 때문일까? 신체 위치를 바꾸는 것, 즉 일어나서 움직이고 새로운 풍경을 보는 것이 우리 마음속 느낌을 바꿔줄 수 있음을 알기 때문이다.

'웃어서 행복하다'는 말이 처음엔 이상하게 들릴지 몰라도 실은 진실이 들어 있을 수 있다. 물론 이 아이디어에는 아직 논쟁의 여지가 좀 있다. 우선 심리학자들이 이것을 어떻게 연구하는지 살펴보고, 이상하지만 재미있는 간단한 실험으로 검증해보자.

| 사건 | 표정 변화 | ⟶ | 감정 |

감정을 유발하는 표정 변화

원래 실험

우리가 여기서 살펴볼 것은 '안면 피드백 가설facial feedback hypothesis'로서, 당신의 얼굴 근육이 얼마나 미소에 근접하게 움직이느냐에 따라서 무언가가 얼마나 재미있는지 판단하게 된다는 생각이다. 이상하게 들린다는 것은 나도 안다.

어떻게 하면 누군가에게 자기도 모르게 미소를 짓게 만들 수 있을까? 수사이넌은 신체적 장애가 있는 이들을 돕기 위한 연구에 참여할 것이라고 이야기하는 방법을 생각해냈다. 수사이넌은 피험자들에게 이렇게 설명했다.

이 연구는 손을 사용해 주변 환경을 통제하는 것이 불가능한 신체적 장애가 있는 이들에 대한 프로젝트의 일환입니다. 그러나 이들도 훈련을 통해 신체 다른 부위(입, 발)를 이용함으로써 일상적인 정신운동성 또는 인지적 과제들을 해낼 수 있을지 모릅니다. 당신이 수행해야 할 과제는 특히 입으로 연필을 무는 특정한 기술에 대한 당신의 반응을 평가하는 것입니다. …… 연필을 잡는 몇 가지 방식을 비교할 것입니다. …… 당신은 입으로 연필을 물고, 그것으로 맞은편 텔레비전을 가리켜야 합니다.

입으로 연필을 무는 4가지 방식이 있었다. 그중 마지막이 얼굴 근육을 움직여 정확히 미소 짓는 모양을 만드는 것이었다. 연필을 가져와 한번 시험해보자.

1. 이로 연필을 문다. 입술을 살짝 벌려서 연필에 닿지 않게 한다.
2. 이에 닿지 않게 입술로 연필을 꼭 잡는다.
3. 이로 연필을 물고 입술이 닿지 않게 하되, 실험자를 흉내 낸다(실험자는 입술을 뒤로 약간 잡아당겼다).
4. 이로 연필을 물고 입술이 닿지 않게 하되, 실험자를 흉내 낸다(실험자는 입술을 뒤로 잡아당기고 입꼬리를 끌어올렸다).

연필을 무는 마지막 방법은 당신의 얼굴에 웃음꽃을 피워낼 것이다. 어느 누구도 당신에게 직접적으로 웃어달라고 말하지는 않았지만 말이다.

이제 (이미 웃고 있는) 네 번째 조건에 해당하는 사람들이 다른 집단보다 무언가를 더 재미있게 여기는지 알아내기 위해 참가자들에게 재미있는 것을 보여주려면 어떻게 해야 할까? 수사이넌은 그냥 앞에 TV를 놓고 '다소 즐겁고 재미있다'고 선정한 짧은 영상을 보여주었다. 참가자들은 연필로 가장 많이 주의를 기울이고 있는 화면의 어느 부분을 가리켜야 했다.

이 연구의 참가자 가운데 누구도 자신들이 사실 안면 피드백 가설을 검증하고 있는지 알아채지 못했다. 그럼에도 불구하고 웃는 모습을 닮은 방식으로 연필을 물고 있던 사람들은 모두 영상이 무척 재미있다고 보고했다.

실험해보자!

연필을 무는 마지막 2가지 방식과 적당히 재미있는 영상 몇 개를 이용해서 이 연구를 재현할 수 있다.

실험 방법

- **1단계:** 수사이넌이 댄 평계처럼, 신체적 장애가 있는 사람들이

집 안에서 연필을 물고 주변 물건을 작동시킬 수 있는 제일 좋은 방법을 연구하고 있다고 하자. 늘 그렇듯이, 정말로 무엇을 연구 중이었는지 나중에 참가자들에게 설명해줄 것이다.

- **2단계:** 한 참가자 집단에는 TV 앞에서 1미터 정도 사이를 두고 떨어져 앉은 뒤 입술을 약간만 뒤로 뺀 채 이 사이에 연필을 물고 있게 한다.

- **3단계:** 다른 참가자 집단에는 TV 앞에서 1미터 정도 떨어져 앉은 뒤 입술을 약간 뒤로 빼고 입꼬리를 올린 채 이 사이에 연필을 물고 있게 한다.

- **4단계:** 각자에게(집단으로 진행해도 된다) TV로 3분가량의 영상을 보여준다. 영상이 너무 우스워서 참가자가 연필을 떨어뜨리거나 당신이 하려는 실험 의도를 눈치채게 해서는 안 된다. (인터넷에 고양이 영상이 아주 많다. 3분 정도 길이의 유쾌한 고양이 영상 모음을 보여주면 좋을 것이다.)

- **5단계:** 영상을 틀기 직전, 참가자들에게 연필 끝으로 화면에서 관심을 끄는 것을 가리키라고 말한다.

- **6단계:** 영상을 틀어준다.

- **7단계:** 영상이 끝나면 다음 두 문항이 적힌 질문지를 나누어 주고 각 척도별로 숫자 하나를 골라 동그라미 치게 한다.

이런 방식으로 연필을 물고 있는 것이 얼마나 힘들었습니까?

전혀 힘들지 않음　　1 2 3 4 5 6 7 8 9 10　　매우 힘듦

시청한 영상이 어떻게 느껴졌습니까?

전혀 재미없음　　1 2 3 4 5 6 7 8 9 10　　매우 재미있음

- **8단계:** 참가자들에게 감사를 표한다. 실험을 마친 뒤 '안면 피드백 가설'에 대해 설명해주어도 된다.

실험 결과

우리는 시청 영상에 대한 느낌을 물은 두 번째 문항에 대한 답변에만 관심이 있다. '안면 피드백 가설'이 옳다면, 입꼬리를 올린 채 연필을 물고 있던 집단이 다른 집단보다 평균적으로 영상을 더 재미있다고 평가할 것이다. 단, 모든 연구가 이 결과를 얻지는 못하므로 당신도 논쟁의 '최전선'에 서게 될 것이다.

이 실험의 의미

우리의 몸과 마음이 양방향으로 작동한다는 것, 마음이 몸에 영향을 주고 몸이 마음에 우리를 이해할 수 있는 피드백을 제공

한다는 사실을 깨닫는 것이 중요하다. 예상보다 더 강하게 웃고 있는 (또는 울고 있는) 자신을 발견한다면, 몸의 이 반응을 바탕으로 자신의 감정을 판단하게 될 것이다. 코미디언들은 센 'k' 발음이 들어간 단어('치킨chicken'이나 '꽥quack'처럼)가 재미있게 들리는 이유가 이 발음을 할 때 얼굴 근육이 미소 짓는 위치에 가기 때문이라고 믿는다. 생각해볼 만한 이야기이다.

잘 보이려는 행동이
역효과를 낼 때

허세 좀 그만!

- 심리 개념 **지능/영향력**
- 연구명 **필요성과 무관하게 이용되는 학술용어의 효과: 쓸데없이 긴 단어를 쓸 때의 문제점**
- 원조 과학자/연구자 **대니얼 오펜하이머**Daniel Oppenheimer(2006)

살면서 언젠가는 누군가에게 강한 인상을 남기기 위해 이메일을 쓸 날이 온다. 일자리에 지원서를 쓰거나, 교수님께 과제물을 보낼 때, 아니면 상사에게 보고서를 보내기 위해 메일을 쓰게 된다. 아마도 더 격식 있고 평소보다는 좀 더 거창해 보이는 단어로 쓰고 싶을 것이다.

이번에 우리가 살펴볼 연구는 이 상황을 실험해보았고 결론은 명확하다. 하지 마라. 그렇게 해봐야 읽고 이해하기 어려운 글이 되기 십상이어서 그것을 읽은 사람이 당신을 오히려 덜 지적인 사람으로 판단하게 할 뿐이다. 심리학에서 이것을 어떻게 연구했는지 알아보자.

원래 실험

거창한 말이 지적인 이미지에 주는 효과를 연구하려면 참가자들에게 무언가를 읽고 판단하게 해야 한다. 대니얼 오펜하이머는 스탠퍼드대학교 교수이기 때문에 자신에게 아주 익숙한 것을 사용하기로 했다. 학부 졸업반들이 영문학과 대학원에 가고 싶은 이유에 관해 쓴 에세이를 활용한 것이다. 오펜하이머는 75~100단어 길이의 지문을 이용했다.

참가자들이 모두 본질적으로는 같은 단락을 읽지만, 이 단락의 문장 중 일부에 거창한 단어를 포함하게 해야 한다. 오펜하이머는 품격 있는 해결책을 내놓았다. 비교적 읽기 쉬운 지문의 한 문단을 고르고, '지문 속 명사, 동사, 형용사 중 세 번째마다 MS 워드 2000 유의어 사전을 이용해 제일 긴 단어로 바꾸는' 방식으로 적당히 어려운 버전을 만들어냈다. 그 후에는 세 번째 명사, 동사, 형용사만 가장 긴 유의어로 바꾸는 게 아니라, 모든 명사, 동사, 형용사를 더 긴 단어로 바꾸어서 아주 복잡한 버전의 지문을 만들어냈다.

예시를 살펴보자. 오펜하이머는 아래의 비교적 이해하기 쉬운 문단으로 시작했다.

저는 문학을 잘 알기 위해 대학원에 가고 싶습니다. 소설의 구성과 의미, 그 문학적 배경을 탐구하고 싶습니다. 다른 문학적 시대에 소설 장르가 무엇을 의미했는지, 앞으로 어떤 의미로 변해갈지 이해하고 싶습니다. 소설의 다양한 모습, 현실주의, 자연주의, 그 밖의 다른 사조에 대해 배우고, 소설 속에서 빅토리아 시대와 근대 의식이 어떻게 나타나는지 탐구하고 싶습니다.

세 번째로 나타나는 명사, 동사, 형용사를 바꾸자, 이 지문은 아래의 적당히 어려운 문단이 되었다.

저는 문학을 잘 인식하기 위해 대학원에 가고 싶습니다. 소설의 특징과 의미, 그 문학적 배경을 탐구하고 싶습니다. 다른 문학적 시대에 소설 장르가 무엇을 상징했는지, 앞으로 어떤 상징으로 변해갈지 이해하고 싶습니다. 소설의 다양한 방식, 현실주의, 자연주의, 그 밖의 다른 사조에 대해 배우고, 소설 속에서 빅토리아 시대와 근대 의식이 어떻게 나타나는지 탐구하고 싶습니다.

그리고 모든 명사, 동사, 형용사를 바꾸자, 아래처럼 아주 복잡한 문단이 되었다.

저는 문학을 충분히 인식하기 위해 대학원에 가기를 희망합니다. 내러티브의 특징과 함의, 그 문학적 배경을 연구하고 싶습니다. 다양한 문학적 시대에 내러티브 장르가 무엇을 상징했는지, 앞으로 어떤 상징으로 변해갈지 파악하기를 희망합니다. 내러티브의 다채로운 방식, 현실주의, 자연주의, 그 밖의 다른 접근법에 대해 연구하고, 내러티브 속에서 빅토리아 시대와 근대 의식이 어떻게 발견되는지 연구하고 싶습니다.

참가자들은 위의 지문을 읽고 이 사람을 대학원에 받아들일지 말지 결정하고 이 결정에 얼마만큼 확신하는지 평가해야 한다.

결과는? 아주 지적으로 들리는 복잡한 에세이는 거의 통과하지 못하고 확신도 적게 받았다. 우리도 이것을 재현할 수 있을지 살펴보자.

실험해보자!

먼저, '차려놓은 밥상'을 굳이 안 받을 필요는 없다는 걸 인정하자. 오펜하이머가 만들어놓은 지문을 이용하고 싶다면 그대로 진행해라. 그러나 이 연구를 또 다른 상황에 적용할 수도 있다. 일자리에 지원하는 사람들은 어떨까? 필요한 것은 다음과 같다.

- 참가자 세 집단
- 잘 쓴 지원서 예시

인터넷에서 잘 쓴 지원서 중 두 문단을 찾을 수 있다. 너무 완벽한 지원서보다는 그냥 영업직처럼 평범한 직무에 지원하는 적당히 잘 쓴 글이면 충분하다.

실험 방법

- **1단계:** 오펜하이머처럼 지문의 모든 문장에 들어간 명사, 동사, 형용사를 확인한 뒤 컴퓨터에 실려 있는 유의어사전이나 인터넷 사이트 등을 이용해 유의어를 찾는다. 세 번째 단어마다 같은 뜻이지만 좀 더 길거나 어려운 단어로 골라 바꾸어서 적당히 복잡한 버전을 만든다.
- **2단계:** 다음에는 유의어사전에서 더 길고 복잡한 단어를 골라 모든 명사, 동사, 형용사를 바꾸어 아주 복잡한 버전을 만든다. 이렇게 단어를 바꿀 때 새 단어가 문장의 나머지 부분과 잘 맞도록 지문을 약간 '다듬는' 과정이 필요할 테지만, 다른 단어는 될 수 있으면 바꾸지 않는다.

A 집단

- **1단계:** 이 집단에는 인터넷에서 찾은 지원서 지문을 그대로 준다. 채용 과정에 대한 연구를 하고 있다고 말하고 지문을 읽어 보라고 한다.
- **2단계:** 지문을 읽은 뒤에는 모든 참가자에게 아래 두 문항을 보고 답에 동그라미 치게 한다.

이 사람을 이 업무에 채용하시겠습니까? (예/아니요)

위의 결정에 얼마나 확신하십니까?

-7 -6 -5 -4 -3 -2 -1 0 1 2 3 4 5 6 7

전혀 확신이 없음   아주 확신함

B 집단

- **1단계:** 이 집단에는 원래 지문을 변형한 적당히 복잡한 지문을 준다.
- **2단계:** 참가자들에게 A 집단에 준 것과 똑같은 문항을 주고 답에 동그라미 치게 한다.

C 집단

- **1단계:** 이 집단에는 당신이 만들어낸 아주 복잡한 지문을 준다.

- **2단계:** 참가자들에게 A 집단에 준 것과 똑같은 문항을 주고 답에 동그라미 치게 한다.

실험 결과

오펜하이머는 두 질문을 독특한 방식으로 한데 묶었다. 누군가가 '예'에 동그라미 쳤다면, 그 답변은 +1이 되었다. 누군가가 '아니요'에 동그라미 쳤다면 그 답변은 −1로 표기했다. 그리고 이 숫자와 확신 척도에서 고른 숫자를 서로 곱했다. 왜냐고? 당신이 그 사람을 채용해서는 안 되고(아니요=-1) 그 결정에 아주 확신한다(7)고 치자. 당신의 최종 점수는 −7이 될 것이다. 또는 그 사람을 채용할 것이라고 답했고(+1) 이 결정에 확신한다면(+7), 당신의 점수는 +7이 될 것이다. 그러니 점수가 높을수록 그 사람에게 더 확신이 있다는 뜻이다.

아마 오펜하이머와 같은 결과를 얻을 것이다. 거창한 단어 사용 없이 원래 지원서를 쓴 가상인물이 가장 긍정적인 평가를 받았다.

이 실험의 의미

이 연구는 분명한 시사점을 준다. 글을 쓸 때 지적으로 보이려고 애쓰지 말라는 것이다. 자기소개서나 입사 지원서를 쓸 때 충분히 심사숙고하되, 지나치게 화려한 긴 단어를 나열해 망쳐서는 안 된다. 저명한 심리학자 대릴 벰Daryl Bem이 말했듯이 "명료성을 얻는 첫걸음은 단순하게 쓰는 것이다". 앨버트 아인슈타인Albert Einstein 또한 "단순하게 설명할 수 없다면 충분히 이해하지 못한 것이다"라고 말했다.

34

뇌 이미지와
설득

여기 뇌 사진 좀 봐요, 이제 믿겠어요?

- 심리 개념 **설득/영향력**
- 연구명 **보는 것이 믿는 것이다: 과학적 추론 판단에 대한 뇌 이미지의 효과**
- 원조 과학자/연구자 **데이비드 P. 매케이브**David P. McCabe,
  앨런 D. 카스텔 Alan D. Castel(2008)
- 재현/확장 연구명 **뇌 이미지의 (비)설득적 힘에 관하여**
- 재현 과학자/연구자 **로버트 B. 마이클**Robert B. Michael 외(2013)

여기에서 우리는 '심리학 논쟁'을 할 것이다. 연구자들 간의 논쟁을 한번 해결해보자. 상상할 수 있겠지만, 연구자들이 논쟁하는 광경은 별로 아름답지 않다. 그들이 논쟁하는 주제 중 하나는 일반 대중을 상대로, 실제로는 믿을 만하지 않은 과학적 결과도 얼마나 쉽게 신뢰할 만하다고 설득할 수 있는가의 문제다.

인터넷을 돌아다니다가 알록달록하고 인상적인 뇌 이미지를 포함한 글을 보았을 것이다. 이 이미지들은 주로 MRI(자기공명영상장치)나 PET(양전자방사단층촬영법)로 찍은 것들이다. 이것들은 아주 '과학적'으로 보인다. 내가 만약 칼럼을 써야 하는데 아마도 어설프게 연구한 것 같지만 흥미로운(당신이 클릭하게 할 법한) 주제의 수상쩍은 연구를 발견했을 때, 페이지 안에 뇌 스캔 사진을 포함하기만 해도 좋은 과학적 연구인 것처럼 믿게 만들 수 있을까?

어떤 연구자들은 그렇다고 말한다. 우리는 그저 뇌 이미지만으로도 쉽게 설득당한다. 마이클을 비롯한 다른 이들은 그렇지 않다고 말한다. 이제 이 논쟁에 종지부를 찍자.

원래 실험

매케이브와 카스텔이 원조 연구를 했으니 그들이 한 실험을 따라 해보자. 가장 먼저 참가자들에게 인터넷에서 찾은 기사를 보여주었는데, 뇌 이미지를 거짓말 탐지기로 사용할 수 있다고 주장하는 연구를 설명한 것이었다. 언뜻 가능할 것처럼 들린다. 거짓말을 만들어내려면 단순히 진실을 말할 때보다 뇌가 더 많이 일해야 한다. 당신을 fMRI(기능적 자기공명영상) 기계에 넣고 무언가에 관해 거짓말을 하게 하면 복잡한 사고를 담당하는 전두엽이 극도로 활성화되고, 이게 바로 거짓말을 만들어내고 있다는 뜻일 것이다.

사실 이 연구는 약간 의심스럽다. 이 실험은 뇌 스캔을 하는 동안 거짓말을 하는 과제를 받은 자원자들을 이용했고, 따라서 실제 범죄자들에 관해 이야기하는 것이 아니다. 또한 전두엽은 늘 무언가를 생각하느라 바쁘다. 이 경우에는 뇌가 좋은 거짓말을 생각해내느라 바빴다. 현실에서라면 무고한 사람이 자신이 본 것을 상세히 기억해내려고 열심히 노력할 때도 바빠지지 않을까?

이 기사를 다음 주소에서 읽어볼 수 있다. 질문은 이것이다. 이 기사를 읽을 때 뇌 스캔 이미지가 있으면 이 연구가 더 믿을 만하다고 판단하게끔 영향을 줄까?

실험해보자!

이 연구는 재현하기 어렵지 않다. 필요한 것은 다음과 같다.

- 참가자 두 집단
- 약간 논란이 되거나 최소한 이해하기 좀 어려운 연구를 묘사한 5백 단어 정도의 기사. 매케이브와 카스텔이 이용한 기사가 여전히 온라인으로 이용 가능하니 그것을 사용해도 된다(우리말로 해당 기사의 논조

를 거의 유사하게 번역하여 소개한 기사는 QR 코드 참조─옮긴이).

- fMRI 뇌 스캔 이미지. 굉장히 찾기 쉽다. 인터넷에서 검색해서 알록달록 색칠한 뇌 이미지를 다운로드한다.

실험 방법

- **1단계:** 기사의 제목과 본문을 복사해서 컴퓨터 문서로 저장한다.
- **2단계:** 기사 아래쪽 페이지 하단에 이 문항을 기재한다. _____라는 기사의 결론에 동의하거나 동의하지 않으십니까? 빈칸 안에는 기사의 결론을 써넣어야 한다. 이 경우라면 '뇌 스캔으로 거짓말을 탐지할 수 있다'가 될 것이다. 질문 아래에 1부터 10까지 척도를 넣고 1에 가까울수록 '강하게 비동의', 10에 가까울수록 '강하게 동의'로 표시해놓는다.
- **3단계:** 그 페이지를 복사하고, 이번 버전에는 페이지의 제목 옆 오른쪽 상단 구석에 fMRI 뇌 스캔 이미지를 넣는다. 이미지를 너무 크게 넣어서 참가자들이 당신의 목적을 의심하게 만들지는 말자.

A 집단

- **1단계:** 이 집단의 참가자들에게는 뇌과학에 대한 연구를 하고 있다고 말한다. (뇌 스캔 이미지가 없는) 기사를 읽게 한다.
- **2단계:** 이 집단의 참가자들에게 페이지 아래쪽의 문항에 답하

게 한다. 끝이다. 종이를 다시 걷은 다음 설명을 해준다. 실제로 알아보고 있는 것이 무엇인지 말해준다(뇌 이미지의 설득력). 다른 사람에게 실험에 관해 이야기하지 말라고 하고, 실험 후 결과를 알려줄 수 있다고 말한다.

B 집단

- **1단계:** 이 집단의 참가자들에게는 뇌 스캔 이미지가 포함된 기사를 읽게 한다.
- **2단계:** 이 집단의 참가자들에게 A 집단과 똑같은 문항에 답하게 한다. A 집단에 한 것과 똑같이 설명해준다.

실험 결과

이것은 '논쟁'이기 때문에 결과가 어떻게 나올지 확실히 알 수 없다. 매케이브와 카스텔이 옳다면, 뇌 스캔 이미지를 본 집단에서 동의/비동의 척도 점수가 더 높게 나올 것이다. 마이클 등이 옳다면 두 집단 간에 전혀 차이를 찾을 수 없을 것이다. 이제 당신은 과학적 과정의 핵심적인(그러나 종종 충분히 진행되지 않는) 부분, 즉 원래 연구의 결과에 확신을 가져도 될지 알아보기 위해 시도하는 재현 연구에 참여하게 될 것이다.

과학적 논문의 결과는 꽤 자주 대중매체에 실리기 때문에 우리가 읽은 내용을 믿어도 될지 아는 것이 중요하다. 모든 연구가 좋은 연구는 아니며, 기자들은 당신에게 진실을 알려야 한다는 데 별 관심이 없을 때가 많다. 그들은 당신이 기사 제목을 보고 클릭해 자사 사이트를 방문하게 만드는 데 관심이 있다. 뇌 이미지로 당신의 방문을 이끌어낼 수 있다면 당연히 그 이미지를 쓸 것이다. 마이클 등이 옳기를, 당신이 그렇게 쉽게 설득되지 않기를 바라자.

우리의 뇌는
호기심을 사랑한다

당신이 이 항목을 먼저 읽게 될 5가지 이유

- **심리 개념** 동기의 뇌과학/설득
- **연구명** 학습에서의 양초 심지: 인식론적 호기심이 보상 회로를 활성화하고 기억을 향상시킨다
- **원조 과학자/연구자** 강민정 외(2009)

뇌과학은 최근 심리학에서 가장 인기 있는 영역 중 하나이다. 새로 이용 가능해진 뇌 스캔 기술(MRI, fMRI, PET)을 이용해 마침내 뇌 안 '블랙박스'에서 무슨 일이 일어나는지 들여다볼 수 있게 되었기 때문이다.

연구자들이 조사하는 인간의 경향성 중 하나는 우리의 호기심이다. 컴퓨터로 작업을 하다가 정말로 흥미로운 질문이 담긴 페이스북이나 트위터의 알림이 뜬 것을 본 적 있는가? 아마 절대 무시

할 수 없었을 것이다. 당신은 정답을 알아내려고 하던 일을 멈추었다.

강민정 등은 호기심이 발동했을 때 뇌 안에서 무슨 일이 벌어지는지 알아보기로 했다. 집에 우연히 fMRI 스캐너가 있진 않을 테니 이들의 연구 중 일부는 재현하기 어렵겠지만, 그래도 이들의 발견을 실험해볼 수는 있다. 그리고 이 과정에서 일상생활에 아주 유용한 지식을 배우게 될 것이다.

원래 실험

강민정 등은 참가자들을 fMRI 기계에 넣고 사소한 질문을 던졌다. 이 질문 중에는 앞서 다른 사람들이 답을 꼭 알고 싶다고 평가한 질문이 포함되어 있었다. 나머지 질문은 그저 조금만 흥미로웠다.

다음은 당시에 연구진이 사용한 '강한 호기심' 문항의 일부이다.

- 세상에서 가장 많이 도난당한 책은 무엇일까? (성경)
- 간식 재료 중 다이너마이트의 원료로 쓰이는 건 무엇일까?
  (땅콩)
- 미국 법정에서 증거로 인정되는 유일한 견종은 무엇일까?
  (블러드하운드 bloodhound)

- 인간 외에 유일하게 햇볕에 살이 타는 동물은 무엇일까? (돼지)

아래는 '약한 호기심' 문항이다.

- 제리 사인펠트Jerry Seinfeld와 그의 친구들이 시리즈 마지막 회에서 몇 년 형을 받았을까? (1년)
- U.S. 뉴스에 따르면 25살이 넘은 학생들이 제일 많은 학교는 어디일까? (피닉스대학교)
- '남부의 피츠버그'로 불리는 도시는? (앨라배마주 버밍햄)
- 성이 아닌 이름에만 각기 다른 소리가 나는 A가 3개 들어가는 대통령은? (에이브러햄 링컨Abraham Lincoln)
- 맥도날드, 나이키, 헤인즈Hanes 광고를 모두 찍은 스포츠 선수는? (마이클 조던)

강민정 등은 참가자들이 강한 호기심 질문을 들었을 때 뇌의 다음 영역이 활성화되는 것을 발견했다.

- 미상핵Caudate Nucleus
- 양측 전두엽 피질Bilateral Prefrontal Cortex
- 해마방회Parahippocampal Gyri
- 조가비핵Putamen

자, 당신이 뇌과학자가 아니라면(괜찮다. 나도 아니다) 뇌의 저 영역들이 무슨 일을 하는지 잘 모를 것이다. 알고 보니 모두 뇌의 보상과 기억센터와 연관된 것들이었다. 그러니까 우리 뇌는 아주 흥미로운 질문에 대한 답을 찾았을 때 우리에게 보상을 주는 것으로 보인다. 강민정 등은 그 답이 우리가 원래 생각한 것과 다른 경우, 이 새로운 정보를 기억하도록 돕기 위해 기억에 연관된 이 뇌 영역이 '발동'된다는 것 또한 밝혔다.

우리도 한번 실험해보자.

실험해보자!

어떤 웹사이트에 갈 때마다 거의 항상 이 연구의 결과가 효과를 발휘하는 것을 볼 수 있다. 호기심을 불러일으키는 제목에 '끌려들어갈' 수 있다는 이 개념은 당신을 자기 웹사이트에 오게 만들려는 누구에게나 유용하다.

이런 식의 제목을 단 글을 본 적 있는가? '이 개가 집으로 돌아가는 길을 찾아낸 뒤 벌어진 일을 믿기 힘들 것이다!'나 '병에 걸리지 않으려면 오늘 해야 할 5가지' 따위의 글. 이런 유형의 제목은 '간질간질한 호기심'이나 '지식격차'를 주입하려는 시도이고,

당신은 답을 알아내야만 할 것이다.

강민정 등의 연구 중 fMRI를 사용하지 않은 두 번째 부분은 재현할 만하다. 우리가 할 일은 가짜 웹사이트를 꼼꼼히 만들어내는 것이다. 그 사이트에는 '호기심을 불러일으키는' 제목과 호기심을 불러일으키지 않는 제목이 함께 담겨야 한다. 사람들은 어떤 것을 클릭할까?

필요한 것은 다음과 같다.

- 가짜 웹사이트를 만들기 위한 빈 배경화면. 워드프로세서의 빈 화면을 사용해도 되지만 55×70센티미터 정도의 보드판을 이용하면 더 재미있을 것이다.
- '호기심을 불러일으키는' 제목이 달린 기사 5개와 그렇지 않은 기사 5개
- 참가자들

실험 방법

- **1단계:** www.buzzfeed.com, www.upworthy.com, www.vox.com 같은 사이트들에서 찾을 수 있는 기사의 제목을 사용해도 된다. 이 사이트들은 이 전략을 아주 잘 이용하고 있는 중이다. 마음에 드는 기사 10개를 찾는다.
- **2단계:** 기사 중 5개를 골라서 별로 호기심이 생기지 않는 다른

기사 제목을 만들어낸다. 예를 들어 실제 '호기심을 불러일으키는' 제목은 이렇다. '미국과 영국 모두 음식을 망친다는 걸 보여주는 사진 29장'. 그 음식들이 뭔지 정말 알고 싶다. 그렇지 않나? 지루한 대안 제목은 이런 식이다. '미국 음식과 영국 음식의 차이점'.

- **3단계:** 워드프로세서의 빈 화면이나 보드판에 제목 10개(호기심을 불러일으키는 제목 5개와 그렇지 않은 5개)를 넣는다. 글자 크기를 키우고 페이지에 제목을 잘 배열해서 당신이 웹페이지를 만드는 중인 것처럼 보이게 한다. 대개의 웹페이지에는 물론 이미지도 있지만, 우리는 제목이 호기심에 미치는 영향에만 관심이 있으므로 이미지는 넣지 말자.

- **4단계:** 이 실험에는 참가자 두 집단이 필요하지 않다. 모든 참가자를 한 사람씩 불러서 당신의 '가짜 웹사이트'를 보여줄 것이다.

- **5단계:** 참가자에게 컴퓨터 화면이나 보드판을 보여주고 이것이 실제 사이트이고 10개의 기사 중 5개를 클릭할 수 있다면 어떤 것을 고를지 피드백을 달라고 한다.

- **6단계:** 보드판으로 실험 중이라면 참가자들에게 칩 5개를 주고 클릭하고 싶은 기사 5개 옆에 칩을 하나씩 놓으라고 한다(강민정 등이 사용한 방식이다). 컴퓨터로 하고 있다면 그들이 고른 기사 제목을 볼드체로 표시한다.

- **7단계:** 이제 끝났다. 이 실험으로 알아보려 한 것이 무엇인지 참가자들에게 꼭 설명해준다.

실험 결과

참가자들은 아마 '호기심을 불러일으키는' 제목을 고를 것이다. 강민정 등이 fMRI를 이용하여 알아냈듯이, 이런 종류의 제목은 저항하기가 너무 어렵다.

이 실험의 의미

원하든 원하지 않든 당신은 매일 설득의 대상이 된다. 광고주들이 클릭을 유도하기 위해 이 '호기심 효과'를 사용하고 있음을 알아야 한다. 당신이 클릭한 사이트 기록이 추적되고 있다는 점을 알고 있을 것이다. 그래서 당신이 클릭한 내용과 비슷한 기사가 더 많이 보이는 것이다. 이 현상에 대한 통제력을 되찾자. 흥미로워 보이지만 당신에게 별로 중요하지는 않은 것을 클릭하고 싶은 충동에 저항하자. 일을 마쳐야 할 때면 차라리 알람을 꺼두자.

행동을
조형하는 법

웬만하면 당신을 내 뜻대로 움직일 수 있다

- ● 심리 개념 행동주의/조작적 조건형성
- ● 연구명 비둘기의 '미신 행동'
- ● 원조 과학자/연구자 B. F. 스키너(1948)

심리학 분야가 떠오르게 만드는 것들이 무엇인지 물어보면 대부분 파블로프의 개나 프로이트, 꽃병/얼굴 착시를 말할 것이다. 목록 위쪽에는 아마 미로 속의 쥐나 '스키너 상자Skinner box' 안의 비둘기도 있을 것이다. 스키너는 정말로 비둘기를 이용한 많은 실험을 수행했고, 그 결과는 오랜 세월이 지났어도 여전히 건재하다.

스키너를 별로 좋아하지 않는 사람들이 있는 것은, 우리가 왜 어떤 행동을 하는지 설명하는 문제에서 그가 우리의 생각에 별 무게를 두지 않았다는 점 때문이다. 그보다는 주변 환경 안의 강화물에 중점을 두는 걸 더 좋아했다. 스키너는 당신이 하는 행동

은 과거에 그 행동에 대해 (사탕이나 다른 이의 관심 등으로) 보상을 받은 덕이 크다고 말할 것이다. 아마 당신 집 안에 이것을 실험해 볼 만한 애완 비둘기가 있지는 않을 것이다. 그러니 사람들을 대신 이용해서 행동을 조건화(또는 조형)한다는 이 개념을 창의적인 방식으로 알아보자.

원래 실험

스키너가 한 가장 유명한 연구 중 하나는 (우리가 흔히 인간에게만 있다고 생각하는) '미신'이라는 개념을 단순한 방법으로 비둘기에게도 만들어낼 수 있음을 보여준 것이다. 스키너는 비둘기들이 아주 구체적인 행동을 해내도록 만들 수 있었다. 즉 비둘기가 해내길 바라는 더 큰 행동과 비슷한 작은 행동을 보여줄 때 보상을 줌으로써, 마침내는 비둘기가 막대기를 쪼거나 머리를 최대한 높

이 쳐들거나, 심지어 서로 탁구공을 주고받도록 만들어냈다. 이 방법은 연속적 접근successive approximations 방식, 더 간단히는 '조형shaping'으로 알려졌다.

그 후 스키너는 상자 안에 정해진 시간 없이 음식 알갱이를 떨어뜨려서 미신 행동과 비슷한 것을 만들어낼 수 있을지 알아보기로 했다. 아니나 다를까, 얼마 지나지 않아 비둘기들은 상자 안에 먹이가 떨어졌을 때 우연히 하고 있던 일을 하기 시작했다. 스키너는 이것을 '조건화'라고 불렀다. 스키너가 이 상황을 어떻게 묘사했는지 다음에 나와 있다.

한 새는 새장 주위를 시계 반대 방향으로 돌도록 조건화되어, 강화물 사이를 2번이나 3번 정도 돌았다. 또 다른 새는 반복적으로 새장 한구석의 윗부분으로 머리를 들이밀었다. 세 번째 새는 머리를 보이지 않는 횃대 아래로 넣었다가 그것을 들어 올리듯 반복해서 '머리를 쳐드는' 반응을 만들어냈다.

그러므로 어쩌면 미신적인 행동들, 우리가 인간에게만 나타나는 '기벽'으로 생각하는 것조차 그저 강화가 작용함을 보여주는 또 다른 사례에 지나지 않을지 모른다.

아마도 실험에 사용할 수 있는 애완 비둘기를 당신의 집 안에 키우지는 않을 것이다. 그러니 인간을 사용하도록 하자. 그들을 우리가 원하는 방식으로 '조형'할 수 있을지 볼 것이다.

이번에 필요한 것은 다음과 같다.

- 참가자들
- 음을 연주할 수 있는 건반

됐다. 끝났다. 심지어 피아노 치는 법을 몰라도 상관없다.

실험 방법

- **1단계:** 연구를 진행하기로 한 방에 참가자들이 들어왔을 때 그들이 해주었으면 하는 일을 정한다. 예를 들어 참가자가 방에 들어온 뒤에 책상으로 가서, 서랍을 열고, (당신이 미리 놓아둔) 연필과 종이를 꺼내서, 연필로 종이 위에 이름을 적게 하는 것이다. 이 실험을 집에서 한다면 참가자가 주방에 가서, 찬장을 열어, 머그컵을 꺼내고, 다시 냉장고를 연 뒤에, 우유를 꺼내서 머그컵에 우유를 붓게 만들 수도 있다. 감이 잡히는가? 상상력을 발휘해보자.
- **2단계:** 참가자들에게 먼저 당신이 건반에서 낮은음을 치기 시

작할 텐데, 당신이 원하는 행동을 하기 전까지는 계속 할 것이라고 이야기한다. 이상한 행동을 시키지는 않을 것이라고 안심시킨다.

- **3단계:** 그냥 아무것이나 해보라고 말하고(스키너는 이런 임의의 행동을 '조작 행동operants'이라고 불렀을 것이다) 당신이 원하는 행동에 조금이라도 가까워질수록 건반에서 점점 더 높은 음을 연주한다. 당신이 바라는 행동을 모두 다 마치고 나면 건반에서 가장 높은 음을 치고 "잘했어요!"라고 외친다.

- **4단계:** "시작하세요"라고 말한다.

- **5단계:** 낮은음부터 시작한다. 그 음을 계속 누르고 있거나 반복해서 누른다.

- **6단계:** 참가자가 당신이 바라는 첫 번째 행동을 하는 데 근접할수록 더 높은 음을 친다(가령 책상 가까이로 가거나 주방으로 가기). 참가자가 당신이 원하는 것과 조금씩 가까운 행동을 할 때마다 점점 더 높은 음을 친다.

- **7단계:** 냉장고 쪽으로 가다가 다시 다른 방향으로 가기 시작하면 높은음에서 다시 낮은음으로 내려와야 한다. 무슨 뜻인지 알아들을 것이다. 이때 아무 말도 해서는 안 된다. 미소를 짓거나 손가락으로 가리키며 힌트를 주지도 않는다.

실험 결과

약간 시간이 걸릴지 모르지만 결국은 참가자들이 얼마나 빨리 당신이 원하는 것을 정확하게 해내는지 보고 놀라게 될 것이다. 당신은 말 한마디 하지 않고 순전히 소리만으로 누군가의 행동을 조형해낼 것이다. 피아노의 음 하나면 된다. 다른 이들은 강화물로 손뼉을 치기도 한다.

이 실험의 의미

어떤 이들은 스키너의 작업을 인간이 생각하지 않는다는, 그러니까 우리는 그저 로봇에 지나지 않는다는 뜻으로 생각해서 그를 좋아하지 않았다. 그러나 이건 스키너가 말하고자 한 바가 아니다. 스키너는 우리 행동에 외적 영향력이 있다는 것, 또 우리의 행동을 설명하고 우리 사회를 더 나은 곳으로 만들기 위해 복잡한 이론을 만들어낼 필요가 없음을 알려주고자 노력했다. 스키너의 이론은 가장 실용적인 심리학 이론 가운데 하나이다. 오늘날 행동 조형은 가정과 서커스에서 동물들을 훈련하고, 학교에서 아동의 학습을 도와주고, 자폐증 아동에게 사회성을 길러주고, 사람들이 공포증을 극복하도록 도와주는 데 사용되고 있다.

창의력은
어떻게 작동할까

웬만하면 당신을 내 뜻대로 움직일 수 있다

● 심리 개념 **창의력**

● 연구명 **녹색 달걀과 햄 가설: 제약이 창의력을 촉진한다**

● 원조 과학자/연구자 **카트리넬 호트-트롬프** Catrinel Haught-Tromp (2016)

유명한 동화책 《녹색 달걀과 햄Green Eggs and Ham》이 있다. (모른다면 가서 읽어보자. 아주 금방 읽을 수 있다.) 아마 당신이 모르는 것은 작가(시어도어 가이젤Theodor Geisel, '닥터 수스Dr. Seuss'로 알려져 있다)가 이 책을 쓴 이유일 텐데, 출판사에서 그에게 단 50개 또는 그 이하의 단어로만 동화책을 써보라고 제안했기 때문이다. 이 재미있고 창의적인 짧은 책은 지금까지 엄청난 성공을 거두었다.

우리는 대개 창의력이 아무것도 없는 곳에서 작가나 작곡가, 예술가들에게 자유롭게 생각할 시간이 충분히 주어질 때라야 비로소 갑자기 터져 나온다고 생각한다. 사실은 그렇지 않다. 유명한 음악 중 다수는 작곡가가 곡을 빨리 완성해야 한다고 재촉을 받았을 때 만들어졌다. 이것이 제약이다. 당신도 '제대로 된' 도구가 없어서 무언가를 해낼 수 없다고 좌절했다가 아주 창의적인 해결책을 생각해내곤 스스로 놀란 적이 있지 않은가?

심리학자들이 알아낸 것은 (시어도어 가이젤이 그랬듯이) 우리의 창의성이 최대로 발휘되는 것은 자유롭게 상상할 수 있을 때가 아니라, 오히려 많은 제약이 주어졌을 때일 수 있다는 점이다. 이것을 실험해보자.

원래 실험

연구자 호트-트롬프는 즐겁게 재현할 수 있는 재미있는 연구를 수행했다. 먼저 참가자들에게 메시지 카드 안에 인사 문구를 써달라고 했다. 문구는 2줄이고 라임(rhyme)이 있어야 했다. 주제는 다음과 같았다.

- 생일 축하해요
- 새해 복 많이 받으세요
- 행운을 빕니다
- 완쾌를 빕니다

- 감사합니다
- 축하합니다
- 미안해요
- 사랑해요

피험자 중 일부에게는 메시지 쓰기 과제를 더 어렵게 만들었다. 그들은 머릿속에 가장 먼저 떠오른 구상명사concrete noun('해' '의자' '책' 따위)를 적고 그 단어를 라임 안에 포함시켜야 했다. '의자'라는 단어를 사용해서 라임 2줄을 만들어내는 게 상상이 되는가? 다른 참가자들은 이 추가 제약은 받지 않았다. 그들은 머릿속에 떠오른 어떤 단어로도 라임을 만들 수 있었다.

누가 더 창의적인 메시지 카드를 만들어냈을까? 닥터 수스처럼 도전 과제를 받은 이들이 그랬다. 라임 안에 구상명사를 써야만 했던 사람들 말이다.

'깃털feather'이라는 단어를 완쾌 기원 카드에 써야만 했던 사람이 만들어낸 라임의 예를 보자.

어떤 폭풍우를 건더내야 하더라도No matter what storms you may weather, 기억하라, 나쁜 날들은 깃털처럼 왔다 가더라just remember, bad days come and go like a feather.

나쁘지 않다. 확실히 아래처럼 다른 제약 없이 카드를 쓴 누군가의 메시지보다는 훨씬 낫다.

실험해보자!

이 연구를 아주 직접적으로 재현해볼 수 있다. 장비조차 필요하지 않다(종이와 필기구를 제외한다면). 그리고 모두에게 재미있을 것이다.

필요한 것은 다음과 같다.

- 참가자 두 집단
- 인사 문구를 읽고 평가할 친구 2명
- 종이
- 필기구

통제집단과 실험집단, 참가자들이 작성한 카드 문구를 모두 읽고 창의성을 평가할 친구 2명이 필요하다. 시작해보자.

실험 방법

A 집단: 제약이 없는 집단

- **1단계:** 참가자들이 라임을 만들 때 혼자 해도 되고 다 같이 해

도 된다. 그래도 혼자 하는 편이 서로 이야기를 나누다 아이디어를 '훔치지' 않을 테니 더 나을 것이다. 집단으로 진행한다면 자기 생각을 큰 소리로 말하지 않도록 한다.

- **2단계:** 앞서 제시한 8가지 카드 주제를 이용한다. 종이 한 장에 주제를 쓰고 모두에게 빈 종이와 필기구를 제공한다.

- **3단계:** 이 집단에는 라임이 있는 2줄짜리 카드 메시지를 쓰라고 얘기한다. 각 구성원은 8가지 주제 가운데 하나를 골라 써야 한다(원한다면 주제를 더 적게 제시해도 된다).

- **4단계:** 호트-트롬프는 피험자들이 과제를 하는 시간에는 제약을 두지 않았지만, 참가자들이 라임을 다 만들고 나면 알려달라고 해야 한다. 모든 종이 우측 상단에 '무'라고 써서 이 사람이 '무▨제약' 집단에 있었음을 표시한다.

- **5단계:** 시간을 내주어서 고맙다고 하고, 무슨 연구였는지 설명해주되, 연구가 다 끝날 때까지는 다른 사람에게 말하지 말아달라고 부탁한다.

B 집단: 제약이 있는 집단

- **1단계:** 참가자들이 라임을 만들 때 혼자 해도 되고 다 같이 해도 된다. 그래도 혼자 하는 편이 서로 이야기를 나누다 아이디어를 '훔치지' 않을 테니 더 나을 것이다. 집단으로 진행한다면 자기 생각을 큰 소리로 말하지 않도록 한다.

- **2단계:** 모두에게 빈 종이와 필기구를 제공한다. 시작하기 전에 호트-트롬프와 똑같은 지시를 준다. 머릿속에 처음 떠오른 구상명사 4개를 적으라고 한다. 아마도 방 안에서 볼 수 있는 의자, 창문, 전등, 컵 같은 물체를 떠올릴 것이다.
- **3단계:** 앞서 제시한 8가지 카드 주제를 이용한다. 종이 한 장에 주제를 적어둔다.
- **4단계:** 참가자들에게 적어놓은 명사 4개 중 하나를 라임 속에 포함시켜야 한다고 말한다.
- **5단계:** 참가자들이 과제를 하는 시간에는 제약을 두지 않지만, 라임을 다 만들고 나면 알려달라고 해야 한다. 과제를 마치면 종이 위쪽에 '유'('유 제약')라고 쓴다. 감사를 표하고 A 집단처럼 설명을 해준다.

실험 결과

라임의 창의성을 어떻게 평가해야 할까? 호트-트롬프나 다른 창의력 연구자들이 한 방식을 써도 된다. 다른 종이에 문구를 프린트한 뒤(서체를 통일하기 위함이다) 두 사람에게 나누어 주고 각각을 다음 10점 척도로 평가하게 한다.

전혀 창의적이지 않음   1 2 3 4 5 6 7 8 9 10   매우 창의적임

보통 창의성 평가자들은 각자 따로 작업하고 나중에 평가를 합산한다.

호트-트롬프와 같은 결과를 얻었는지 보자. 구상명사를 사용해야 했던 사람들이 쓴 라임이 더 독특하고 상상력이 풍부했다는 평가를 받았을 것이다.

이 실험의 의미

'창의적인 사람'이 일반적인 사람들과 무언가 다를 것이라는 고정관념이 있다. 헤어스타일이 엉망일지는 모르겠다. 우리는 그들이 하는 일이 신비롭다고 생각한다. 그러나 늘 그렇지는 않다. 자신이 그림을 잘 그리거나 노래를 잘하지 못한다고 해서 창의적이지 않은 사람이라고 생각하지 마라.

창의력은 서로 다른 형태로 나타나고 사람들이 특정한 규칙이나 시간 제약을 따라야만 하는 다양한 상황에서 두드러진다. 컴퓨터 프로그래머들은 어려운 프로그래밍 문제를 해결해야 할 때 기발한 창의적 해결책을 떠올려왔다. 보통 사람들 또한 여러 문제에 대해 창의적 해결책을 생각해낼 수 있다.

미신이
효과가 있는 이유

홀인원! 앗, 부정 탈라!

- 심리 개념 미신/비판적 사고
- 연구명 손가락을 꼬아라: 미신이 수행을 향상시키는 이유
- 원조 과학자/연구자 리산 대미쉬Lysann Damisch, 바버라 스토버락Barbara Stoberock, 토머스 무스바일러Thomas Mussweiler(2010)

혹시 당신도 남몰래 믿는 미신이 있는가? 나는 검은 고양이를 키우니 검은 고양이가 불운을 가져온다는 미신에서는 나를 빼도 될 것이다. 그러나 '말을 하면 부정 탄다'는 미신은 종종 인정하는 편이다. 많은 사람이 행운 아이템이라고 생각하는 것을 열쇠고리에 달거나 차 안에 놓아두어서 교통사고가 나지 않기를 바라곤 한다. 많은 프로 스포츠 선수도 경기 전이나 도중에 하는 미신이나 '의식ritual behaviors'을 갖고

있다. 아마 별로 놀랍지 않겠지만 (운동경기처럼) 자신의 수행 결과를 통제하기 어려울수록 무언가 '행운의 부적'을 가지고 있을 확률이 높다.

많은 과학자들은 여기에 '확증편향'이 영향을 미친다고 말할 것이다. 즉, 무언가가 잘되었는데(가령 홈런을 치거나 골인을 한 것처럼) 그때 행운의 부적을 갖고 있었다면 성공의 일부를 부적 덕으로 돌린다. 그런데 부적이 있을 때 일이 잘 안 풀려도 그걸 부적 탓으로 돌리지는 않는다.

대미쉬, 스토버락, 무스바일러는 곁에 행운이 있다고 생각할 때 정확히 무슨 일이 머릿속에서 일어나는지 알아내고자 했다. 이 실험을 한번 들여다보고 우리가 여기서 무엇을 배울 수 있을지 알아보자.

원래 실험

대미쉬 등은 미신에 대해 몇 가지 연구를 했는데, 그중 한 연구에서는 사람들에게 연구실에 올 때 그들이 가진 (토끼 발이나 행운의 메달 같은) 행운의 부적을 가져오라고 했다. 그리고 참가자들에게 애너그램 과제나 기억력 과제(집중력 기억 게임과 비슷한 것)를 풀게 했다. 그러나 일부 참가자에게서는 과제를 하는 동안 행운의 부적을 회수했다(다른 방에서 그것의 사진을 찍어야 한다고 말했다).

그렇게 부적을 빼앗긴 참가자들은 기억력 게임에서 더 나쁜 결과를 얻었다.

왜 과제를 더 못했을까? 부적을 빼앗아버려서 운이 나빠진 걸까? 대미쉬 등은 다르게 설명했다. 대미쉬는 참가자들이 과제를 시작하기 직전에 그들에게 얼마나 문제를 잘 풀 것 같은지 물어보았다. 행운의 부적이 없으면 잘하지 못할 것이라는 답변이 나왔고 결과적으로도 그랬다. 과제에 대한 자기효능감(무언가를 해내는 능력에 대한 자신감)이 줄어들면 실제로 결과가 좋지 않게 나온다. 이것을 자기충족적 예언으로 부를 수도 있을 것이다.

이들의 연구에서 더 재미있는 부분을 재현해보자. 이 실험은 골프와 관련이 있다.

실험해보자!

1.5미터 정도 떨어진 구멍에 골프공을 넣어본 적이 있는가? (골프를 많이 치지 않는 한) 생각보다 어렵다. 대미쉬가 한 방식대로 미신을 실험해보려면 다음과 같은 것들이 필요하다.

- 퍼팅그린. 주변에 골프코스가 있다면 제일 좋겠지만, 그렇지 않다면 저렴한 퍼팅매트를 하나 산다. 기왕이면 홀 쪽으로 약간 기울어진 것이 좋다.

- 골프공과 퍼터(퍼팅용 골프채)
- 참가자 두 집단. 집단별로 최소 10명씩, 총 20명이면 충분하다. (세심하게 통제한 심리학 연구라면 집단별로 최소한 30명의 참가자가 있어야겠지만, 이 실험을 위해 참가자 60명을 모으기는 쉽지 않을 것이다.)
- 아래 문항. 질문지로 주거나 말로 물어봐도 된다. '얼마나 잘할 것 같습니까?'

전혀   **1 2 3 4 5 6 7 8 9 10**   아주 잘

실험 방법

A 집단

- **1단계:** 참가자들에게 심리학 실험을 하고 있으며, 연구에는 골프퍼팅 과제가 포함되어 있다고 말한다. 참가자들이 당신을 이상하게 쳐다볼 것이다. 괜찮다. 나중에 설명해준다고 하자. 한 번도 골프를 쳐보지 않았다고 하면 그래도 괜찮다고 말한다.
- **2단계:** 골프매트 앞에 서서(또는 실제 홀 앞에서 1.5미터 정도 떨어져서) 퍼터를 건네준다. 아직 공은 건네주지 않는다.
- **3단계:** 공을 홀에 넣을 기회를 10번 준다고 말한다.
- **4단계:** 골프공을 건네주기 전에 "지금까지 다른 사람들이 모두 똑같이 사용한 공이에요"라고 말한 뒤 공을 건네준다.

- **5단계:** 첫 번째 퍼팅을 시작하기 전에 얼마나 잘할지 물어보거나, 질문지를 주고 1부터 10 중에서 하나에 동그라미를 치게 한다. 참가자의 이름 옆에 A 집단(미신 없음 집단)이라고 표시해서 나중에 그 사람이 어느 집단에 속했는지 알 수 있도록 한다.
- **6단계:** 퍼팅을 10번 하게 한다. 홀에 바로 넣는다면, 다음에는 참가자들을 더 멀리 떨어뜨려놓아야 한다는 뜻일 수 있다. 그러나 어떤 경우든 참가자 이름 옆에 몇 번 만에 공을 홀에 집어넣었는지 적어놓는다. 참가자가 성공하지 못하면 그냥 이름 옆에 10을 쓴다. 10번 전에 공을 넣으면 그 숫자를 쓰고 남은 샷은 더 해봐도 된다고 말한다.

B 집단

A 집단에 한 것과 모두 똑같이 하고 4단계만 다르게 한다. 이번에는 이렇다.

- **4단계:** 골프공을 건네주기 전에 이렇게 말한다. "이 공을 쓰세요. 보니까 이게 행운의 공인 것 같더군요." 그리고 공을 건네기 전에 입김을 후 불어서 '미신 활성화' 효과를 부각한다.

실험 결과

'자신감' 점수의 평균을 내보면 '미신 활성화' 참가자들이 샷을 시도하기 전에 더 자신감이 크고, 통제집단 구성원들보다 더 빨리 공을 넣을 것이라고 확신한다는 것을 알 수 있다. 대미쉬는 미신을 활성화시켰을 때 자기효능감이 올라갔고, 바로 이 점이 통제집단보다 그들의 수행을 좋게 만든 것이라고 설명한다.

이 실험의 의미

이 연구가 당신의 비판적 사고를 활성화할 것이다. 행운이란 우리가 통제하기 어려운 일을 앞에 두었을 때 주로 찾게 되는 불분명한 개념이다. 이 연구는 행운이 '효과'를 내는 것은 우리가 성공할 것이라는 자신감과 관련이 깊다는 점을 보여준다. 그래도 나는 가끔씩 부정 탈 짓은 하지 않을 것이다.

차별이 시작되는 곳

재네들은 다 똑같아!

- 심리 개념 **편견과 차별**
- 연구명 **실험적으로 구성된 집단 간의 긍정적·부정적 태도에 대한 실험적 연구: 로버스 케이브 실험**
- 원조 과학자/연구자 **무자퍼 셰리프** Muzafer Sherif (1954)
- 재현/확장 연구명 **집단 간 차별에 대한 실험**
- 재현 과학자/연구자 **헨리 타즈펠** Henri Tajfel (1970)

이 점에 대해 생각해본 적이 별로 없겠지만, 당신의 자아감각에는 한 사람으로서 자신이 누구인가에 대한 감각(개인 정체성) 외에 심리학자들이 사회 정체성이라고 부르는 것도 있다. 이것은 당신이 속해 있는 집단을 의미한다. 예를 들어 당신은 특정한 스포츠팀의 팬일지 모른다. 당신이 다닌 학교나 동아리, 좋아하는 음악 그룹과 강하게 동일시를 할 수도 있다.

좋다. 그런데 이게 중요한가? 믿기 힘들겠지만 이 사회 정체성이 차별과 편견의 시작이다. 나 자신에 대한 좋은 느낌의 일부는 내가 속한 집단에 대해 좋은 느낌을 갖고 싶다는 욕망을 준다. 응원하는 스포츠팀이 이기면 나도 기분이 좋다. 팀이 지면 나도 기분이 나쁘다. 같은 학교에 있는 누군가가 감옥에 가거나 나쁜 짓을 한 걸 알았을 때는 기분이 좋지 않다. 그 사람을 잘 알지 못하는데도 말이다. 당신이 속한 집단이 피해를 받으면 당신 기분도 나빠진다.

우리는 자신이 속한 집단을 긍정적으로 보고 싶어 하고, 다른 집단은 아주 단순하고 종종 부정적으로 보는 경향이 있다. 여기에서 '저 사람들' 같은 표현이 나온다. 내가 속한 집단의 구성원들은 개성 넘치고 재미있다고 생각하지만, 외집단 구성원들은 모두 똑같고 마음에 들지 않는다는 고정관념을 갖고 본다.

무자퍼 셰리프는 이 주제에 관해 심리학에서 가장 유명한 연구 중 하나를 수행했다. 이 후속 연구 가운데 헨리 타즈펠의 연구를 하나 골라서 직접 재현해보자. 당신도 아주 재미있는 실험이라고 생각하게 될 것이다.

셰리프는 이후 '로버스 케이브Robbers Cave'실험으로 알려지게된 연구를 수행하는데, 오클라호마주에 있는 동명의 주립공원에서 이루어졌기 때문에 이 이름이 붙었다.

1954년, 셰리프는 집단 간 갈등을 연구하기 위한 현장실험의 일환으로서 주립공원에 12살 소년들 무리를 데려갔다. 셰리프는 소년들을 두 집단으로 나누고 자신들의 집단명을 짓게 했다('독수리'와 '방울뱀'으로 지었다). 곧 셰리프는 몇 가지 경쟁적 활동을 지시하는 것 이상은 할 필요도 없을 만큼 빠르게 집단 간 갈등을 만들어낼 수 있다는 사실을 발견했다. 두 집단은 서로에게 욕을 하기 시작했고, 서로의 물건을 훔쳤으며, 싸움이 붙었다. 내집단/외집단의 분열이 시작되었다.

이제 이런 현장실험을 재현할 방법은 없다고 생각할 것이다. 그럴 필요가 없다. 심리학자 헨리 타즈펠이 알아낸 바에 따르면 집단 간 갈등을 만들기 위해 무언가를 특별히 할 필요가 없다. 타즈펠의 기발하고 재미난 방식을 재현해보자.

실험해보자!

타즈펠은 '최소 집단minimal group'배정 과정을 이용해 두 집단을 만들어냈다. 먼저 참가자들에게 한 페이지 안에 있는 점의 개수를 추측하게 한 다음에 게임을 진행해서 그들 사이에 저절로 경쟁이 생겨나는지 보았다.

필요한 것은 다음과 같다.

- 참가자 약 10명씩으로 구성된 집단 2개. 첫 번째 집단은 당신이 선택한 장소(당신의 '실험실')에 특정 시간에 도착해야 하고, 다른 10명 집단은 또 다른 시간에 와야 한다(최소한 2시간 차이가 나거나 아예 다른 날로 택한다).
- 검은색 유성매직
- 큰 방(교실 크기면 제일 좋겠지만 차고를 이용해도 된다)
- 커다란 스프링노트. 21×28센티미터 정도면 된다.
- 동전
- 집단 앞에 보여줄 수 있는 카드매칭 기억력 게임

교실 앞의 컴퓨터 또는 프로젝터 스크린으로 게임 화면을 보여주어서 넓은 방 안에 있는 모두가 게임 진행 상황을 볼 수 있으면 이상적이다. 다양한 종류의 게임이 효과가 있겠지만 꼭 집단 간 경쟁이 필요한 게임을 고를 필요는 없다. 인터넷이나 스마트폰, 태블릿 등으로 무료 기억력 게임을 찾을 수 있을 것이다.

실험 방법

- **1단계:** 이 집단이 '평가자' 집단이 될 것이다. 참가자들이 오기 전에 이곳에 올 거라고 기대하는 사람들의 숫자만큼 목록을 만들고 각 숫자 옆에 참가자들 이름을 하나씩 적는다. 참가자가 짝수로 오면 좋겠지만, 아니어도 상관없다. 짝수 번호 옆에는 'O'라고 쓰고, 홀수 번호 옆에는 'U'라고 써놓는다. 이유는 잠시 뒤에 나온다.

- **2단계:** 참가자들이 도착하기 전 해야 할 다른 일은 사람별로 당신 수첩의 페이지를 하나씩 할당하는 것이다. 페이지마다 점을 많이 그려 넣는다. 페이지마다 다른 수여야 한다. 참가자별로 그에게 해당하는 페이지의 점 개수를 추정하라고 할 테니, 셀 수 없을 만큼 점을 많이 그려 넣되 점끼리 겹쳐서 구분할 수 없을 만큼 많이 그리지는 않는다. 페이지 뒤쪽에는 오른쪽 상단에 원하는 숫자를 아무것이나 써넣는다. 그 숫자가 앞면의 점 개수인 척할 테지만, 이 숫자가 틀려도 상관없고 앞쪽의 실제 점 개수를 몰라도 상관없다. 이유는 마찬가지로 잠시 뒤에 나온다.

- **3단계:** 1단계와 2단계의 준비를 모두 마쳤으면 모두를 실험실 안으로 부른다. 기억에 대한 연구를 진행하고 있고 이제 기억력 게임을 진행할 텐데, 게임을 하기 전에 종이 한 장 위에 그

려진 점의 개수를 얼마나 근접하게 추정하는지 보고 편을 나눌 것이라고 말해준다.

- **4단계:** 사람들에게 서로 다른 숫자의 점이 그려진 서로 다른 페이지를 보여준다. 실제 점의 개수보다 적게 추정하는 사람들에게는 '과소평가자'이고 실험실의 오른쪽에 서야 한다고 말한다. 실제 개수보다 높게 추정한 사람들은 '과대평가자'이고 왼쪽에 서야 한다고 말한다. 당신은 아마도 실제 점의 개수를 모를 테고, 세어놓아야 할 필요도 없다. 총 개수가 몇 개냐고 물어보면 연구가 끝난 뒤에 알려준다고 말한다. 그 시점엔 개수가 아무 의미 없겠지만, 그래도 점 개수를 세고 싶어 하면 세어보라고 해도 괜찮다.

- **5단계:** 그거면 됐다. 각자에게 점이 그려진 페이지를 보여주고 점이 모두 몇 개인 것 같은지 물어본다. 추정치를 말하면 페이지 뒷면을 보고 실제 점의 개수를 보는 척한다. 그리고 각자에게 과소평가자인지 과대평가자인지 말해준다. 실제로는 그들이 실험실에 들어오기도 전에 당신이 만들어둔 이름 목록에 써둔 O overestimator (과대평가자)나 U underestimator (과소평가자) 표시를 보고 집단을 배정해준다(누군가를 배정할 때 볼 수 있도록 목록을 가까이에 은밀하게 놔둔다). 지금 당신은 아주 말도 안 되는 기준으로 집단을 나누는 중이다.

- **6단계:** 집단 절반은 실험실의 한쪽 벽면에, 다른 절반은 다른

벽면으로 나눈 다음에, 한 집단에 당신이 골라놓은 카드매칭 게임을 시킨다. 모든 카드를 다 맞히고 나면 다른 집단도 게임을 하게 한다. 이것이 경쟁이라고 말해주지는 않는다.

- **7단계:** 집단을 번갈아가며 원하는 만큼 게임을 몇 번 시킨다. 참가자들의 행동을 신중하게, 특히 각 집단 구성원들이 다른 집단의 구성원들에게 하는 말을 잘 관찰한다.
- **8단계:** 게임을 다 마치면 참가자들에게 실험의 진짜 목적이 뭐였는지 설명해준다.

B 집단

- **1단계:** 이 집단은 비교집단이 될 것이다. 이 참가자들은 편을 나누지 않을 것이다. 카드매칭 게임을 준비하고 실험실 앞의 스크린에 띄워서 모두가 볼 수 있게 한다.
- **2단계:** 모두를 실험실 안으로 부른다. 기억에 대한 연구를 진행하는 중이며 참가자들이 기억력 게임을 해야 한다고 말한다. 게임을 몇 차례 진행하고 집단 구성원들 사이에 어떤 일이 발생하는지 지켜본다. 사실 특별히 재미난 일이 벌어지지는 않을 것이다. 모든 사람이 게임을 하고 나면 길어야 30분 정도면 다 끝날 것이다.

실험 결과

그래서 무슨 일이 일어나고 있던 걸까? B 집단에서는 어떤 편도 나누지 않고 모두가 함께 참여하면서 서로 지지하고 격려해야 하므로 놀리는 말이나 손가락질, 비웃는 기색을 보지 못할 것이다. 반면 '평가자' 집단에서는 각 집단이 같은 편 구성원을 응원할 뿐 아니라 '과소평가자'들이 '과대평가자'들의 성과를 놀리고 그 반대도 마찬가지인 점에 놀라게 될 것이다. 이 모든 일은 아주 우스꽝스러운 이유, 즉 점 개수의 추정치가 높았거나 낮았는가에 따라 만든 집단인데도 일어난다.

이 실험의 의미

편견과 차별이 사람들 간에 매우 분명한 차이가 있고 자원이 희박할 때 형성되는 점은 이해할 만하다(이것을 '현실적 갈등' 이론이라고 부른다). 영화와 뮤지컬로 나와 있는 〈웨스트 사이드 스토리West Side Story〉가 너무나도 분명하게 보여주듯이, 국적이 다르고 서로 다른 지역에 사는 사람들은 갈등을 일으킬 수 있다. 이 재현 실험은 금세 서로를 놀리기 시작하는 집단을 만들어내는 것이 무서울 정도로 쉽다는 점을 보여준다.

편견과 차별을 깨뜨리는 한 가지 방식은 갈등하는 두 집단이 같은 목표를 향해 함께 일하게 만드는 것이다. 집단 구성원들이 '우리는 한배에 타고 있다'는 것을 느끼면 집단 사이의 벽이 무너져 내리기 시작한다.

별생각 없이 하는 행동들

프레이밍에 당하다

- 심리 개념 의사결정
- 연구명 합리적 선택과 결정의 프레이밍
- 원조 과학자/연구자 아모스 트버스키Amos Tversky,
대니얼 카너먼Daniel Kahneman(1986)

광고주와 정치가, 온갖 분야의 판매원들은 매일 당신을 설득하려고 노력하는 중이다. 그들은 당신을 자신들이 바라는 대로 생각하게 만들어서 자신들이 만든 제품을 사거나 다음 선거에서 자신을 뽑게 만들고 싶어 한다.

예를 들어 이렇게 상상해보자. 대형마트에 가서 어떤 스테이크 상품을 살지 고민 중이다. '지방 25퍼센트'라고 쓰인(음……, 별로 좋아 보이지 않는다) 작은 스티커가 붙은 상품을 살까, 아니면 '살코기 75퍼센트'라고 쓰인(훨씬 건강해 보인다) 스티커가 붙은 상품을 살까?

정보를 제공하는 방식, 즉 어떤 문구로 표현했는지가 심리학자들이 '프레이밍 framing'이라고 부르는 것이다. 누군가가 당신에게 어떤 상황에 대해 이야기할 때 그것이 어떻게 프레이밍될까? 예를 들어 우리는 '지구온난화'를 경험 중인가? 유난히 추운 1월의 어느 날이라면 그렇지 않다고 생각할지 모른다. 사람들은 순간의 경험에 의존하는 경향이 있다. 그러나 '기후 변화'라는 개념은 어떨까? 이 문제를 그런 식으로 프레이밍하면 지금 당장 덥거나 추운지에 대해서는 덜 생각하게 될 것이다.

광고주들도 프레이밍을 이용하고 정치가들도 그렇다. 프레이밍이 어떻게 생사를 가르는 결과를 만들어낼 수 있는지 알아보자.

원래 실험

잘 알려진 2명의 심리학자, 대니얼 카너먼과 아모스 트버스키는 우리가 생각하는 방식에 대해 많은 영감을 주었으며, 인간이 우리 생각만큼 합리적이지 않다는 사실을 깨닫게 해주었다.

두 사람은 참가자들에게 이 가상의 문제를 제시했다.

600명의 사망자가 예상되는 특이한 질병의 발발에 대비하고 있다고 상상해보자. 이 질병에 대항하기 위한 치료법 2가지가 제시되었다. 다음 중 많은 사람이 선택한 치료법은 무엇일까.

1. A 치료법을 도입하면 200명이 살아남을 것이다.
2. B 치료법을 도입하면 600명이 살 확률이 3분의 1이고, 아무도 살지 못할 확률이 3분의 2이다.

대부분의 사람들은 A 치료법으로 갔다. 그편이 더 좋아 보이고 (더 많은 사람이 사는 것 같고) 덜 복잡해 보인다. 물론 구해낸 사람들의 숫자는 두 치료법에서 똑같았다.

우리는 복잡한 결정 과정을 거쳐 행동하지 않는 경우가 너무나 많다. 본능적인 반응을 따라가고, 우리의 관심이 끌리는 쪽에 영향을 받는다.

실험해보자!

이 연구를 원래와 똑같은 방식으로 재현할 수 있다. 참가자들에게 의사결정에 관한 연구를 하고 있다고 말해도 되지만, 이 문제에 주의를 더 많이 기울이게 될지 모르니 그저 '사람들의 생각에 흥미가 있다'고만 말하자. 참가자들이 결정을 내린 뒤에 우리는 대개 '위험 회피' 성향을 가지고 있으며, 가장 단순하게 프레이밍되고 가장 많은 생명을 구할 것처럼 보이는 치료법으로 간다고 사후설명만 꼭 해주자.

필요한 것은 다음과 같다.

- 참가자들
- 질문과 선택지를 인쇄한 종이
- 필기구

실험 방법

- **1단계:** 각자에게 다음 문제가 인쇄된 종이를 주고 더 선호하는 치료법에 동그라미를 치도록 한다.

600명의 사망자가 예상되는 특이한 질병의 발발에 대비하고 있다고 상상해보자. 이 질병에 대항하기 위한 치료법 2가지가 제시되었다. 다음 중 많은 사람이 선택한 치료법은 무엇일까.

A 치료법을 도입하면 200명이 살아남을 것이다.
B 치료법을 도입하면 600명이 살 확률이 3분의 1이고, 아무도 살지 못할 확률이 3분의 2이다.

- **2단계:** 참가자들에게 선호하는 치료법에 동그라미를 치라고 말

한다.

- **3단계:** 참가자들에게 이 실험이 무엇에 관한 것인지 말해준다.
- **4단계:** 당신의 포부가 더 크다면 이 문제를 다른 참가자들에게 똑같이 내주되 아래의 치료법을 제시한다.

A 치료법을 도입하면 400명이 죽을 것이다.

B 치료법을 도입하면 아무도 죽지 않을 확률이 3분의 1이고, 600명이 죽을 확률이 3분의 2이다.

- **5단계:** 참가자들에게 선택지에 동그라미를 치라고 한다.

실험 결과

아무도 누군가가 죽는 것을 원하지 않는다. 이 치료법들 모두에서 똑같은 숫자의 사람들이 죽지만 아마도 대부분의 사람들이 (카너먼과 트버스키는 그 비율이 78퍼센트 정도임을 밝혀냈다) 많은 사람(200명)이 살아남거나 많은 사람(400명)이 죽지 않을 것처럼 보이는 선택지를 선호할 것이다.

이 실험의 의미

당신이 이 연구에서 나온 생사를 가르는 의사결정에 참여하지 않게 되길 바라지만, 프레이밍 효과는 당신 주변에서 늘 이용되고 있다. TV 속 누군가가 당신이 돈을 쓰게 만들려고 상품 가격이 '하루 몇백 원꼴'이라고 주장하는 것을 들어본 적 있는가? 이게 바로 프레이밍이다. 이런 것은 어떤가. '하루 커피 한 잔 가격으로 이런 물건을……?' 이것도 역시 프레이밍이다.

프레이밍 효과는 제품을 사게 만들기 위해서든 돈을 기부받기 위해서든 늘 사용된다. 그것이 좋은 선택인지 알아내는 유일한 방법은 '신중하게 생각하기'뿐이다. 그리고 광고주들은 당신이 그러지 않기를 간절히 바라고 있다.

도덕적 사고의 발달

아무튼 그건 아냐!

- 심리 개념 **도덕성**
- 연구명 **10세에서 16세까지의 사고와 선택유형의 발달**
- 원조 과학자/연구자 **로런스 콜버그** Lawrence Kohlberg (1958)
- 재현/확장 연구명 **다른 목소리로: 여성의 자아와 도덕성 개념**
- 재현 과학자/연구자 **캐럴 길리건** Carol Gilligan (1997)

아주 어려운 결정을 내려야 할 때 어떤 것이 옳은 선택일지 어떻게 알 수 있을까? 연구 결과, 우리가 어떤 결정이 옳거나 그른지 판단하는 데 영향을 미치는 조건은 우리의 나이, 다른 사람이 우리 입장이라면 어떻게 할 것이라고 생각하는지, 더 나아가 옳고 그름에 대한 나름의 내적 기준을 개발할 수 있는지 여부라고 한다. 심리학자들이 옳고 그름에 대한 판단을 어떻게 연구하는지 살펴보자.

콜버그의 연구는 (A 집단과 B 집단이 있는) 전통적인 의미의 '실험'이라기보다는 다양한 연령대의 아동을 대상으로 신중하게 통제한 일련의 연구에 가깝다. 콜버그는 아동, 청소년, 성인에게 주인공이 아주 어려운 결정에 직면한 윤리적 딜레마가 담긴 이야기를 제시했다. 콜버그는 주인공에게 제시한 정확한 결정 사항에는 관심이 없었다. 그 대신 각자 그런 결정을 내리게 된 근거에 관심이 있었다. 가장 유명한 이야기는 '하인츠'가 마주한 딜레마와 관련된 것이다.

어떤 여성이 특별한 암에 걸려 죽음을 앞두었다. 의사들이 그녀를 살릴지도 모른다고 생각한 치료제가 하나 있었다. 라듐 형태의 약으로 같은 마을에 사는 약제사가 최근에 찾아낸 것이었다. 그 약을 만들려면 돈이 많이 들었고, 약제사는 들어간 비용의 10배를 값으로 불렀다. 라듐을 2백 달러에 샀지만 적은 분량의 치료제에 2천 달러의 가격을 매긴 것이다.

아픈 여성의 남편 하인츠는 돈을 빌리기 위해 자신이 아는 모든 사람을 찾아갔지만 다 합해도 약값의 절반인 1천 달러 정도밖에 구할 수 없었다. 하인츠는 약제사에게 아내가 죽어가고 있으니 약을 더 싸게 팔거나 나중에 값을 치르게 해달라고 부탁했다. 그러나 약제

사는 말했다. "안 됩니다. 나는 그 약을 찾아냈고 그걸로 돈을 벌 겁니다." 절망에 빠진 하인츠는 약제사의 실험실로 몰래 들어가 약을 훔쳤다. 하인츠가 아내의 약을 훔치기 위해 실험실로 들어가야만 했을까? '예' 또는 '아니요'라면 그 이유는 무엇인가?

예상했겠지만, 나이 든 사람일수록 어린 사람들보다 더 복잡한 대답을 내놓았다. 콜버그는 대답을 세 수준으로 분류하고, 각 수준을 다시 2단계로 나누었다. 우리는 3개의 주요 수준에만 초점을 맞출 것이다.

대다수 사람들이 자신의 행동을 다른 사람들이 어떻게 할지에 비추어 설명하기 때문에 콜버그는 그 수준에 '인습적conventional'이라는 단어를 사용하기로 결심했다. 이보다 덜 진보한 생각은 '전인습적pre-conventional'이라고 부르고 이보다 진보한 생각은 '후인습적post-conventional'이라고 불렀다.

1. **내가 문제에 처하게 될 것인가(전인습적 수준):** 훔치기 같은 주제에서 아이들이 가장 걱정하는 것이 무엇일까? 문제에 처하는 것이다. 이 분류에 속하는 답을 내놓은 사람들이 믿는 논리의 초점은 바로 이것이다. 이들은 하인츠가 약을 훔쳐야 한다고 생각하든 그러지 않든, 권위적 존재가 어떻게 반응할지를 걱정한다. 그래서 이 사람들은 "그렇다. 하인츠는 약을 훔쳐야 한

다. 그러지 않으면 아내가 죽을 것이다"라고 말할 것이다. 또는 "아니다. 하인츠는 약을 훔쳐서는 안 된다. 왜냐하면 체포될 것이기 때문이다"라고 말할 수도 있다. 약 10세 이하의 어린이들은 대개 이런 식으로 응답했다.

2. **다른 사람들은 어떻게 할까(인습적 수준):** 청소년들은 다른 사람들이 자신을 어떻게 생각할지에 관심을 종종 기울이고, 도덕적 판단에서도 그러하다. 그래서 약을 훔치는 문제에 찬성을 했든 반대를 했든, 근본적으로 그들이 내린 결정을 다른 사람들이 어떻게 생각할지, 혹은 이런 문제에 대한 사회적인 기대가 어떠하리라고 생각하는지와 관련이 있었다. 청소년의 세상은 어린이의 세상보다는 크다.

3. **무엇이 올바른 행동인가(후인습적 수준):** 대개 성인들이 이 수준에서 생각하지만, 콜버그는 모든 성인이 이 수준에 도달하지는 않는다는 점을 발견했다. 이 수준에서는 문제에 처하게 되거나 다른 사람들이 생각하는 것, 심지어 법에도 관심이 없다. 이 사람들은 올바름에 대한 자기 생각을 반영하는 복잡한 대답을 내놓을 것이다.

실험해보자!

이 실험을 직접 해보는 데 필요한 것은 다음과 같다.

41. 도덕적 사고의 발달

- 10살 이하의 참가자들
- 청소년 참가자들
- 성인 참가자들
- '하인츠' 이야기를 인쇄한 질문지(또는 당신이 선택한 다른 윤리적 딜레마)
- 필기구

실험 방법

- **1단계:** 한 번에 한 사람의 참가자와 진행한다. 참가자에게 이야기를 읽게 한다(어린 아동들에게는 이야기를 직접 읽어줘야 할 수도 있다).
- **2단계:** 참가자에게 윤리적 딜레마에 대한 자신의 답을 쓰게 한다(어린 아동들의 답은 녹음해도 된다).
- **3단계:** 이 연구를 더 업데이트하고 싶다면 오늘날의 사회가 마주한 어려운 윤리적 문제를 이용해도 된다. 예를 들어 몇 년 전 미국 CIA가 테러와 관련된 정보를 얻어내기 위해 죄수들에게 고문을 가했다는 사실이 드러났다. 청소년과 성인들에게는 이에 대한 의견을 물어봐도 괜찮다. CIA가 쓴 방식(가령 물고문)이 정당화될 수 있을까?

하인츠가 약을 훔쳐야 한다거나 훔치지 말았어야 한다고 생각하는지와 상관없이, 10살 이하의 어린이들은 정말로 자신의 삶에서 권위적인 인물들이 생각하거나 할 만한 일을 근거로 결정한다는 점을 발견할 것이다. 반면 청소년들은 다른 사람들이 하거나 생각하는 방식(또는 이 행동과 관련된 사회의 규칙)을 언급할 것이다. 많은 성인이 청소년과 비슷한 답을 내어놓을 것이다. 그러나 일부는 도둑질의 옳고 그름에 관한 개인적인 철학을 말해줄 것이다. 만약 그런 사람이 있다면 콜버그의 수준에서 '최상위'에 있는 사람들을 만나는 중이다.

고문에 대한 판단과 관련해서는 어떨까? 다른 나라에서도 그러니까 괜찮을까(인습적)? 대부분의 나라가 그러지 않기 때문에 괜찮지 않을까(여전히 인습적)? 다른 사람들이 무어라 생각하든, 생명을 구하기 위해 그 정보가 필요했기 때문에 괜찮을까(후인습적)? 아니면 고문은 그냥 절대로 정당화될 수 없는 것일까(이것도 후인습적)?

심리학자 캐럴 길리건은 콜버그가 모든 연구에서 남성들만 피험자로 썼다는 점을 알아챘다. 길리건은 도덕적 사고를 연구했고 자신의 샘플에 여성들도 포함했다. 여성들은 하인츠의 결정이 그의 삶 속 다른 인물들에게 어떤 영향을 미칠지 고려하는 경우도 많았다. 하인츠에게 다른 사람들을 돌봐야 할 책임도 있었는가? 이와 비슷하게, 고문 딜레마에서 고려해야 할 또 다른 요인은 우리가 책임져야 할 죄수들을 어떻게 대해야 하느냐는 것이다. 죄수들의 고통은 어떻게 할까? 어떻게 행동해야 하는지 결정을 내릴 때 이 점도 고려해야 한다.

영화 속에서 이런 도덕적 수준 사이의 갈등을 쉽게 찾아볼 수 있다. 어려운 결정을 내려야만 하는 순간을 찾아보자. 남성 캐릭터들은 아마 인습적 수준의 논리를 이용할 것이고, 그래서 다른 이들이 겪을지 모르는 고통과 아픔을 강조하는 여성 캐릭터들과 갈등 상황에 놓일 것이다(모든 드라마의 소재다).

이 실험의 의미

언젠가는 당신도 어려운 결정을 내려야만 한다. 배심원으로 선정되어 이런 상황을 겪게 될지도 모른다. 서로 다른 사람들은 서로 다른 것을 보거나 믿기 때문에 진짜 어떤 일이 일어났을지 판단하기 어렵고, 변호사들은 당신이 주목하길 바라는 점을 강조해 댈 것이다. 때가 되면 모든 것은 당신의 선택이 된다.

성급하게 결정하지 않도록 조심하자. 그 사람이 한 일이 옳거나 그른지를 사회의 법에 따라 (인습적 수준에서) 파악하되 그 사람이 한 일이 보편적인(후인습적) 수준에서 옳거나 그른지도 고려해야 한다.

마지막으로, 당신이 내린 결정이 그의 삶 속 다른 인물들에게 미칠 영향에 대해서도 고려하자. 그 결정에 영향을 받을 이들에 대해 우리는 어떤 책임을 져야 할까?

아이들의 인지 발달

이게 더 많아요! 아니, 저게 더 많아요!

● 심리 개념 **인지발달, 에너지 보존**

● 연구명 **아동기 지능의 기원**

● 원조 과학자/연구자 **장 피아제** Jean Piaget (1952)

● 재현/확장 연구명 **아동 인지에서 맥락의 효력: 대화를 통한 예증**

● 재현 과학자/연구자 **수전 A. 로즈** Susan A. Rose, **매리언 블랭크** Marion Blank (1974)

장 피아제는 아동의 사고능력이 자라면서 어떻게 변하는지에 대한 우리의 인식에 커다란 영향을 주었다. 피아제는 인지발달의 4단계를 구분했다.

1. **감각운동기(생후 0~2년):** 이 연령대의 아기를 돌보거나 관찰한 적이 있다면, 그들의 세상은 손으로 만질 수 있고 입에 넣을 수 있는 것으로 정의된다는 점을 알 수 있다. 눈에 보이지 않는

물체도 사실은 계속 존재한다는 것(대상영속성)을 배우는 시기
이다.

2. **전조작기(대략 생후 3~6년):** 이 단계의 아동은 논리적으로 생
   각할 능력을 아직 계발하지 못했다. 이 시기에는 '마법적 사고'
   가 많이 일어난다. 이 연령대의 아동은 흉내 내기를 많이 하고,
   모든 것이 가능할 거라고 생각한다. 앞으로 재현할 연구에서
   이 예시를 보게 될 것이다.

3. **구체적 조작기(대략 생후 7~11년):** 이 시기의 아동은 간단한
   논리적 문제를 이해할 수 있다. 추상적 사고는 아직 불가능하
   지만 꽤 복잡한 수학 문제도 일부 풀 수 있다.

4. **형식적 조작기(대략 생후 12~10대 후반):** 이 연령에서는 더 복
   잡한 사고, 예를 들어 단순한 숫자 대신에 상징을 이용한 수학
   문제 풀기가 가능해진다.

약간 논쟁적인 개념을 살펴보자. 피아제는 두 번째 단계의 아
동들이 논리적 사고를 할 수 없다고 생각했다. 이와 반대로 로즈
와 블랭크는 할 수 있다고 주장했으며, 피아제가 실험을 올바로
수행하지 못했다고 말했다. 누가 옳은지 살펴보자.

피아제가 다양한 연령대의 아동에게 제시한 많은 과제 중에서 스스로 '보존'과제라고 지칭한 것들이 있다. 가장 유명한 과제에서(유튜브에서 관련 영상을 많이 찾을 수 있다) 피아제는 아이들에게 물이 반쯤 차 있는 같은 크기의 유리잔 2개를 보여주었다. 아이들은 2잔에 똑같은 양의 물이 담겨 있다고 생각했다. 피아제는 한 잔의 물을 더 길고 가는 유리잔에 부었다. 유리잔의 수면이 더 높아 보이자, 아이들은 물을 붓는 모습을 보았는데도 키가 큰 잔의 물이 작은 잔보다 더 많다고 대답했다.

피아제는 이런 과제를 많이 만들어내서 아동이 주변 세상에 대해 무엇을 이해하고 무엇을 이해하지 못하는지 알아내려고 했다. 당신도 이 연구를 쉽게 만들어낼 수 있다.

실험해보자!

필요한 것은 다음과 같다.

- (만 4~5살의) 아동 10명(근처 아동보육시설에서 부모들의 허락을 받을 수 있을지 모른다)
- 작은 책상

- 동전 10개
- 똑같은 크기의 유리잔 2개
- 길고 가는 유리잔 1개
- 물

실험 방법

A 집단

- **1단계:** 실험에 참여시킬 수 있는 아동 중 절반을 데려와 책상 앞에 앉힌다. 아이들 앞에 동전을 2줄로 늘어놓는다. 한 줄에 동전을 5개씩 놓고, 두 번째 줄의 동전과 첫 번째 줄의 동전 위치를 똑같이 맞춘다.
- **2단계:** 아이들에게 2줄에 동전이 같은 개수만큼 있는지 물어본다. 아이들이 동전을 세어볼지 모른다. 아마 똑같다고 대답할 것이다.
- **3단계:** 이번에는 윗줄의 동전을 약간씩 떨어뜨려서 아랫줄의 동전보다 더 넓게 퍼뜨린다. 다시 2줄의 동전 개수가 똑같은지 물어본다.
- **4단계:** 두 번째 과제를 위해 유리잔 2개를 꺼낸다. 이전처럼 아이들을 책상 앞에 앉힌다. 각 잔에 정확히 똑같은 양의 물을 붓는다.
- **5단계:** 아이들에게 2잔에 똑같은 양의 물이 담겨 있는지 물어

본다. 아마 그렇다고 할 것이다.

- **6단계:** 그다음에 한 잔의 물을 길고 얇은 유리잔에 붓는다. 아이들에게 다시 물의 양이 같은지 물어본다.
- **7단계:** 아이들의 답을 녹음한다.

B 집단

- **1단계:** 참가 아동 중 나머지 절반에게는 2가지 질문만 하지 않을 것이다. 아이들이 실험실에 들어오기 전에 책상 위에 한 줄이 다른 줄보다 넓게 퍼져 있는 동전 2줄을 만들어놓고, 서로 다른 높이의 유리잔에 물을 먼저 부어놓는다.
- **2단계:** 아이들에게 각 조건에 따라 질문을 한 번만 던진다. 1) 동전 2줄에 동전이 똑같은 개수만큼 있을까, 아니면 그중 한 줄에 더 많이 있을까? 2) 유리잔에 물이 똑같이 담겨 있을까, 아니면 한쪽에 물이 더 많이 담겨 있을까?
- **3단계:** 아이들의 답을 녹음한다.

실험 결과

A 집단의 아동들은 아마 피아제가 얻은 것과 같은 답을 들려줄 것이다. 두 번째 질문 이후 더 넓게 펼쳐진 줄에 동전이 더 많이 있고 키가 큰 잔에 더 많은 물이 담겨 있다고 생각하는 것이다.

아동들은 동전과 유리잔에서 더 눈에 띄는 특징에 초점을 맞추고 부피나 크기처럼 복잡한 특징은 이해하지 못한다. 어떤 대상의 외형이 변했기 때문에 그런 특성이 변하지 않는다는 사실을 깨닫지 못하는 것이다.

B 집단의 많은(아마 전부는 아닐 수 있다) 아동들은 질문을 올바로 받아들일 것이다. 유리잔 2개에 같은 양의 물이 담겨 있고 2줄의 동전이 같은 개수라고 말이다.

로즈와 블랭크가 우리에게 말해주는 사실은 무얼까. 피아제가 그의 연구에서 인지적 요인 위에 사회적 요인도 작동하고 있었음을 몰랐다는 점이다. 아동들은 어른들을 기쁘게 하고 싶어 한다. A 집단에서처럼 아이에게 똑같은 질문을 2번 던지면, 당신이 같은 질문을 2번 던졌기 때문에 첫 번째 답이 틀렸을 거라고 생각하고 답을 바꿀 가능성이 농후하다.

이 실험의 의미

아이들의 학습을 도와주고 싶다면 그들이 삶의 각 단계에서 무엇을 할 수 있는지 알아야 한다. 아동의 단계별 능력에 대한 피아제의 가이드라인은 아주 유용하다. 그러나 로즈와 블랭크가 강조하는 것은 맥락을 살펴보아야 한다는 사실이다. 아동들이 무엇을 하거나 하지 못하는지 알아내려고 할 때 질문을 어떻게 던지는지,

어떤 순서로 물어보는지 잘 생각해야 한다. 이것이 바로 과학적 사고의 위대한 점이다.

피아제가 확신했듯이, 그가 아무것도 증명해내지 못했다고 말할 수는 없다. 피아제의 발견은 아이들의 성장에 따른 변화 이론을 지지하는 결과를 제시했고, 로즈와 블랭크의 연구는 중요한 요소를 약간 더했다. 이 연구들을 함께 고려할 때 아동들을 더 잘 이해하게 되고, 이로써 그들의 학습 과정을 더 잘 도울 수 있을 것이다.

먼저 불가능한 일을
요구하여 설득하기

그건 절대 안 돼요!

- 심리 개념 **면전에서 문 닫기, 설득**
- 연구명 **순응 유발을 위한 상호적 양보 절차: 면전에서 문 닫기 기법**
- 원조 과학자/연구자 **로버트 B. 치알디니** Robert B. Cialdini 외(1975)
- 재현/확장 연구명 **그것은 게임인가? 가상세계에서의 사회적 영향에 대한 증거**
- 재현 과학자/연구자 **폴 W. 이스트윅** Paul W. Eastwick,
  웬디 L. 가드너 Wendi L. Gardner(2009)

부모님에게 용돈을 달라고 부탁했다가 허락을 받으면 처음에 말한 것보다 약간 더 요청해본 적이 있는가? 심리학자들은 이것을 '문간에 발 들여놓기 foot-in-the-door' 기법이라고 부른다. 즉, 일단 작은 호의 요청을 받아들이면 좀 더 큰 것도 줄 가능성이 높아진다.

그런데 다른 방식도 있다. 부모님에게 먼저 큰돈을 요구해보

자. 부모님이 "아니, 말이 되는 소리니?" 하고 반응하면 더 적은 금액(원래 받고 싶었던 금액)을 요청해본다. 이 두 번째 접근방식이 '면전에서 문 닫기door-in-the-face' 기법이다. 우리는 모두 가끔씩 이런 기법들을 쓴다.

심리학자 로버트 치알디니는 아이들과 판매원들이 모두 사용하는 다양한 설득 기법을 밝혀내기 위해 노력해왔다. 우리가 면전에서 문 닫기 기법에 대한 원래 연구 중 하나를 재현할 수 있을지 살펴보자.

원래 실험

치알디니는 먼저 사람들(이 경우엔 대학생들)에게 그들이 절대 동의하지 않을 부탁(그의 표현으로는 '극단적 요청')을 해보기로 결심했다. 치알디니가 떠올린 방법은 이렇다.

지역 소년원에서 무급 자원봉사로 일할 대학생을 모집하고 있습니다. 이 임무를 맡으면 최소 2년 이상 매주 2시간씩 근무해야 합니다. 소년원의 소년(소녀) 중 한 명의 형(누나)으로 결연을 맺고 활동하게 됩니다. 이 임무에 지원해볼 생각이 있습니까?

당신이라면 망설이지 않고 지원하겠는가? 분명히 아닐 것이다.

치알디니의 연구자들은 대학생 58명에게 이 질문을 던졌고 강인한 영혼을 지닌 단 2명이 그러겠다고 답했다(3%).

그 후 치알디니는 좀 더 온건한 요청을 생각해냈다. 2시간 동안 아이들 몇 명을 동물원에 데려가는 일이었다.

동물원 현장체험에서 소년원의 소년(소녀) 일부를 인솔해줄 대학생을 모집하고 있습니다. 무급 자원봉사이며 오후나 저녁에 2시간 정도 소요됩니다. 이 업무에 지원해볼 생각이 있습니까?

치알디니는 요청을 받은 사람 중 33퍼센트 정도가 이 부탁을 받아들이는 결과를 얻었다.

흥미로운 지점을 보자. 치알디니는 먼저 극단적 요청을 해서 기대한 대로 거절하는 답을 얻었다. 그러고 나서는 바로 온건한 요청을 했다. 온건한 요청을 이렇게 했을 때는 응답자 중 절반 이상(55%)이 요청에 동의했다.

이제 '면전에서 문 닫기' 기법을 실험할 수 있을지 살펴볼 것이다. 이스트윅과 가드너가 가상세계에서 어떻게 이 연구를 진행했는지 알아보자.

아는 사람들과 직접 얼굴을 보며 면전에서 문 닫기 기법을 실험할 수도 있지만, 이스트윅과 가드너는 이것이 가상세계에서도 효과를 발휘하는지 알아보기로 했다. 이 연구를 재현하기 위해 필요한 것은 다음과 같다.

- 가상세계 계정에 접속 가능한 컴퓨터

실험 방법

- **1단계:** 아직 계정이 없다면 가상세계 계정을 하나 만들어 로그인한다. 이스트윅과 가드너는 데어닷컴There.com을 이용하기로 결정했지만 세컨드라이프닷컴Secondlife.com이나 당신에게 익숙한 다른 온라인 가상세계를 이용해도 된다.

A 집단: 온건한 요청

이스트윅과 가드너는 얼마나 많은 사람이 다음의 온건한 요청에 동의할지 알아보려고 했다. "안녕, 나는 사진 촬영 미션을 하고 있어. 나랑 같이 두다 해변으로 이동한 다음에 네 캐릭터가 나오게 스크린샷을 찍어도 될까?"

'두다 해변'은 데어닷컴에 나오는 장소이다. 이 장소를 이용해도 되고 당신이 들어간 가상세계의 다른 장소를 골라도 된다.

- **1단계:** 가상세계에 접속한 뒤 혼자 있거나 다른 사람들과 함께 있지만 현재 대화를 나누고 있지 않은 누군가에게 접근한다.
- **2단계:** 누군가가 "안녕" 하고 인사를 받아주면, 스크린샷을 찍기 위해 다른 장소로 이동할 수 있는지 온건한 요청을 해본다. 아바타 20명에게 물어보고 동의한 사람의 수를 센다.
- **3단계:** 동의하면 당신이 요청한 대로 그들과 함께 이동한다. 당신이 스크린샷을 찍었는지 알 수 없을 테지만, 정말 스크린샷을 찍고 나중에 A 집단의 누군가라고 이름을 적어두어도 된다.
- **4단계:** 도와줘서 감사하다고 말한다.

B 집단: 문간에 발 들여놓기 요청

이번에는 문간에 발 들여놓기 기법을 써서 더 많은 사람이 우리와 함께 이동하게 만들 수 있을지 볼 것이다.

- **1단계:** 바쁘지 않은 누군가에게 접근해서 아주 간단한 일을 해줄 수 있는지 물어본다. 이스트윅은 이렇게 질문했다. "네가 나오게 스크린샷을 찍어도 될까?" 아마 모든 사람이 괜찮다고 할 것이다.
- **2단계:** 그다음에는 온건한 요청을 해본다. "고마워. 이제

_____로 같이 이동해서 거기서 스크린샷을 찍어도 될까?" 빈칸에는 당신이 이용하기로 한 장소를 넣는다.

- **3단계:** 동의하면 함께 이동해서 스크린샷을 찍고 그 사람이 어느 집단에 속해 있는지 기록한다.

C 집단: 면전에서 문 닫기 요청

이제 면전에서 문 닫기 기법을 쓸 것이다.

- **1단계:** 앞서와 마찬가지로 바쁘지 않은 사람을 찾아서 원래 이스트윅이 한 것과 비슷한 요청을 해본다. "서로 다른 장소 50곳에서 동일 인물을 찍은 스크린샷이 필요해. 이동해서 찍는 데 모두 2시간 정도 걸릴 것 같아. 네가 해볼래?"
- **2단계:** 아마 아무도 동의하지 않을 것이다. 그러면 온건한 요청을 해본다. "그래, 그럴 줄 알았어. 그러면 _____로 같이 이동해서 거기서 스크린샷을 찍어도 될까?"
- **3단계:** 그들이 동의하면 이동한 뒤에 무슨 일이 일어났는지 기록한다.

실험 결과

온건한 요청에 동의한 아바타 숫자가 B와 C 조건에서 훨씬 클

것이라고 생각한다. 문간에 발 들여놓기 기법을 당한 뒤 요청에 동의하는 이유는 뭘까? 요청 하나에 동의하고 나면 자기 자신을 잘 도와주는 사람이라고 여겨 다시 동의하게 되기 때문이다.

면전에서 문 닫기 기법의 경우는? 한 번 거절하고 나면 왠지 좀 불편해지는데, 그 사람이 마침 다른 것을 부탁해오고, 또 그게 비교적 사소해 보이면 따라줄 마음이 생기기 때문이다.

이 실험의 의미

이 모두가 강력한 설득 기술이다. 사람들을 설득해야 할 때 이용할 수도 있고, 아니면 누군가가 그 기술을 쓸 때 유혹에 저항할 수도 있다. 이 기술은 모든 분야의 판매원들이 수시로 사용하니 부디 조심하자!

유머의 심리학

그거 노잼이야

- 심리 개념 **유머**
- 연구명 **괴짜심리학**
- 원조 과학자/연구자 **리처드 와이즈먼**Richard Wiseman (2007)

심리학자들은 사람에 관한 모든 것, 심지어 과학적
으로 연구할 수 없을 것만 같은 대상조차 연구한다.
'사랑의 감정을 어떻게 실험실에서 연구할 수 있겠
어' 하고 생각할지 모른다. 그렇다면 〈매력의 심리학 팟캐스트The
Psychology of Attractiveness Podcast〉를 확인해보라. 아마 놀랄 것이다. 하
지만 이 실험에서는 사랑이 아니라 유머를 살펴볼 것이다. 왜 어
떤 농담은 재미있게 느껴지고 어떤 농담은 별로일까?

아주 재미있다고 생각한 농담을 했는데 아무도 웃지 않는 경험을 해본 적 있는가? 아니면 '접대용 웃음'을 지어서 실제로는 재미가 없었다는 걸 알아차린 적은? 확실한 농담이란 게 있을까? 모두 웃게 될 농담? 사실 있다고 한다. 음, 95퍼센트의 사람들은 웃을 거라고 한다. 다음 부분에서 그 농담이 무엇인지, 또 왜 어떤 농담은 당신에게보다 남들에게 더 재미있는지 알게 될 것이다. 심지어 농담에 관한 작은 실험도 할 수 있다. 이제 시작해보자.

원래 실험

심리학자 리처드 와이즈먼은 2001년에 굉장한 아이디어를 떠올렸다. 웹사이트를 하나 만들어서 사람들이 자기가 들어본 것 중 가장 재미있는 농담을 쉽게 올리고, 세상에서 가장 재미있는 농담을 찾아낼 때까지 모두 투표를 하게 하면 어떨까? 이렇게 하면 엄청난 농담 데이터베이스가 생겨나서 왜 어떤 농담은 다른 것들과는 달리 거의 항상 '효과'가 있는지 알아내는 데 도움이 될게 분명했다.

4만 개가 넘는 농담 중 대상을 받은, 즉 와이즈먼과 동료들이 ('깔깔척도Giggleometer'라고 이름 붙인) 1~5점 척도에서 가장 높게 평가한 농담은 이것이다.

숲속에서 뉴저지 출신 사냥꾼 둘이 돌아다니다가 그중 한 사람이 땅바닥으로 쓰러진다. 숨을 쉬지 않는 것 같고, 눈은 흰자만 보인다. 다른 사냥꾼이 급히 휴대폰을 꺼내서 긴급 구조 전화를 건다. 사냥꾼은 교환원에게 놀란 목소리로 속삭인다. "내 친구가 죽었어요! 어떻게 하죠?" 교환원은 차분히 달래는 듯한 목소리로 말한다. "걱정하지 마세요. 제가 도와드리겠습니다. 먼저 친구분이 죽은 게 확실한가요?" 잠시 조용해졌다가 총소리가 들린다. 남자의 목소리가 다시 전화기에 울린다. "네, 이제 어떡하죠?"

장담컨대 당신은 최소한 작은 미소라도 떠올리고 있을 것이다. 그런데 왜 재미있을까? 와이즈먼은 이 농담이 모든 재미있는 농담의 핵심 요소를 잘 보여주는 사례라고 말한다. 재미있는 농담은 우리에게 우월감을 준다. 인간 본성 중 가장 존경할 만한 점은 아니지만, 우리가 모자랄 때보다는 남이 모자랄 때가 더 재미있다는 사실을 인정하자. 이 농담은 우리에게 약간이라도 자신감을 느끼게 해준다.

와이즈먼의 '웃음 실험실' 농담 가운데 하나를 실험해보자.

실험해보자!

여기 다른 농담이 있다. 사람들은 이 농담을 와이즈먼의 1~5점짜리 깔깔척도에서 몇 점으로 평가할까?

60대 후반의 남자가 부인이 귀가 멀고 있는지 의심되어서 부인의
청력을 시험해보기로 한다. 남자는 거실 반대편에 서서 물어본다.
"내 말 들려?" 답이 없다. 남자는 부인 쪽으로 절반쯤 가까이 와서 물
어본다. "이제 들려?" 답이 없다. 남자는 부인 바로 옆까지 와서 묻는
다. "이제 들려?" 부인이 대답한다. "이제 세 번째야, 들린다고!"

나이 든 사람들은 이 농담이 분명히 재미있다고 생각한다. 젊
은 사람들은 그러지 않는다. 왜? 와이즈먼은 이 농담이 나이 든
사람들이 걱정하는 무언가, 즉 청력을 다루기 때문이라고 말한다.
젊은이들은 농담을 이해하고 아마 예의 바른 웃음 중 하나를 띠
우며 끄덕이겠지만, 자신의 청력에 대해 걱정하지 않기에 그렇게
까지 재미있다고 생각하진 않을 것이다. 그러니까 우월감에 덧붙
여서, 불안은 우리가 왜 어떤 농담은 재미있고 어떤 것은 그렇지
않다고 느끼는지 설명해주는 또 다른 요인이다.
　와이즈먼이 찾아낸 다른 농담도 보자. 젊은 사람들(특히 여성)
은 이 농담이 재미있다고 생각한다.

남편이 온과 몸무게를 알려주는 자판기 위에 올라서서 동전을 넣는
다. "이것 좀 봐." 남자는 아내에게 작은 결과지를 보여주며 말한다.

"내가 에너지가 넘치고, 밝고, 기지가 있고, 위대한 사람이래." 아내가 끄덕인다. "응, 당신 몹부게도 늘리게 나왔네."

이제 와이즈먼의 농담에 대한 연구 결과, 그중에서도 특히 불안의 역할이 어떤지 알아볼 수 있는 실험을 해보자. 필요한 것은 다음과 같다.

- 젊은 참가자들 한 집단(20~30대 정도)
- 나이 든 참가자들 한 집단(60대 이상)
- 앞의 두 농담

실험 방법
- **1단계:** 먼저 앞에 나온 두 농담을 외운다.
- **2단계:** 젊은 참가자 집단과 나이 든 참가자 집단에 농담을 말해준다.
- **3단계:** 농담 하나를 말해줄 때마다 그 농담을 1~10점 척도로 평가하게 한다. (취향의 미묘한 차이를 잡아낼 수 있을지 보기 위해 와이즈먼의 척도보다 더 강화된 척도를 쓸 것이다.)

실험 결과

이상하게 들리겠지만, 당신도 와이즈먼이 유머의 중요한 요소로 꼽은 불안을 찾아낼 수 있다. 나이 든 사람들에게서는 '남편' 농담보다 '귀먹은 노인' 농담이 1~10점짜리 '재미 척도'에서 더 높은 점수를 얻고, 젊은 사람들에게서는 '남편' 농담이 더 높은 점수를 얻을 것이다.

이 실험의 의미

어떤 농담이 왜 재미있는지 이해하는 것은 코미디언들에게 가장 중요한 문제일지 모른다(물론 코미디언은 아마 과학 논문보다 자신의 감을 더 믿을 것이다). 하지만 나는 코미디언들이 이미 '감' 수준에서 우월감과 불안에 대해 잘 알고 있으리라 생각한다. 자연스레 이것은 흔히 효과적인 설득을 위해 필요하다고 알려진 오래된 조언으로 되돌아간다. 네 청중을 알라.

45

거짓말을
더 잘 잡아내는 법

진짜? 거짓말!

- 심리 개념 **거짓말 탐지**
- 연구명 **혁신적이고 성공적인 거짓말 탐지 도구로서의 그리기**
- 원조 과학자/연구자 **알데르트 브리**Aldert Vrij 외(2009)

 당신은 임무를 수행하고 있는 비밀요원이다. 동료 요원 A에게 '상자'를 받아서 다른 장소로 배달하는 것이 당신 임무이다. 아, 임무 수행 도중 방해를 받을 수도 있는데, 만약 '악당'을 만난다면 그 상자를 받기로 한 장소를 거짓으로 말해야 한다.

어떤 연구자들은 뭐가 재미있는지 잘 안다. 브리와 동료들은 거짓말을 하는 사람을 알아내기 위한 새로운 방법을 찾아냈다. 사건이 벌어지던 그 시각에 자기가 있던 곳의 그림을 그리게 하는 것이다.

영화와 달리 우리에게는 성능 좋은 거짓말 탐지기가 없고, 이른바 '자백약'은 존재하지 않는다. 당신을 졸리게 만들고 좀 더 말하기 쉽게 만드는 약은 있지만 이런 상태에서 말하는 내용은 진실일 수도, 그저 꿈속에서 만들어낸 상상일 수도 있다.

브리와 동료들은 당신이 거짓말을 하는지 알아낼 재미있는 방식을 찾아냈다. 여기에는 요원과 상자, 악당이 나온다. 어떻게 했는지 알아보자.

원래 실험

당신은 이제껏 참여해본 것 중 가장 희한한 심리학 실험에 참여하기 위해 '연구실'에 도착한다.

당신은 특정한 장소에서 요원 A에게 어떤 상자를 받아서 다른 곳으로 전달하는 임무를 맡게 될 것이다. 임무를 수행하는 동안 당신이 속한 조직의 요원, 또는 적대적인 조직의 요원을 만날 수도 있다. 같은 편 요원에게는 임무를 정확하게 전달해야 하지만, 다른 편 요원에게는 임무에 관한 모든 내용을 거짓으로 꾸며내야 한다.

하지만 누가 동료이고 누가 적인지 어떻게 알아낼 것인가? 물론 비밀암호가 있다. 당신이 상자를 전달하면 다른 요원이 안으로 들어와 몇 가지 문답을 할 것이다. 당신은 이렇게 질문해야 한다. "실례지만 몇 시인가요?" 만약 그 요원이 "죄송하지만 제 시계가 오늘 아침 6시 38분에 멈췄습니다"라고 대답하면 그가 바로 동료이다. 동료 요원은 당신에게 임무에 관해 질문할 테고, 당신은 사실대로 대답해도 된다. 만약 그 요원이 앞의 문장과 조금이라도 다른 대답을 한다면, 상자를 받았을 때 당신이 어디에 있었는지 거짓말로 대응해야 한다.

당신은 임무에 관해 몇 가지 질문을 받을 텐데, 그중에는 상자를 받은 장소의 그림을 그려달라는 지시도 있다. 거짓말을 해야 하는 참가자는 지나쳐 온 곳 중 한 곳을 선택해야 하지만, 실제 물건을 받은 장소를 그려선 안 되었다.

브리의 실험에 참여한 다른 사람들은 이 질문에 대한 참가자들의 답을 읽고 그림도 살펴보았다. 처음부터 누가 거짓말을 했고 누가 하지 않았는지는 알지 못했다. 결과는? 이 사람들은 87퍼센트의 확률로 거짓말쟁이를 정확하게 찾아냈다. 어떻게 한 것일까? 우리가 직접 실험해보면서 알아보자.

실험해보자!

필요한 것은 다음과 같다.

- 친구 4명(동료 연구자): 둘은 출발지와 도착지에서 참가자들을 안내해주고, 나머지 둘은 누가 거짓말을 하고 누가 진실을 말하고 있는지 평가할 것이다.
- 참가자 10~20명
- 요원이 임무를 수행할 5~10분 거리의 경로
- 포장한 작은 상자. 필요하면 쇼핑백에 약간 무게가 있는 상자를 넣어 실감 나게 만들어도 된다. 상자 안에 뭐가 들어 있는지는 상관없다.
- 흰 종이와 연필

실험 방법

- **1단계:** 출발 지점부터 다른 장소까지 경로를 짠다. (학교 안의 다른 교실, 또는 다른 사람의 집이나 차고도 괜찮다.) 몇 번 방향을 바꾸게 만든다. 걸어도 되고 운전을 해도 된다. 종이에 가는 길을 적어서 참가자들에게 준다.
- **2단계:** 참가자/요원에게 상자를 줄 누군가가 기다릴 경로의 중간 지점을 고른다. 이 장소는 경로 위의 어떤 곳이든 상관없다. 나무 아래도 괜찮다.
- **3단계:** 참가자들에게 '임무'의 출발지로 정한 곳에서 당신을 만나야 한다고 알려준다. 참가자들은 임무를 혼자 수행해야 한다.
- **4단계:** 출발지에서 참가자와 만난다. 참가자에게 비밀요원이

되어 종이에 적힌 대로 따라가야 한다고 말한다. 중간쯤에 멈춰서 상자를 전해줄 사람과 만나야 하고, 상자를 받아서 종료 지점까지 가라고 말한다.

- **5단계:** 참가자에게 경로의 도착 지점에서 기다리고 있는 사람에게 상자를 전달하라고 말한다. 먼저 그 사람에게 "실례지만 몇 시인가요?"라고 물어보아야 한다.
- **6단계:** 상대방이 "죄송하지만 제 시계가 오늘 아침 6시 38분에 멈췄습니다"라고 대답하면, 참가자는 모든 질문에 사실대로 대답한다. 다른 대답(예를 들어 실제 시간)이 나오면 참가자는 모든 질문에 거짓으로 답해야 한다.
- **7단계:** 모든 질문에 답하면 참가자('요원')는 돌아가도 좋다.
- **8단계:** 종료 지점에서 기다린 사람은 참가자를 자리에 앉혀서 상자를 받은 장소를 그리라고 한다.
- **9단계:** 참가자가 장소를 다 그리고 나면 종이 뒤에 T('진실truth', 즉 시계가 6시 38분에 멈췄다는 대답을 들은 참가자) 또는 L('거짓말lie', 질문에 답하거나 그림을 그릴 때 거짓말을 해야 한 참가자)을 써놓는다. 참가자가 해야 할 일은 끝났다. 이 과정을 모든 참가자에게 반복한다.
- **10단계:** 모든 참가자와 함께 이 과정을 마치고 나면 그림을 전부 모아서 오른쪽 상단에 번호를 매기고 평가자 2명에게 보여준다. 이 두 사람은 어떤 '요원'이 거짓말을 했는지 몰라야 한다.

- **11단계:** 평가자는 그림이 얼마나 자세하게 그려졌는지 다른 종이에 따로 평가한다. 두 평가자는 서로 상의하지 않고, 모든 그림을 아래 척도에 따라 각자 평가한다.

상세하지 않음　**1　2　3　4　5　6　7**　매우 상세함

평가자들은 평가지에 그림이 '눈으로 본 시점'인지, '위에서 본 시점'인지도 평가해야 한다.

실험 결과

당신도 브리가 발견한 것과 똑같은 결과를 얻을 것이다. 거짓말을 해야 한 사람들이 그린 그림은 진실을 말한 사람들의 그림보다 덜 상세하다는 평가를 받는다.

브리는 '진실파'가 '눈으로 본 시점'의 그림을 그리고, '거짓파'는 위에서 내려다본 듯한 그림을 그리는 경향 또한 발견했다. 진실을 말하는 사람들은 자신이 실제 있던 장소에 대한 기억을 그리기에 디테일을 많이 포함하고, 자기 눈높이에서 본 장면을 그릴 가능성이 높다. 거짓말을 한 사람들은 어떤 장소를 꾸며내야만 한다. 그래서 디테일하게 표현하지 못하며 그 장소를 내려다본 것처럼 그릴 가능성이 높다.

현재 '거짓말 탐지기'로 사용되는 장치와 약물은 실패율이 매우 높기 때문에 우리에겐 새로운 접근 방법이 필요하다. 여기서 브리와 동료들이 사용한 방법은 꽤 말이 된다. 어쩌면 이 방법이 누가 거짓을 말하고 누가 진실을 말하는지 가려내기 위한 우리의 도구를 대체하거나, 최소한 보강할 수 있을 것이다.

몸은
생각에 영향을 미친다

그거 무게 있는 생각이네요

- 심리 개념 **체화된 인지**
- 연구명 **중요성의 체화로서의 무게**
- 원조 과학자/연구자 **닐스 B. 조스트맨**Nils B. Jostmann,
다니엘 레이큰스 Daniël Lakens, **토머스 W. 슈베르트**Thomas W. Schubert (2009)

논쟁에 들어가보자. 과학자들은 때로는 토론하고 때로는 논쟁한다. 그런 논쟁 중 하나는 바로 연구 재현에 관한 것이다. 과학적 방법론에 따르면 당신이 무언가를 알아냈다고 생각하면, 확실히 알아보기 위해 그 연구를 다시 해보아야 한다. 그러면 다른 연구자들도 당신의 연구를 재현해 같은 결과가 나오는지 볼 것이다.

문제는, 실은 그렇게 자주 재현하지는 않는다는 점이다. 출판

된 연구 가운데 일부는 재현 연구를 해보는 사람이 없고, 누군가가 연구를 재현해봤어도 원래 연구와 같은 결과를 찾아내지 못하면 그 연구는 그냥 '서류철' 속으로 들어가버린다.

'체화된 인지'라는 개념을 살펴보자. 이것은 신체가 사고에 강하게 영향을 미칠 수 있다는 개념이다. 예를 들어 몸을 앞으로 기울이면 뒤로 기댔을 때보다 미래에 대해 생각할 가능성이 높을까? 어떤 연구자들은 그런 결과를 찾아낼 수 있다. 다른 이들은 그렇지 않다. 나 자신은 이런 연구 가운데 일부에 약간 회의적이라는 점을 인정해야겠다. 어떻게 몸을 살짝 움직인다고 마음에 그렇게 강력한 영향을 미칠 수 있을까?

이번 항목에서는 이러한 신체-정신 연결을 지지하는 증거를 찾아낸 연구에 관해 이야기할 것이다. 또 다른 연구도 그 결과를 지지했다. 다른 연구 3개는 지지하지 못했다. 어쩌면 당신이 이 균형을 깨뜨릴 수 있을 것이다.

유명한 영화 〈백 투 더 퓨처 Back to the Future〉에는 '무겁다'와 관련한 농담이 나온다. 극 중 캐릭터 마티는 (미래에서 왔는데) 오늘날 우리가 알고 있는 대로 이 표현을 쓴다. 어렵거나 복잡한 생각을 '무겁다'고 표현한 것이다. 캐릭터 '박사 Doc'는 극 중에서 1955년에 존재하는데, 이런 식으로 쓰는 '무겁다'의 의미를 잘 알지 못해서 질문한다. "미래에서는 왜 물건들이 그렇게 무겁지? 지구 중력에 문제가 생겼나?"

우리는 일상 대화에서 '무겁다'라거나 '가볍다'('그 사람은 행동이 가벼워')라는 상징을 자주 사용한다. 그렇지만 중요한 주제에 대한 설문을 작성할 때 당신이 들고 있는 클립보드의 무게에 따라서 의견이 휘둘리는 것까지 가능할까?

원래 실험

조스트맨, 레이큰스, 슈베르트는 다소 단순한 연구를 수행했다. 세 사람은 설문지를 들고 와서 학생들에게 어떤 주제가 얼마나 중요한지 평가해달라고 부탁했다. 예를 들어 총학생회가 대학의 의사결정 과정에서 목소리를 내는 것이 얼마나 중요하다고 생각하는지 답하는 문제 따위였다.

학생 참가자들은 캠퍼스를 걸어가다가 멈춰 선 채 클립보드를 들고 설문에 응답해야 했다. 연구자들은 학생들이 무거운 클립보드(약 1천39그램)를 들고 있으면 가벼운 클립보드(약 658그램)를 들고 있을 때보다 그 주제를 (1~7점 척도에서) 더 중요하게 생각할 것이라고 예측했다. 그리고 정말로 그랬다. 무거운 클립보드일 때에는 평균 5.27점, 가벼운 클립보드일 때에는 평균 4.21점이었다. 연구자들은 학생들이 사는 도시의 환경, 삶의 질, 시장에게 얼마나 만족하는지 등에 대한 질문 문항에서도 비슷한 결과를 얻었다.

그런데 다른 네 연구자들이 이것을 실험했을 때는 클립보드의 무게에서 아무 효과도 찾아내지 못했다. 당신은 가능할까?

실험해보자!

필요한 것은 다음과 같다.

- 가벼운 클립보드
- 무거운 클립보드
- A4 용지(클립보드를 채우는 용도)
- 연필
- 아래에 1~7점 척도가 있는 질문 4개(1=전혀 중요하지 않다, 7=아주 중요하다)
- 참가자 30명가량

조스트맨은 클립보드의 무게와 관련해 멋진 해결책을 찾아냈다. 보관함이 달린 클립보드를 사용하는 것이다. 무겁게 만들 때는 보관함에 종이를 가득 넣으면 되었다. 같은 클립보드를 사용하면 가볍거나 무거운 조건에서 다른 색상의 클립보드를 쓰지 않아도 되기 때문에 좋았다.

실험 방법

- **1단계:** 설문 문항을 생각해내야 한다. 아직 결론이 나지 않았고 다양한 의견이 나올 수 있는 주제로 골라야 한다. 참가자가 그 주제에 어떤 의견을 지니든(찬성하든 반대하든) 상관없다는 것을 기억하자. 우리는 그저 그 주제가 중요하다고 생각하는지만 보는 것이다.

- **2단계:** 참가자 30명 정도에게 물어본다. 설문에 응답할 때 15명은 클립보드 보관함이 빈 채로, 15명은 보관함을 가득 채운 채로 응답한다.

실험 결과

이 문제를 둘러싼 논쟁을 보면 어떤 결과가 나올지 정말 모르겠다. 조스트맨은 당신이 그가 찾아낸 결과를 얻으리라 생각할 것이다. 그렇지만 다른 연구자들 다수는 아무것도 찾아내지 못했다.

이 실험의 의미

조스트맨이 옳다면 그 함의에 대해 생각해보자. 설문 응답자가 설문 주제를 심각하게 받아들이길 원한다면 설문지를 무거운 클립보드에 끼우면 된다! 이 얼마나 간단한 기법인가. 아니면 혹시 시간 낭비일까? 조스트맨의 연구 결과는 놀랍고 약간 재미있었기 때문에 언론에도 많이 보도되었고 이제 많은 사람이 이것을 진짜 있는 효과라고 생각한다.

아무 효과도 찾지 못한 4번의 재현 실험은 언론의 관심을 전혀 받지 못했다. 연구자가 조스트맨처럼 '통계적으로 유의미한' 무언가를 찾아낸다면, 가능성이 적기는 하지만 여전히 우연히 일어났을지도 모르는 한 경우를 찾아냈다는 의미일 뿐이다. 진짜 확신을 얻을 유일한 방법은 연구를 계속해서 재현해보고 매번 유사한 결과가 나오는지 관찰하는 것이다. 바로 이 책에서 우리가 하는 것처럼.

어떤 직업을
좋아하는 까닭

이 일을 하면 당신은......

- 심리 개념 직무 만족과 동기의 2요인 이론
- 연구명 한 번 더: 직원들의 사기를 어떻게 올려주고 계십니까?
- 원조 과학자/연구자 프레더릭 허즈버그 Frederick Herzberg (1957)
- 재현/확장 연구명 직무 태도: 연구와 의견 리뷰
- 재현 과학자/연구자 J. 리처드 해크먼 J. Richard Hackman,
그레그 R. 올덤 Greg R. Oldham (1974)

여러 유형의 심리학자 가운데 산업/조직심리학자라
고 불리는 이들이 있는데(아니다, 그들은 일터에서 심리
치료를 해주지 않는다) 사실 그들은 심리치료 훈련은
전혀 받지 않는다. 다만 매니저들이 직원들을 어떻게 이끌고 동기
를 불어넣어줄지, 어떻게 하면 직원들의 생산성을 끌어올릴지, 직
무에 지원한 많은 사람 가운데 어떻게 가장 적합한 사람을 골라

넣지 등을 알아내는 훈련을 받는다.

일자리에 관한 설명을 훑다 보면 분명 필요한 자질 가운데 '의욕 충만'이라는 단어를 만나게 될 것이다. 직원들에게 의욕을 불어넣는 것, 또는 그들에게 왜 의욕이 없는지 알아내는 것은 까다로운 작업이다.

많은 직원이 의욕이 가득한 채 시작했다가 시간이 지나면서 그 자질을 잃어버린다. 왜일까? 무엇이 어떤 사람들은 열심히 일하게 하고 다른 사람들은 그러지 않는 일터로 만드는 것일까? 허즈버그는 이 문제에 대한 답을 알아내고자 했다.

원래 실험

허즈버그의 접근법은 다소 직설적이었다. 사람들에게 직장에서 의욕을 불어넣고 만족감을 주는 것이 무엇이며 반대로 느끼게 만드는 것은 무엇인지 물어보았다. 그렇게 나온 응답은 자신이 '위생hygiene'과 '동기motivator' 요인으로 부른 2가지로 분류했다. 두 요인의 예를 보자.

위생 요인

- 급여
- 상사와의 관계

- 동료들과의 관계
- 일자리에 따른 지위
- 직업 안정성

동기 요인
- 인정
- 성취
- 권한
- 발전 기회
- 일 자체가 주는 즐거움

위생 요인은 모두 당신 외부의 요소, 다른 사람들이나 그 일의 환경적 조건인 반면, 동기 요인은 더 내적이며 성취와 성장과 관련된 것들임에 주목하자.

허즈버그는 위생과 동기 요인이 모두 낮은 직무는 직원들에게 낮은 동기와 낮은 직무 만족도를 낳는다고 결론지었다. 그런데 한번 거꾸로 생각해보자. 어떤 일자리가 직업 안정성이 뛰어나고 급여도 좋고 동료들과 좋은 관계도 맺을 수 있다면(모두 위생 요인) 당신이 만족할까? 아닐 것이다. 허즈버그는 이것들은 있으면 좋지만, 기껏해야 불만족스러운 것을 막아주는 정도에 지나지 않는다고 말했다.

생각해보자. 일자리 안정성이 뛰어나면 그것 때문에 좋아서 펄쩍 뛰겠는가? 급여가 괜찮으면 얼마간은 기분이 좋겠지만, 똑같은 급여를 몇 년간 받다 보면 익숙해져서(이것을 '습관화'라고 부른다) 긍정적 효과가 사라질 것이다.

직무에 정말로 만족할 수 있는 유일한 방법은 허즈버그에 따르면 동기 요인을 제공하는 것뿐이다. 즐길 만한 업무, 인정과 성장을 위한 기회 말이다.

모든 사람이 허즈버그의 이론이 최고라고 생각하는 것은 아니다. 당신도 알겠지만, 우리는 모두 나쁜 일이 생기면 남을 탓하고 일이 잘되면 자기 덕이라고 생각하는 경향(자기 위주 편향self-serving bias)이 있다. 허즈버그와 인터뷰한 사람들도 이런 편향을 많이 드러냈을지 모르는데, 저 '위생'과 '동기' 요인을 보면 좀 그래 보이긴 한다.

당신은 어떤 결과를 얻어낼지 알아보자.

실험해보자!

허즈버그의 연구를 재현하기 위해서는 그다지 많은 도구가 필요하지 않다. 필요한 것은 그저 다음과 같다.

• 인터뷰 대상자 30명 정도

- 인터뷰 대상자마다 종이 한 장씩

실험 방법

- **1단계:** 직업이 있는 사람들에게 일하면서 만족감을 준 것과 불만족감을 준 것이 무엇이었는지 물어본다.
- **2단계:** 대상자마다 종이를 한 장씩 준비한다. 종이 한가운데에 선을 하나 긋고 선 왼쪽에는 '만족', 오른쪽에는 '불만족'이라고 쓴다. 참가자들이 말하는 것을 녹음하거나 모든 단어를 받아 적을 필요는 없다. 각 칸에 그들이 만족스럽거나 불만족스럽다고 말할 때 언급하는 단어와 문구 등을 적으면 된다.

J. 리처드 해크먼과 그레그 올덤도 직무 만족도와 동기라는 주제를 살펴보았다. 두 사람은 허즈버그의 접근법이 좋은 정보를 제공하지만 한계도 있다는 점을 알았다. 그리고 연구를 통해 다른 미묘한 요인도 있다는 것을 밝혀냈다. 예를 들어 일에 매일 많은 변동이 있는지, 사람들이 그 직업을 중요하다고 생각하는지, 일을 하는 방식에 어떤 영향력을 미칠 수 있는지, 어떤 과제를 처음부터 끝까지 해내면 성취감을 경험했다고 느끼는지 등이다. 인터뷰를 하면서 대상자들에게 이런 요소가 있었는지 (혹은 없었는지) 물어보자.

실험 결과

30명 정도와 이야기를 나누었다면, 적은 것을 모두 꺼내서 '내용분석content analysis'이라고 부르는 것을 한다. 내용분석은 통계분석과는 달리 적은 내용을 주의 깊게 읽어보면서 주제 혹은 반복되는 문구가 있는지 살피는 것이다. 대부분의 사람들이 도전의식을 느끼고 노력을 존중받는다고 느끼는 일자리를 좋아한다는 허즈버그의 결과가 나올 수도 있다. 인터뷰 대상자들이 싫어하는 업무의 요인으로 삼은 것들은 아마 상사가 마음에 들지 않거나 급여가 낮다는 등의 문제일 것이다.

해크먼과 올덤이 언급한 요인, 즉 다양성과 의미, 성취, 자율성도 찾아보자. 맨 처음부터 이런 주제를 말하지 않을지는 모르지만, 좀 더 찾아보면 아마 나올 것이다.

이 실험의 의미

우리는 대부분 우리가 좋아하는 직업, 일할 의욕이 나는 직업을 원한다. 단순히 '이달의 직원'으로 뽑힌다고 해결되는 문제는 아니다. 그렇다면 매니저들이 직무의 '질을 높이기' 위해 정확히 어떤 걸 해야 할까?

허즈버그와 해크먼과 올덤의 연구는 실제로 우리가 무엇을 할 수 있는지에 관해 아주 구체적인 예를 보여주었다. 모든 일자리를 정말 재미있게 만들 수는 없겠지만, 우리가 모든 일자리를 더 즐겁게 수행하도록 다시 설계할 수는 있다.

심리학적 예방접종

나라면 절대 안 그래!

- 심리 개념 설득, 개인적 우화, 도파민, 전두엽
- 연구명 안전하다는 환상 깨기: 설득에 대한 저항의 동기와 메커니즘
- 원조 과학자/연구자 브래드 J. 사가린Brad J. Sagarin,
로버트 B. 치알디니Robert B. Cialdini 외(2002)

청소년들에게는 심리학자들이 '개인적 우화personal
fable'라고 부르는 것이 있다. 바로 자기가 무언가 특
별하고 자신에겐 나쁜 일이 생기지 않을 것이라는
믿음이다. 많은 청소년이 불필요한 위험을 무릅쓰는 이유이기도
하다. 인생 중 특히 이 시기에 위험한 일을 저지르고(과속을 하는
것처럼) 잘 빠져나가는 데 대한 보상(뇌의 신경전달물질 중 하나인 도
파민의 순간적인 분출)이 굉장히 강력하다는 것도 다른 이유이다.

성인들은 청소년일 때 긍정적인 (또는 부정적인) 느낌이 얼마나 강력해질 수 있는지를 잊는다. 또한 청소년기에는 복잡한 사고능력을 담당하는 뇌의 전두엽이 아직 완전히 발달하기 전이다.

광고업계는 이런 사실을 아주 잘 알고 있고 청소년들의 구매를 부추기는 데 이를 활용한다. 우리가 매일 어떻게 설득당하는지 깨닫게 만든 로버트 치알디니는 광고주들이 주로 사용하는 6가지 책략을 밝혔다.

1. 일관성   4. 희소성
2. 호감   5. 사회적 증거
3. 권위   6. 상호성

여기에서는 권위와 희소성에 초점을 맞출 테지만, 이 전략들을 더 깊이 알고 싶다면 치알디니가 쓴 《설득의 심리학 Influence》을 보면 된다.

이 연구는 의학계에서 아이디어를 빌려온다. 천연두에 심하게 걸리지 않기 위한 한 가지 방법은 천연두 바이러스를 소량 포함한 주사를 놓는 것이다. 당신의 면역체계는 이 소량의 바이러스에 성공적으로 맞서 싸울 수 있고, 결국 천연두에 대한 면역력을 갖추게 된다.

바로 이 접근법을 사용해 광고주들의 설득 전략에 대한 '면역력'을 갖출 수 있을까? 한번 알아보자.

원래 실험

사가린과 동료들은 사람들에게 설득 전략이 어떻게 작동하는지 말해주는 것만으로는 그 영향력을 줄이기에 충분하지 않다는 사실을 알았다. 그래서 참가자들에게 그들이 설득 전략에 얼마나 취약한지 실제로 보여주는 작은 '경험'을 만들어주었다. 이 경험에는 유명 인사(그들은 아널드 슈워제네거Arnold Schwarzenegger를 이용했다)가 별로 전문성이 없는 분야인 IPTV를 홍보하는 광고를 보여주는 것이 포함되었다.

참가자들 일부는 이 광고를 보고 떠오르는 생각을 적었는데, 그중에는 광고가 얼마나 설득력이 있다고 보이는지도 포함되었다. 결과적으로 이것은 꽤 설득력 있는 광고로 드러났다. 그 후 연구자들은 참가자들에게 '권위적 인물'(슈워제네거)이 실제로 어떤 문제(보디빌딩)에서는 권위가 있을지 몰라도 IPTV에는 별 권위가 없을 텐데 어떻게 그런 영향을 주었는지 보여주었다. 학생들은 자신들이 어떻게 속았는지 알고 난 뒤에는 광고에서 권위적 인물이 만들어내는 효과를 깨닫게 되었다.

이제 참가자들은 예방접종을 받았고 실제로 효과가 있었다. 권위적 인물을 이용한 또 다른 광고를 보여주자 슈워제네거가 나오는 광고를 보지 않은 참가자들보다 더 회의적으로 반응했다. 그들은 광고주들이 자사 제품에 권위가 있지 않은 유명인들을 사용한다는 점을 그저 듣기만 한 참가자들보다도 '설득 저항력'이 높았다.

우리도 사람들에게 광고의 설득력에 대한 '예방주사'를 놓아줄 수 있을지 살펴보자.

실험해보자!

사람들은 어떤 제품이 희귀하거나 더 이상 구매하기 어려울지 모른다고 믿을 때도('내일 할인 종료!') 강하게 설득당한다. 이제 참가자 한 집단에 예방접종을 하고 다른 집단에는 접종을 하지 않은 뒤에 누군가가 거짓된 희소성에 속아 넘어가는지 살펴보자. 준비에 필요한 것은 다음과 같다.

- 참가자 두 집단
- 참가자들이 구매에 흥미를 느낄 만한 제품 2가지. 참가자들이 아직 구입하지 않았을 흥미로운 제품이 있을지 찾아본다. 예를 들자면 드럼스틱 모양의 연필(생각할 때 책상을 두드릴 수 있도록), 블루투스로 휴대전화에 연결할 수 있는 멋진 헤드폰, 보기 드물고 아름다운 목재로 만든 연필꽂이 등이다.

- 각 제품의 광고 전단
- 필기구

실험 방법

- **1단계:** 참가자들에게 보여줄 광고 전단을 인쇄하기 전에 광고지 위쪽 빈칸에 제품이나 가격의 희소성을 짐작할 수 있는 문구를 집어넣는다. 한 전단에서는 가격의 희소성을 강조한다. 추가할 만한 문구로 '이 가격은 지금만 만나실 수 있습니다!'나 '할인행사 내일 종료!'가 있다. 다른 광고에서는 제품 자체의 희소성을 강조한다. '단 50개 생산제품 중 5개만 남았습니다!'
- **2단계:** 전단 아래쪽 빈칸에는 아래 질문과 척도를 기재한다.

이 광고가 설득력 있게 느껴집니까?

전혀 설득력 없다　**1　2　3　4　5　6　7　8　9　10**　매우 설득력 있다

- **3단계:** 한 광고(가격 희소성 강조 광고)를 A 광고, 다른 것(제품 희소성 강조)을 B 광고라고 하자. 모든 참가자에게 보여줄 수 있도록 A 광고 전단을 충분히 인쇄한다.
- **4단계:** B 광고는 위의 절반만큼만 인쇄한다.

A 집단: 예방접종 집단

- **1단계:** 참가자들에게 B 광고(제품 희소성)를 보여준다.
- **2단계:** 광고를 주의 깊게 살펴보고 척도에 응답하라고 한다. 아마도 6점 이상을 줄 것이다.
- **3단계:** 응답을 마치면 희소성 전략이 무엇이고 광고주들이 소비자의 마음을 움직이기 위해 그것을 어떻게 사용하는지 이야기해준다. 많은 경우 이 '희소성'은 거짓이다. 제조사는 손쉽게 제품을 더 많이 생산해낼 수 있다(특히 음원이나 전자책처럼 디지털 제품일 경우). 아마도 광고에 약간 속은 것 같다는 이 경험은 희소성에 대한 설명과 마찬가지로 접종 과정의 일부이다.
- **4단계:** 이제 참가자들에게 A 광고(가격 희소성)를 보여준다.
- **5단계:** 아까와 마찬가지로 광고를 주의 깊게 살펴보고 아래 척도에 답하게 한다.
- **6단계:** 이 참가자들에게는 이제 실험이 끝났지만 그 광고가 어떻게 희소성 효과를 이용하려고 하는지(회사는 그 가격으로 이용 가능한 기간을 쉽게 늘릴 수 있다) 다시 설명해주어도 좋다.

B 집단: 통제집단

- **1단계:** 이 집단에 A 광고(가격 희소성)를 보여준다.
- **2단계:** 척도 중 한 숫자에 동그라미를 치게 한다.
- **3단계:** 이 집단의 실험은 끝났지만, 희소성 전략이 무엇이고 이

실험이 어떤 목적이었는지 말해주어도 좋다.

실험 결과

B 집단이 A 광고에 나온 제품에 더 높은 평가(7~10)를 줄 것이다. A 집단은 A 광고의 제품에 더 낮은 평가를 내릴 것이다. 희소성이 어떻게 작용하는지 배웠을 뿐 아니라, 먼저 한 번 경험해보고 자신도 그것에 영향을 받을 수 있다는 사실을 깨달았기 때문이다.

이 실험의 의미

제조사들은 오프라인 또는 온라인에서 매일 당신에게 영향력을 발휘하려고 노력한다. 이런 전략이 무엇이고 어떻게 해야 영향을 받지 않을 수 있는지 알고 있어야 한다.

당신 자신에게 2가지 질문을 던져보자. 이 제품이 정말로 희소한가? 이 제품을 홍보 중인 권위적 인물이 정말 이런 제품에 관한 전문가인가? 물론 당신이 광고나 마케팅 일을 하게 된다면 이런 전략을 쓰고 싶은 유혹을 느낄 것이다. 그래도 윤리적인 방식으로 쓰게 되길 희망하자.

49

지각은
그저 보는 것이 아니다

스스로 환상을 만들어내기

- 심리 개념 **착시**
- 연구명 **도약·추적 안구운동과 뮐러-라이어 착시 감소**
- 원조 과학자/연구자 **클라크 버넘**Clarke Burnham (1968)

고양이 사진을 제외하면 시각적 착시 그림들도 인터넷에서 인기가 많다. 우리는 그래픽 아티스트 M. C. 에셔M. C. Escher가 만들어낸 작품처럼 존재할 수 없는 것들의 이미지를 보는 것을 좋아한다. 에셔는 어디에도 갈 수 없는 계단이 있는 빌딩이나 자기 자신을 그리는 손 그림을 만들어 냈다. 에셔의 이름을 검색해보면 많은 그림이 나올 것이다.

심리학자들도 이런 이미지에 흥미가 있다. 우리는 왜 착시 그

49. 지각은 그저 보는 것이 아니다

363

림에 속을까? 오랜 기간의 연구로 우리의 마음이 눈에 도달한 신호를 해석하는 데 많이 간섭한다는 것을 알아냈다. 하지만 어떻게? 그림이 평면이라는 사실을 아는데도 어떻게 깊이감을 느낄까?

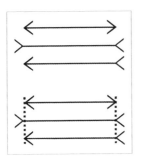

직선인 걸 아는데도 왜 선이 구부러져 보일까? 우리는 바로 눈앞에 있는 대상조차 정확히 보지 못하는 게 분명하다. 가장 유명한 시각적 착시 효과는 프란츠 밀러-라이어가 1889년에 만들어낸 것이다(왼쪽 그림).

이 선들이 정확히 같은 길이라는 걸 알아차리기는 정말 쉽지 않다. 우리의 눈은 선에 있는 바깥쪽을 향한 화살표 때문에 바깥쪽으로 끌리고, 안쪽을 향한 화살표 때문에 안쪽으로 끌린다. 버넘과 다른 많은 연구자들이 이 착시 효과를 줄일 수 있는 방법을 알아내려고 노력해왔다.

연구자들이 무엇을 했는지 살펴보고 우리만의 착시를 만들어내서 사람들에게 어떤 영향을 주는지 알아보자.

원래 실험

버넘은 그림의 선들을 다르게 보면 밀러-라이어 효과를 줄일 수 있는지(즉, 세 선의 길이가 비슷해 보일지) 궁금해했다. 우리는 주변의 사물을 볼 때 종종 '도약적saccadic' 안구 움직임을 활용한다. 눈이 한 지점에서 다른 지점으로 '점프'한다는 뜻이다. 예를 들어 글을 읽을 때는 눈이 한 단어에서 다른 단어로 점프한다. 그림을 볼 때도 같은 현상이 일어난다. 이 현상은 특히 REMrapid eye movement 수면 단계에서 눈이 정신없이 왔다 갔다 할 때 잘 확인할 수 있다.

버넘은 아주 복잡한 장치를 만들어냈다.

실험은 빛이 들어오지 않는 방에서 진행되었고, 화살표 머리를 야광 페인트로 그렸다. 각 화살표의 갈진 선 2개는 약 0.6센티미터 너비에 약 4.5센티미터 길이였고 수평선에서 30도 각도로 벌어졌다. 이 착시의 표준 부분은 왼쪽에 있는 안으로 꺾인 선인데, 끝점에서 끝점까지 약 17.5센티미터였다. 도약 조건 장치로 세 꼭짓점마다 전구를 놓았다. 추적 조건 장치로는 장치 뒤 트랙에 이동 가능한 전구 하나만 달아놓았다. 전구는 모터와 도르래를 이용해 꼭짓점에서 꼭짓점까지 움직였고 그 경로를 통해 전체 모양을 볼 수 있었다.

당신이나 나는 이 착시를 재미로 볼지 모르지만 연구자들은 자신들의 작업을 아주 진지하게 받아들인다. 버넘은 세 선을 같은 길이로 볼 수 있는 유일한 방법은 안구 추적 장치, 즉 선의 길이를 비교하기 위해 아래위로 살피는 동안 당신의 눈을 아주 일정하게 유지해주는 장치를 쓰는 방법밖에 없음을 알아냈다. 보통은 이런 식으로 관찰하지 않기 때문에 이 착시를 피하기가 몹시 어렵다.

당신에게는 분명 버넘이 묘사한 장치가 없을 것이다. 괜찮다. 그래도 시각적 착시를 실험할 방법이 있다. 어떻게 하는지 알아보자.

실험해보자!

에서의 그림처럼 놀라운 착시를 그려내려면 분명히 그림을 잘 그릴 수 있는 능력이 필요하다. 아마 당신에게 그런 재능이 있진 않을 것이다. 그러니 좀 옛날 방식으로 뮐러-라이어 착시를 그려보자. 필요한 것은 다음과 같다.

- 연필
- 각도기
- 종이
- 뮐러-라이어 착시 그림

실험 방법

이 간단한 실험을 두 집단의 사람들과 해봐도 좋고 같은 사람을 아래의 A 조건과 B 조건에 모두 참여시켜도 좋다.

A 집단

- **1단계:** 종이 한 장에 15센티미터 정도의 직선을 그린다. 사람들에게 선의 정중앙에 점을 그리게 한다. 너무 어렵거나 너무 오래 걸리지 않아야 한다. 대부분은 거의 중앙 근처에 점 하나를 금세 그릴 수 있을 것이다.

B 집단

- **1단계:** 또 다른 15센티미터 정도의 직선을 그리는데, 이번에는 양쪽에 화살표를 그려 넣어서 전형적인 뮐러-라이어 그림처럼 보이게 한다. 여기 화살표를 그리는 3가지 방식이 있다.

  1. 화살표 머리를 선의 양쪽 끝에
  2. 한쪽에는 화살표 머리, 다른 한쪽에는 꼬리
  3. 화살표 꼬리를 선의 양쪽 끝에

  선 3종류를 다 그린다. 화살표를 정확히 그리고 싶다면 수평선과 화살표 사이의 각도를 30도로 맞추어야 한다.

- **2단계:** 사람들에게 각 선의 중앙에 점을 그리라고 한다.

실험 결과

밀러-라이어 날개가 있을 때는 참가자들이 수평선의 중앙을 찾는 데 더 오랜 시간이 걸리는 것을 알게 될 것이다. 한쪽에는 화살표 머리가 있고 한쪽에는 꼬리가 있는 직선에서는 아마도 화살표 머리를 그린 쪽에 더 가깝게 점을 그릴 것이다. 눈이 화살표 머리 쪽으로 끌리는 것에 저항하기는 어렵다. 다른 두 선에 대해서는 참가자들이 아마 "와, 이거 어렵네" 같은 말을 할 것이다. 실제로 그렇다. 눈이 서로 다른 방향으로 끌리고 '날개'의 영향력은 거스르기 어렵기 때문이다.

이 실험의 의미

이런 착시는 SNS에 공유하기 좋은 것 외에, 우리가 궁극적으로 눈으로 '보게' 되는 대상이 실제로 있는 것과 우리가 있어야 한다고 생각하는 것 사이의 혼합이라는 점을 일깨워준다. 우리 뇌가 보고 '있어야만' 한다고 생각하는 것은 현실세계 속 물리적 대상에 대한 과거 경험과 우리가 그런 게 가능하다고 믿는지 여부에 영향을 받는다.

스마트폰은
왜 중독적일까

잠깐! 사진 좀 찍고!

- 심리 개념 **참여/행복**
- 연구명 **사진 찍기가 경험의 즐거움을 고취하는 법**
- 원조 과학자/연구자 **크리스틴 딜**Kristin Diehl **외**(2016)

어떤 공연장이나 레스토랑에서는 공연이나 식사 도중 스마트폰 사용을 금지한다. 어떤 순간을 사진으로 남기면 그 경험을 덜 느끼게 만들 거라는 믿음에서 스마트폰을 치워버린 경험이 있지 않은가?

연구자들도 이 문제를 들여다보았다. 100년 전에 연구자들은 시각적 착시를 이해하는 데 사로잡혀 있었다. 언제 어디서나 들고 다니는 휴대전화와 그것에 달려 있는 카메라가 삶을 영위하는 데 어떤 영향력을 미칠지 알아내는 것은 현대인의 자연스러운 궁금증이다.

우리에게는 스마트폰이 왜 그렇게 중독적인지 말해주는 좋은 가설이 있다.

- **다양한 보상**: B. F. 스키너가 오래전에 알려주었듯이 우리의 행동에 영향을 미치는 가장 강력한 동기는 예측하기 어려운 보상이다. 스키너는 보상의 불확실성이 도박 중독을 불러올 수 있음을 보여주었다. 휴대전화도 똑같다. 휴대전화가 시시때때로 딩동 소리나 다른 소음을 내면 당신은 그 신호가 언제 보상이 될 만한 것을 알려줄지 알 도리가 없다. 여기에는 저항하기가 어렵다.

- **도파민과 청소년기의 뇌**: 성인들도 스마트폰에 '뿅' 갈 수 있지만, 청소년들만큼 강박적일 정도로 전화기를 즉시 확인해야 한다는 느낌을 받지는 않는다. 왜 그럴까? 보상 앞에서 신경전달물질 도파민이 약간 분출되는 것이 특히 청소년들에게 아주 강력한 효과를 불러일으키기 때문이다. 성인은 그렇지 않다. 그래서 성인들은 '폰의 유혹'을 이해하지 못하는 것이다.

- **미스터리**: 현대의 스마트폰은 정보와 자극의 세계로 우리를 이끈다. 답해야 할 질문이 있고, 무시하기 어려운 퍼즐과 문제가 있다. 인간은 미지의 것을 사랑한다.

그래서 스마트폰의 카메라는? 스마트폰으로 사진을 찍으면 현재 경험 중인 즐거움이 줄어들까? 딜과 동료들은 이 문제의 답을 알아내고자 했다.

원래 실험

어떤 연구자들은 재미를 안다. 딜의 연구는 사실 9개의 작은 연구로 이루어져 있다. 연구자들은 참가자들을 버스에 태우거나(실제로 또 가상으로), 레스토랑에서 저녁식사를 제공하고, 공예 프로젝트에 참가하게 했다. 마지막에 얘기한 것이 우리가 해볼 실험이다. 재미있을 것이다.

심리학 실험에 참가하러 갔는데 웨이퍼 과자로 에펠탑 모양을 쌓거나 스파게티 면과 마시멜로로 다른 탑을 쌓아야 한단다. 완전히 내 취향의 실험이다.

딜과 동료들은 약간의 변수를 두었다. 참가자 가운데 일부는 다른 사람이 탑을 쌓는 모습을 보기만 하면서 스마트폰 카메라로 사진을 찍어야 했다(관찰자). 다른 참가자들은 직접 탑을 쌓으면서 사진을 찍었다(건설자).

보기만 하고 사진도 안 찍어도 되는 참가자 집단과 만들기만 하고 사진은 안 찍어도 되는 참가자 집단도 있었다. 맞다, 아주 집단이 많았다. 아주 야망이 큰 연구였다. 참가자들 모두 실험에 얼마나 몰입했는지 묻는 설문에 답했다. 어떤 결과가 나왔을까? 주요 결과를 정리하면 다음과 같다.

- 건설 과정을 관찰하고 사진을 찍는 것은 당연히 재미있었지만, 별로 몰입이 되지는 않았다. 결국은 그저 관찰만 했으니까.
- 그러나 관찰하면서 사진을 찍는 것은 그냥 서서 관찰만 한 것보다는 몰입이 되었다.
- 당신이 건설자였다면 만들면서 사진도 찍는 편이 몰입이 덜 되었다.
- 하지만 사진을 찍어야 했던 건설자들은 그것 때문에 약간 방해를 받았어도, 사진을 안 찍은 건설자들과 비슷하게 몰입이 된다고 생각했다.

결론은? 어떤 활동에 적극적으로 참여하면서 사진을 찍는 것은 그 활동에 대한 몰입도를 줄이지 않는다.

우리도 그럴지 웨이퍼 과자를 좀 사서 실험해보자.

실험해보자!

이 연구에는 실험집단이 많았다. 우리는 웨이퍼 과자로 에펠탑을 만드는 부분만 활용해서, 일부에게는 탑을 만들면서 사진을 찍으로라고 하고 다른 사람들에게는 카메라를 쓰지 말라고 할 것이다. 이렇게 해서 사진 찍기가 정말로 즐거움을 감소시키는지 알 수 있을 것이다. 필요한 것은 다음과 같다.

- 웨이퍼 과자 많이
- 내장카메라가 달린 스마트폰을 소유한 참가자들. 이들을 사진 찍을 사람들과 찍지 않을 사람들 두 집단으로 나눌 것이다.
- 테이블이 있는 커다란 방
- 활동을 마친 뒤 참가자들이 작성할 설문지

실험 방법

- **1단계:** 웨이퍼로 에펠탑 만들기는 꽤 흔한 놀이 같다. 정확히 어떤 게 필요한지 궁금하면 인터넷 검색을 해보자. 구체적인 방법을 찾을 수 있을 것이다. 참가자들을 위해 만드는 법을 프린트한다.
- **2단계:** '사진 안 찍기' 참가자들과 큰 방에서 한꺼번에 실험할 것이다. 탑을 어떻게 쌓는지 알려주되 사진을 찍고 싶어도 찍지 말라고 이야기한다.
- **3단계:** 모두 탑을 만들고 나면(딜은 참가자들에게 12분 정도의 시간을 주었다) 다음 문항을 프린트한 설문지를 (개인별로) 작성하게 한다.

공예활동이 얼마나 재미있었습니까?

전혀 재미없었다　　1　2　3　4　5　6　7　　아주 재미있었다

공예활동에 진짜로 참여했다는 느낌이 얼마나 들었습니까?

0　10　20　30　40　50　60　70　80　90　100

경험에 참여하는 느낌이　　　　　　　　　경험에 참여하는 느낌이
들지 않았다　　　　　　　　　　　　　　강하게 들었다

공예활동에 얼마나 몰입했다고 느꼈습니까?

전혀 몰입 안 됨　　1　2　3　4　5　6　7　　굉장히 몰입됨

- **4단계:** 참가자들이 각 문항에 답하고 난 뒤에는 이 실험이 무엇에 관한 것인지 말해준다. 각자 어떤 집단이었는지 알 수 있도록 설문지 뒷면에 '암호'를 써놓는 것도 잊지 말자(사진을 찍으면 안 됐던 사람들은 'X', 사진을 찍어도 되었던 사람들은 'O'라고 해도 괜찮다).

- **5단계:** '사진 안 찍기' 참가자들이 떠나면 '사진 찍기' 참가자들을 같은 방으로 한꺼번에 데려와서 처음 집단과 똑같이 진행하되, 탑을 쌓으면서 사진을 찍으라고 한다.

실험 결과

딜이 옳다면(그러므로 많은 어른들이 틀렸다면) 두 집단 간에 별차이가 없을 것이다. 사진을 찍어도 되는 참가자들이 그 경험에 덜 몰입했는지 알아보는 일은 꽤 재미있을 것이다. 딜의 연구는 아직 재현된 적 없으므로(당신이 처음일지 모른다) 다른 연구자들이 진행할 때 결과가 어떻게 나올지 아직 모른다.

이 실험의 의미

스마트폰으로 사진을 찍는 것은 금세 사라질 행위가 아니다. 모두가 사진 찍길 좋아한다. 스마트폰은 오늘날 모든 이의 삶에 일상적인 요소가 되었고, 좋든 싫든 그것이 우리 삶에 어떤 영향을 미치고 있는지 확실히 알 필요가 있다. 운전하면서 문자를 보내는 행동이 위험하다는 건 의심할 여지가 없지만, 어떤 일을 하고 있을 때 사진을 찍으면 즐거움이 사라지는 게 확실한 걸까? 이러한 질문과 관련해서는 더 많은 연구가 필요하다.

이 책에 실린 연구

- 도널드 A. 노먼, 박창호 옮김,《도널드 노먼의 디자인과 인간심리》, 학지사, 2016.
- 디어드리 배럿, 김한영 옮김,《인간은 왜 위험한 자극에 끌리는가》, 이순, 2011.
- 레온 페스팅거, 헨리 W. 리켄, 스탠리 샥터, 김승진 옮김, 《예언이 끝났을 때》, 이후, 2020.
- 캐럴 길리건, 허란주 옮김,《다른 목소리로》, 동녘, 1997.
- 크리스토퍼 차브리스, 대니얼 사이먼스, 김명철 옮김, 《보이지 않는 고릴라》, 김영사, 2011.
- Ariely, D., G. Loewenstein, and D. Prelec. "'Coherent Arbitrariness': Stable Demand Curves Without Stable Preferences." *The Quarterly Journal of Economics* 118, no. 1 (2003): 73-106. doi:10.1162/00335530360535153.
- Asch, Solomon E. "Group Forces in the Modification and Distortion of Judgments." *Social Psychology* (1952): 450-501. doi:10.1037/10025-016.

- Burger, Jerry M. "Replicating Milgram: Would People Still Obey Today?" *American Psychologist* 64, no. 1 (2009): 1-11. doi:10.1037/a0010932.

- Burnham, Clarke A. "Decrement of the Muller-Lyer Illusion with Saccadic and Tracking Eye Movements." *Perception & Psychophysics* 3, no. 6 (1968): 424-26. doi:10.3758/bf03205749.

- Cialdini, Robert B., et al. "Reciprocal Concessions Procedure for Inducing Compliance: The Door-in-the-Face Technique." *Journal of Personality and Social Psychology* 31, no. 2 (1975): 206-15. doi:10.1037/h0076284.

- Craik, Fergus I. M., and Endel Tulving. "Depth of Processing and the Retention of Words in Episodic Memory." *Journal of Experimental Psychology: General* 104, no. 3 (1975): 268-94. doi:10.1037/0096-3445.104.3.268.

- Damisch, L., B. Stoberock, and T. Mussweiler. "Keep Your Fingers Crossed!: How Superstition Improves Performance." *Psychological Science* 21, no. 7 (2010): 1014-020. doi:10.1177/0956797610372631.

- Darley, John M., and C. Daniel Batson. "'From Jerusalem to Jericho': A Study of Situational and Dispositional Variables in Helping Behavior." *Journal of Personality and Social Psychology* 27, no. 1 (1973): 100-08. doi:10.1037/h0034449.

- De Beni, Rossana, and Cesare Cornoldi. "Does The Repeated Use Of Loci Create Interference?" *Perceptual and Motor Skills* 67, no. 2 (1988): 415-18. doi:10.2466/pms.1988.67.2.415.

- Diehl, Kristin, Gal Zauberman, and Alixandra Barasch. "How Taking Photos Increases Enjoyment of Experiences." *Journal of Personality and Social Psychology*, 2016. doi:10.1037/

pspa0000055.

- Dion, Karen, Ellen Berscheid, and Elaine Walster. "What Is Beautiful Is Good." *Journal of Personality and Social Psychology* 24, no. 3 (1972): 285-90. doi:10.1037/h0033731.

- Djordjevic, Sanja, and Hans Ijzerman. "Weight As an Embodiment of Importance: Replication and Extensions." *SSRN Electronic Journal*. doi:10.2139/ssrn.2586261.

- Drews, Frank A., Monisha Pasupathi, and David L. Strayer. "Passenger and Cell Phone Conversations in Simulated Driving." *Journal of Experimental Psychology: Applied* 14, no. 4 (2008): 392-400. doi:10.1037/a0013119.

- Eastwick, Paul W., and Wendi L. Gardner. "Is It a Game? Evidence for *Social Influence* in the Virtual World." Social Influence 4, no. 1 (2009): 18-32. doi:10.1080/15534510802254087.

- Ebbinghaus, Hermann. *Memory: A Contribution to Experimental Psychology*. New York: Dover Publications, 1964.

- Ekman, Paul, and Wallace V. Friesen. "Constants Across Cultures in the Face and Emotion." *Journal of Personality and Social Psychology* 17, no. 2 (1971): 124-29. doi:10.1037/h0030377.

- Elliot, Andrew J., and Daniela Niesta. "Romantic Red: Red Enhances Men's Attraction to Women." *Journal of Personality and Social Psychology* 95, no. 5 (2008): 1150-164. doi:10.1037/0022-3514.95.5.1150.

- Festinger, Leon, and James M. Carlsmith. "Cognitive Consequences of Forced Compliance." *The Journal of Abnormal and Social Psychology* 58, no. 2 (1959): 203-10.

doi:10.1037/h0041593.

- Glucksberg, Sam. "The Influence of Strength of Drive on Functional Fixedness and Perceptual Recognition." *Journal of Experimental Psychology* 63, no. 1 (1962): 36-41. doi:10.1037/h0044683.

- Granello, Darcy Haag, and Todd A. Gibbs. "The Power of Language and Labels: 'The Mentally Ill' versus 'People with Mental Illnesses.'" *Journal of Counseling & Development* 94, no. 1 (2016): 31-40. doi:10.1002/jcad.12059.

- Hackman, J. Richard, and Greg R. Oldham. *Motivation through the Design of Work: Test of a Theory.* New Haven, CT: Yale University, Dept. of Administrative Sciences, 1974.

- Haney, C., Banks, W. C., and Zimbardo, P. G. "A Study of Prisoners and Guards in a Simulated Prison." *Naval Research Reviews*, Office of Naval Research, 1973.

- Hansen, Christine H., and Ranald D. Hansen. "Finding the Face in the Crowd: An Anger Superiority Effect." *Journal of Personality and Social Psychology* 54, no. 6 (1988): 917-24. doi:10.1037/0022-3514.54.6.917.

- Harlow, Harry F. "The Nature of Love." *American Psychologist*, 13(12), Dec. 1958, 673-685.

- Haught-Tromp, Catrinel. "The Green Eggs and Ham Hypothesis: How Constraints Facilitate Creativity." *Psychology of Aesthetics, Creativity, and the Arts*, 2016. doi:10.1037/aca0000061.

- Herzberg, Frederick. *Job Attitudes: Review of Research and Opinion.* Pittsburgh, 1957.

- Hunt, Morton M. *The Story of Psychology.* New York:

Doubleday, 1993.

- Jostmann, Nils B., Daniel Lakens, and Thomas W. Schubert. "Weight As an Embodiment of Importance." *Psychological Science* 20, no. 9 (2009): 1169–174. doi:10.1111/j.1467–9280.2009.02426.x.

- Kang, Min Jeong, Ming Hsu, Ian M. Krajbich, George Loewenstein, Samuel M. McClure, Joseph Tao-yi Wang, and Colin F. Camerer. "The Wick in the Candle of Learning: Epistemic Curiosity Activates Reward Circuitry and Enhances Memory." *Psychological Science* 20, no. 8 (2009): 963.73. doi:10.1111/j.1467–9280.2009.02402.x.

- Kohlberg, Lawrence. "The Development of Modes of Thinking and Choices in Years 10 to 16." Dissertation Thesis, 1958.

- Larsson, A., N. Hooper, L. A. Osborne, P. Bennett, and L. McHugh. "Using Brief Cognitive Restructuring and Cognitive Defusion Techniques to Cope with Negative Thoughts." *Behavior Modification* 40, no. 3 (2015): 452–82. doi:10.1177/0145445515621488.

- Latham, Gary P., and Gary A. Yukl. "Assigned versus Participative Goal Setting with Educated and Uneducated Woods Workers." *Journal of Applied Psychology* 60, no. 3 (1975): 299.302. doi:10.1037/h0076753.

- Loftus, Elizabeth F., and John C. Palmer. "Reconstruction of Automobile Destruction: An Example of the Interaction between Language and Memory." *Journal of Verbal Learning and Verbal Behavior* 13, no. 5 (1974): 585.89. doi:10.1016/s0022-5371(74)80011-3.

- Luchins, A. S. "Classroom Experiments on Mental Set."

방구석 심리학 실험실

The American Journal of Psychology 59, no. 2 (1946): 295. doi:10.2307/1416894.

- Maier, S. F., and M. E. Seligman. (2016). "Learned Helplessness at Fifty: Insights from Neuroscience." *Psychological Review*, 123 (4), 349-367. doi:10.1037/rev0000033.

- McCabe, David P., and Alan D. Castel. "Seeing Is Believing: The Effect of Brain Images on Judgments of Scientific Reasoning." *Cognition* 107, no. 1 (2008): 343-52. doi:10.1016/j.cognition.2007.07.017.

- Michael, Robert B., Eryn J. Newman, Matti Vuorre, Geoff Cumming, and Maryanne Garry. "On the (Non)Persuasive Power of a Brain Image." *Psychonomic Bulletin & Review* 20, no. 4 (2013): 720.25. doi:10.3758/s13423-013-0391-6.

- Middlemist, R. Dennis, Eric S. Knowles, and Charles F. Matter. "Personal Space Invasions in the Lavatory: Suggestive Evidence for Arousal." *Journal of Personality and Social Psychology* 33, no. 5 (1976): 541-46. doi:10.1037/0022-3514.33.5.541.

- Milgram, S. "Some Conditions of Obedience and Disobedience to Authority." *Human Relations* 18, no. 1 (1965): 57-76. doi:10.1177/001872676501800105.

- Miller, George A. "The Magical Number Seven, Plus or Minus Two: Some Limits on Our Capacity for Processing Information." *Psychological Review* 101, no. 2 (1994): 343-52. doi:10.1037/0033-295x.101.2.343.

- Oppenheimer, Daniel M. "Consequences of Erudite Vernacular Utilized Irrespective of Necessity: Problems with Using Long Words Needlessly." *Applied Cognitive Psychology* 20, no. 2 (2006): 139-56. doi:10.1002/acp.1178.

- Pavlov, Ivan Petrovich, and William Henry Thompson. *The Work of the Digestive Glands*. London: C. Griffin, 1910.

- Piaget, Jean. *The Origins of Intelligence in Children*. New York: International Universities Press, 1952.

- Radvansky, Gabriel A., and David E. Copeland. "Walking Through Doorways Causes Forgetting: Situation Models and Experienced Space." *Memory & Cognition* 34, no. 5 (2006): 1150-156. doi:10.3758/bf03193261.

- Reicher, S. D. and S. A. Haslam. "Rethinking the Psychology of Tyranny: The BBC Prison Study." *British Journal of Social Psychology*, 45, (2006): 1-40.

- Rind, Bruce, and David Strohmetz. "Effect on Restaurant Tipping of Presenting Customers with an Interesting Task and of Reciprocity." *Journal of Applied Social Psychology* 31, no. 7 (2001): 1379-384. doi:10.1111/j.1559-1816.2001.tb02678.x.

- Roediger, Henry L., and Kathleen B. McDermott. "Creating False Memories: Remembering Words Not Presented in Lists." *Journal of Experimental Psychology: Learning, Memory, and Cognition* 21, no. 4 (1995): 803.14. doi:10.1037/0278-7393.21.4.803.

- Rorschach, Hermann. *Psychodiagnostik*. Bern: Huber, 1948.

- Rose, Susan A., and Marion Blank. "The Potency of Context in Children's Cognition: An Illustration Through Conservation." *Child Development* 45, no. 2 (1974): 499. doi:10.2307/1127977.

- Rosenhan, D. L. "On Being Sane in Insane Places." *Perspectives in Abnormal Behavior*, 1974, 509-24. doi:10.1016/b978-0-08-017738-0.50055-7.

- Sagarin, Brad J., Robert B. Cialdini, William E. Rice, and Sherman B. Serna. "Dispelling the Illusion of Invulnerability: The Motivations and Mechanisms of Resistance to Persuasion." *Journal of Personality and Social Psychology* 83, no. 3 (2002): 526-41. doi:10.1037/0022-3514.83.3.526.

- Seligman, Martin E., and Steven F. Maier. "Failure to Escape Traumatic Shock." *Journal of Experimental Psychology* 74, no. 1 (1967): 1-9. doi:10.1037/h0024514.

- Sherif, Muzafer. *Experimental Study of Positive and Negative Intergroup Attitudes Between Experimentally Produced Groups: Robbers Cave Study.* Norman, OK, 1954.

- Simons, Daniel J., and Daniel T. Levin. "Failure to Detect Changes to People During a Real-World Interaction." *Psychonomic Bulletin & Review* 5, no. 4 (1998): 644-49. doi:10.3758/bf03208840.

- Skinner, B. F. "'Superstition' in the Pigeon." *Journal of Experimental Psychology* 38, no. 2 (1948): 168-72. doi:10.1037/h0055873.

- Soussignan, Robert. "Duchenne Smile, Emotional Experience, and Autonomic Reactivity: A Test of the Facial Feedback Hypothesis." *Emotion* 2, no. 1 (2002): 52-74. doi:10.1037/1528-3542.2.1.52.

- Stefanucci, Jeanine K., and Dennis R. Proffitt. "The Roles of Altitude and Fear in the Perception of Height." *Journal of Experimental Psychology: Human Perception and Performance*, Vol. 35(2), Apr. 2009, 424.438.

- Tajfel, Henri. "Experiments in Intergroup Discrimination." *Scientific American* 223, no. 5 (1970): 96-102. doi:10.1038/scientificamerican 1170-96.

- Tifferet, Sigal, Daniel J. Kruger, Orly Bar-Lev, and Shani Zeller. "Dog Ownership Increases Attractiveness and Attenuates Perceptions of Short-Term Mating Strategy in Cad-Like Men." *Journal of Evolutionary Psychology* 11, no. 3 (2013): 121-29. doi:10.1556/jep.11.2013.3.2.

- Tinbergen, Nikolaas. *The Study of Instinct*. Oxford: Clarendon Press, 1951.

- Tversky, Amos, and Daniel Kahneman. *Rational Choice and the Framing of Decisions*. Ft. Belvoir: Defense Technical Information Center, 1986.

- Van Boven, Leaf, and Thomas Gilovich. "To Do or to Have? That Is the Question." *Journal of Personality and Social Psychology* 85, no. 6 (2003): 1193-202. doi:10.1037/0022-3514.85.6.1193.

- Vrij, Aldert, Sharon Leal, Samantha Mann, Lara Warmelink, Par Anders Granhag, and Ronald P. Fisher. "Drawings As an Innovative and Successful Lie Detection Tool." *Applied Cognitive Psychology*, 2009. doi:10.1002/acp.1627.

- Williams, L. E., and J. A. Bargh. "Experiencing Physical Warmth Promotes Interpersonal Warmth." *Science* 322, no. 5901 (2008): 606-07. doi:10.1126/science.1162548.

- Wiseman, Richard. *Quirkology: How We Discover the Big Truths in Small Things*. New York: Basic Books, 2007.

- Zimbardo, P. G. "The Human Choice: Individuation, Reason, and Order versus Deindividuation, Impulse, and Chaos." *Nebraska Symposium on Motivation*, Vol. 17, (1969): 237-307.